Manual de

FILOSOFIA DO DIREITO

DE ACORDO COM A
RESOLUÇÃO 75/2009 DO CNJ

ALEXANDRE SANCHES CUNHA

Manual de

FILOSOFIA DO DIREITO

DE ACORDO COM A
RESOLUÇÃO 75/2009 DO CNJ

2017

EDITORA
*Jus*PODIVM
www.editorajuspodivm.com.br

EDITORA
*Jus*PODIVM
www.editorajuspodivm.com.br

Rua Mato Grosso, 164, Ed. Marfina, 1º Andar – Pituba, CEP: 41830-151 – Salvador – Bahia
Tel: (71) 3045.9051
• Contato: https://www.editorajuspodivm.com.br/sac

Capa: Ana Caquetti

Imagem de Capa = Designed by kues1 – Freepik

Diagramação: Isabella Giordano

"Nós somos o que fazemos. O que não se faz não existe. Portanto, só existimos nos dias em que fazemos. Nos dias em que não fazemos apenas duramos".

Padre António Vieira

Quando escrevi este manual, tive ao meu lado, de modo fiel, alegre e leal a companhia excelsa de meu filho João Victor que, com seu carinho e bom humor, amenizou os rigores dos conceitos filosóficos aqui elencados. Para ele – e ao nosso tempo juntos que nada apaga! – dedico este livro.

Lu Moretti, "Cida", minha amiga, fonte de inspiração e dedicada companheira de luta

APRESENTAÇÃO

Primeiramente devo destacar que este manual não é um tratado de Filosofia. É pura e simplesmente um livro que tem por objetivo auxiliar o candidato especificamente nesta disciplina, que agora é exigida em vários concursos do país.

É evidente que ainda carece de critério na medida em que o que se pretende do candidato é um conhecimento (só nesta disciplina!) impactante. Chegamos então num ponto fundamental: a dificuldade dos concursos, designadamente no que concerne à Filosofia do Direito.

Num primeiro plano, cumpre observar que a matéria é vasta. Sendo assim, o tema deveria ser delimitado, mais sucinto e específico - minha opinião é que deveriam se preocupar com os Clássicos (teríamos matéria de sobra...).

Uma segunda observação se impõe: muitas vezes é exigido do candidato temas que são única e exclusivamente incluídos para mostrar erudição (por parte do examinador). Um verdadeiro absurdo! No Brasil, raros os professores que leem no original todos os autores que constam no programa. Tarefa impossível. Sendo assim, surgem falhas imperdoáveis... O aluno/candidato fica sujeito a "modismos" (sim, aparecem filósofos "da moda"...).

Destaca-se, também, que o Direito no Brasil durante décadas esteve de costas para a Filosofia, bem como para a Literatura! Hoje em dia, diante desse mar de tecnicistas e de burocratas, recolhemos o fruto amargo e pagamos o alto preço... Contudo, buscamos mudança: eis a razão por que a disciplina, finalmente, é exigida nos Concursos.

Por fim, um dever de lealdade se faz necessário. O aluno não pode seguir uma carreira jurídica sem a leitura de livros mínimos sobre os quais deve se debruçar (alguns, indico aqui...). Porém é forçoso que o acadêmico faça, também, um processo de autoanálise para fazer um balanço de sua própria formação (constatando eventuais deficiências).

O Autor

PREFÁCIO

Novamente neste primoroso livro o advogado e professor Alexandre Sanches Cunha, que é Mestre em Filosofia pela Unicamp e cuja competência didática e acadêmica nós acompanhamos há anos, conseguiu a proeza de reunir em uma obra agradabilíssima, com pouco mais de duas centenas de páginas, toda a evolução do pensamento filosófico, incluindo desde os Clássicos até os pensadores da "Escola paulista" de Filosofia, assim como os da "Nova Esquerda", brindando-nos ainda, nos capítulos finais, com seus ensinamentos memoráveis sobre Hermenêutica e Sociologia.

Não se trata, como bem explica o autor, de um tratado de filosofia. O livro se encaixa melhor na descrição de um texto sério e competente, claro e objetivo, que tem por propósito guiar todos os que se interessam pelo estudo da filosofia, agora cobrada inclusive em alguns concursos públicos.

Se sem a filosofia nenhum conhecimento pode se dizer sólido, é evidente que este livro veio para contribuir para a formação dos melhores profissionais e estudantes do País.

É da filosofia que extraímos a ética ("a arte de viver bem humanamente", como diz Savater). Se da filosofia depreendemos a ética, é dela que saem a Moral, o Direito, a Justiça e a (boa) Política.

Há muita confusão entre os conceitos de moral e de ética. Savater (Ética para Amador) explica:

> "Moral é o conjunto de comportamentos e de normas que aceitamos como válidos; ética é a reflexão sobre o *porquê* consideramos tais comportamentos e normas como válidos; ética também é a comparação deles com outras 'morais' que possuem pessoas diferentes".

ÉTICA RACIONAL

Como bem explicitado e sintetizado no livro de Alexandre Sanches, o que se infere da filosofia clássica grega (Sócrates-Platão-Aristóteles) é a ética racional, ou seja, sem fundo religioso. Mais: a ética não estava separada da política.

Não se imaginava o indivíduo político (sujeito que toma decisões em nome da cidade, do Estado) com capacidade de desenvolver virtudes e qualidades morais fora da organização social que constitui a *polis*. É um *idiotés*, diziam os gregos, o que, podendo, se recusa a participar da vida pública.

O humano é um animal político (*zoon politikon*), logo, sua ética é, ao mesmo tempo, pessoal e política. O bem do indivíduo (ético) coincide com o bem da sociedade (afirmava Aristóteles). Isso se realiza por meio da razão (ética racional).

ÉTICA RELIGIOSA

Durante toda a Idade Média e até mesmo no Renascimento (excluindo-se Maquiavel) ganhou força (no mundo ocidental) a ética divina cristã (isso se deu de Santo Agostinho - 354 d.C. a 430 d.C. - até o século XV).

A racionalidade do mundo grego desapareceu (durante a era medieval). No seu lugar entrou a visão bíblica, o dogma cristão, que é o que deveria inspirar as decisões políticas. É a lei de Deus que comanda a vida pública. Os monarcas eram representantes de Deus na Terra. O Direito era divino.

O Antigo e o Novo Testamento pavimentam a trilha ética a ser seguida por todos aqueles que querem ser virtuosos morais: não ser soberbos, nem avarentos, nem adúlteros, evitar prazeres efêmeros, conhecimento das leis que regulam a bem comum, imparcialidade, temer a Deus, benevolência, não ser arrogante nem iracundo etc. (ver Bonete Perales, *Poder Político: límites y corrupción*).

Ao longo da História, como se vê, o problema da relação entre política e ética sempre requisitou uma instância referencial, já evidenciada na dramaturgia de Sófocles e situada acima dos poderes seculares adversários: na filosofia clássica romana predominou a ética racional (ética e política não se separam); na era medieval e monárquica (na Europa) teve grande influência a ética cristã (o divino convive com o político). Dessa forma discorreu a relação entre política e ética até o século XV.

MAQUIAVEL (POLÍTICA SEM ÉTICA)

Na nossa realidade, desde a descoberta do País (1500), a política das elites dirigentes sempre se desenvolveu de forma maquiavélica, no pior sentido da palavra, ou seja, de costas para os princípios éticos (racionais, religiosos ou modernos).

Os princípios éticos, em regra, são uma quimera (uma fantasia, uma mitologia) para nossas elites dirigentes, que sempre fizeram preponderar o método mafioso de governar (regido pela corrupção, intimidação e violência).

O jogo cênico do exercício do poder no Brasil é muito mais dinâmico e velhaco (bilontra, tribofeiro, consoante a linguagem do século XIX) que as pautas éticas. Há exceções, claro, mas a regra geral vigente é a que confunde preceitos morais com posturas municipais (não dando valor a nenhum deles).

A República, entre nós, não alterou a brutal "normalidade" histórica, do exercício do poder conformado pelo método mafioso. Ela prometia democracia (diz José Murilo de Carvalho), mas de pronto excluiu a participação popular. Predominou (e, em certo sentido, ainda predomina) a ideologia "liberal" pré-democrática, darwinista, reforçadora do poder oligárquico (leia-se: de poucas famílias, clãs, grupos, blocos).

Toda teoria "radical" (Kant) sempre foi posta de lado. O peso das tradições escravistas e coloniais, que contavam com mais de mil anos quando aqui chegaram por meio das caravelas de Cabral, sempre obstruiu o desenvolvimento pleno das liberdades civis assim como as relações do cidadão com o governo.

Nunca impressionaram eficazmente nossas elites dirigentes os arroubos libertários do liberalismo. Ao menos no seu sentido prático. Esse panorama não se altera nem mesmo com as sucessões *ad infinitum* das regras jurídicas. As mais novas se sobrepõem às antigas, sem a fixação de padrões comportamentais genuinamente liberais.

As nações civilizadas, depois do fim da força da ética religiosa, foram se adequando ao exercício ético do poder político. Não cabe dúvida que todos os que reinam - governam - ou que dominam poderiam, com lucidez e inteligência, construir um código ético de aprimoramento de uma verdadeira democracia, que é totalmente incompatível com as perniciosas atividades de pilhagens do clube das aligarquias cleptocratas. Sócrates disse que "a vida sem reflexão não vale a pena ser vivida".

Sem ética e sem educação de qualidade para todos, o Brasil sempre será uma nação fracassada (subdesenvolvida).

O sistema político aqui implantado pelas elites dirigentes rompeu, *ab initio*, com a lógica da ética pública e se amparou em Maquiavel (1469-1527), que escreveu (em 1513), dentre outros, o livro *O Príncipe*: para esse pensador florentino, moral e política devem ser enfocadas de forma totalmente autônoma (uma não se vincula à outra); quem exerce o poder político não deve se guiar por critérios ou códigos morais ou religiosos; a política não se confunde nem com a ética (ou moral) nem com a religião.

A vida política (a *Realpolitik*) é regida por critérios próprios, que não correspondem a cenários imaginários, ou seja, nem com a organização ideal do Estado (sugerida por Platão), nem pela antropologia racionalista de Aristóteles, nem pelos dogmas cristãos (Idade Média e Renascimento).

As decisões políticas estão subordinadas a outras regras mais profanas. A política tem sua dinâmica própria, ainda que o político tenha sua ética pessoal (ver Bonete Perales, *Poder y Política: límites y corrupción*).

A colonização do Brasil teve o propósito exclusivo da mercantilização (expropriação, espoliação). Aqui nunca reinou, nos poderosos dirigentes, nem a ética cristã, nem a ética racional dos gregos, nem a ética da modernidade (Kant, Weber etc.).

As aligarquias cleptocratas que nos governam rendem homenagens diárias a Maquiavel. O poder, no Brasil, é exercido de maneira brutal, primitiva, segundo o antigo método das máfias (corrupção, intimidação e violência). Sempre faltou para as elites dirigentes brasileiras a filosofia, a ética e a moral.

Que o livro didático de Alexandre Sanches tenha o reconhecimento devido.

Luiz Flávio Gomes

Jurista e criador do movimento *Quero Um Brasil Ético*

SUMÁRIO

RESOLUÇÃO CNJ 75/2009

1. O conceito de Justiça. Sentido lato de Justiça, como valor universal. Sentido estrito de Justiça, como valor jurídico-político. Divergências sobre o conteúdo do conceito.

2. O conceito de Direito. Equidade. Direito e Moral.

3. A interpretação do Direito. A superação dos métodos de interpretação mediante puro raciocínio lógico-dedutivo. O método de interpretação pela lógica do razoável.

Capítulo 1

TEORIA DA JUSTIÇA. FILOSOFIA E A FACULDADE DE DIREITO: O QUE É A FILOSOFIA DO DIREITO?

É evidente que buscar uma definição de Filosofia é uma tarefa extremamente complexa.[1] Mas, por questões metodológicas, temos a necessidade de delimitarmos a origem do termo "filosofia". Vale ressalvar primeiramente que no Ocidente - nosso pensamento é fruto da cultura grega - a Filosofia tem seu berço na Grécia, essencialmente no século VI a.C. Deste modo, o termo em análise revela a junção de duas palavras de origem grega: *philia* (atração, amizade, amor) + *sophia* (sabedoria/saber). Deduzimos então que o filósofo é "amigo do saber", do verdadeiro saber.

Ora, sendo assim, já podemos ter uma ideia do que efetivamente significa "filosofar". A *atitude filosófica* implica essencialmente dois pontos: a dúvida e a crítica. Vejamos.

A dúvida é inerente ao homem. Está enraizada no seu espírito questionador. Segundo Aristóteles, o homem começou a "filosofar" diante do espanto, da admiração, do encantamento (diante do mundo e dos fenômenos que o rodeiam). Para ele, a Filosofia é a ciência de todas as causas pelas suas primeiras causas.

Não há como negar que a dúvida é a tradução do descontentamento, guiada na busca de uma "resposta", de uma explicação para o mundo e fenômenos que nos fascinam, que nos inquietam. Para o filósofo a dúvida é eterna.

A dúvida leva o homem à reflexão, isso naturalmente faz com que ele consiga obter, de algum modo, alguma "resposta". Esta resposta, analisada sob uma ótica crítica, o levará a ter mais dúvidas e assim sucessivamente...

---

1. Vale lembrar que seu aspecto dinâmico, revela diferentes conceitos, questionamentos e abordagens ao longo da História;

A crítica implica no fato de que – diante destas "respostas", obtidas pelo homem – opera-se um exercício de reflexão sobre as mesmas, questionando-as, inserindo-as diante da realidade, dos fenômenos que se busca examinar/observar.

Uma das características fundamentais da Filosofia é precisamente o fato de que ela – ao contrário das demais ciências é essencialmente crítica (metódica e organizada, obviamente).

Cabe ainda destacar três características da Filosofia que está presente desde o século VI a.C.: o *conteúdo*, o *método* e a *finalidade*. Sendo assim, o conteúdo sempre foi o mesmo, ou seja: *o Todo*. Filosofia não se limita a explicar parcialmente a realidade, isto é, não é como as ciências naturais que buscam explicar determinadas "fatias da realidade", determinados setores de nossa existência. Só a Filosofia cuida do todo, do real. Sendo assim, não tem um objeto particular ou específico. No que tange ao método, evidentemente que a explicação ou narração filosófica está intimamente atrelada à razão (busca uma explicação racional e universal das coisas). E, por fim, a finalidade. Ora, pode-se deduzir que a finalidade deste ramo do saber é a busca da verdade, a busca da essência das coisas.

A Filosofia, como vimos, tem seus olhos voltados para a totalidade das coisas. Assim, sua área de saber é vasta, pois ela se desdobra em diferentes ramos e objetos[2]. Podemos exemplificar esta enorme gama de disciplinas com a Epistemologia, a Cosmologia, a Ontologia, a Ética, a Estética, a Lógica entre outras.

Cumpre então, esmiuçar a seguinte pergunta: *o que é a Filosofia do Direito?*

Tal como o próprio nome evidencia – traduz a atenção/preocupação da Filosofia com o Direito. Busca-se a fundamentação do Direito na natureza humana, na sua realidade, no meio sociocultural em que o Homem está inserido. A Filosofia do Direito não estuda apenas *o Direito como ele é, mas também com deveria ser.*

Atualmente podemos salientar que o papel da Filosofia dentro da Faculdade de Direito encontra-se mais valorizada no âmbito acadêmico, com o intuito de aprimorar a formação do "operador/cientista do Direito". Ora, nem sempre foi assim: vale lembrar que o papel da Filosofia do Direito (e da Filosofia), diante da lei, foi relegado a um segundo plano.

---

2. Entre eles o Direito, o Justo, a Liberdade, etc.

Hoje, diante da posição crítica que assumiu o Direito, considerando-se que uma de suas principais características é a interdisciplinaridade, a Filosofia passou a desempenhar um papel fundamental.[3] Neste diapasão, ela visa indagar o verdadeiro papel e legitimidade das leis, a legitimidade do Poder, o melhor regime político etc. Constata-se que, hoje, há um papel fundamental a ser desempenhado pela Filosofia diante da formação do profissional.

Não podemos esquecer o fato de que o Direito, deparando-se exclusivamente (e unicamente) com a lei, revelou-se impotente e insatisfatório para dirimir certas dificuldades. Aliás, essa "impotência" se revela sob dois prismas: um na apresentação do próprio Direito – que raramente é apresentado como um Universo logicamente unificado (o Direito Penal com o Direito Civil; o Direito Civil com o Direito Administrativo etc.). Num segundo momento, há uma tendência de se ensinar a técnica em detrimento da ética.

Ora, eis aqui o grande papel da Filosofia (e, nomeadamente a Filosofia do Direito): a formação e a visão holística, humanística, capaz de encarar de modo **crítico** o fenômeno jurídico. A Filosofia, assim, proporciona um norte, um ideal a ser seguido e que, nem sempre, está em sintonia com o direito vigente.

No Brasil, um dos principais filósofos do Direito, nomeadamente o professor Goffredo da Silva Telles Junior, expoente da escola paulista, destacava que a Filosofia do Direito seria a ciência da disciplina da convivência humana pelas primeiras causas. Isto, tendo em vista o fato de as diversas matérias estudadas nas Faculdades de Direito, seriam, essencialmente, fruto de uma única disciplina: a "disciplina da convivência humana".[4]

Isso implica que a Filosofia do Direito indaga, fundamentalmente, as questões essenciais para a compreensão do fenômeno jurídico com ênfase em duas questões centrais:

a) o que é o Direito?

b) o que é a Justiça?[5]

---

3. Recomenda-se a leitura da Resolução 75/2009 CNJ;
4. No caso, o filósofo evidencia que as ciências das causas experimentais – ou causas segundas – são as ciências da natureza, ao passo que a ciência das primeiras causas – das causas intelectuais – é, sem sombra de dúvidas, a Filosofia. A Filosofia, ao contrário das ciências naturais, não consegue solucionar suas questões e premissas através de experimentos em laboratórios, tendo em vista que se dedica ao estudo de valores, do direito, do Belo, do Justo, da liberdade etc.
5. Há autores, como H. Coing, que inserem ainda uma terceira questão: o que é o método jurídico?;

Conclui-se então que para apreender os princípios que fundamentam as diferentes concepções do Direito temos que buscar o essencial auxílio da Filosofia do Direito, pois ela tem - em relação à Ciência Jurídica - essa função fundamentadora, ou seja: sem essa ligação, o estudo do Direito resta incompleto e supérfluo.[6] Assim, sem a intervenção da Filosofia, nossos códigos, nossas jurisprudências e nossa doutrina, seriam apenas papéis molhados e o jurista um cego a deriva.

6. O professor português Cabral de Moncada destaca em sua Filosofia do Direito e do Estado, que: a Filosofia do direito não pode ser cultivada por homens que sejam simples juristas. Terá de ser cultivada por homens que tenham alguma coisa de filósofos e de juristas, ou de juristas e de filósofos; ou por homens que, sabendo alguma coisa de direito, tenham em si o amor da Filosofia, Coimbra, Editora, 1995, p.. 5;

Capítulo 2

BREVES CONSIDERAÇÕES SOBRE NOSSO OBJETO DE ESTUDO: O DIREITO

Obviamente que encontrar uma definição única e universal para o Direito revela-se impossível. Vale lembrar que "direito" revela-se num termo *plurívoco,* o que, vale dizer, carrega diferentes definições possíveis.

Ora, sendo assim, convém lembrar, antes de mais nada, que o Homem tem a necessidade de conviver com seus pares, isto é, com aqueles que partilham seus hábitos, costumes, valores e modo de vida em geral. Eis a razão do homem se agregar em *sociedade.* Sendo assim, a vida em sociedade também gera, inexoravelmente, *conflitos.* Como consequência, surge a necessidade, o dever de estabelecer um ordem jurídica com normas que regulem a vida em comum.

Contudo, o Homem é dinâmico, muda[1], e a sociedade acompanha suas mudanças (evoluem ou retrocedem...), ou seja: sofrem mutações que influenciam diretamente o Direito (a ideia de Justo, conceitos de liberdade, conceitos políticos etc.).

Neste aspecto há diferentes interpretações para o Direito: para alguns, reveste-se num conjunto de normas; para outros, a tradução do comportamento de um determinado grupo sociocultural; ou revela-se num instrumento para busca de fins sublimes (tal como a Justiça) e ainda, há quem o considere o resultado de um processo histórico etc.

Retomando o raciocínio, observamos que o Direito traduz várias acepções ou significados. Num primeiro momento, podemos utilizar "Direito" unido ao conceito de ciência, isto é: como sinônimo de Ciência Jurídica. É comum, contudo, constatarmos que o termo também esteja atrelado ao conceito de Justiça ou ainda interligado ao conceito de norma jurídica, de ordenamento jurídico (direito objetivo).

Ora, lembremos que o *direito objetivo* diferencia-se de *direito subjetivo.* Os dicionários jurídicos insistem em afirmar que o *direito subjetivo*

1. Tudo quanto vive, vive porque muda; muda porque passa; e, porque passa, morre – Fernando Pessoa;

seria a faculdade que a ordem jurídica assegura a toda pessoa de querer e realizar, ou de agir e reagir, até onde o seu direito não atinja o de outrem. Traduz, assim, *o poder fundado no dever*, inerente a qualquer um dos sujeitos da relação jurídica.[2]

Por outro lado, considera-se como direito objetivo, o conjunto de regras obrigatórias, em vigor num determinado país, dentro de uma determinada época. Assim, o direito objetivo traduz o conjunto de normas que devem ser obedecidas por todos aqueles que vivem em determinada sociedade e seu efetivo descumprimento acarreta sanções.

Contudo, diante de uma perspectiva epistemológica, há certas qualidades ou características essenciais que permitem delimitar um conceito de Direito. Diante de uma análise etimológica, observamos que a palavra "direito" provém do latim *directum*[3] que, a grosso modo, pode ser traduzido como "dirigido". Ora, essa acepção faz sentido quando pensamos que o Direito tem a função de ordenar a vida em sociedade (regulando aquilo que é lícito ou ilícito).

Diante de uma segunda perspectiva, há quem sustente que a verdadeira raiz encontra-se na palavra *derectum*, que consiste na junção dos termos *de* (que significa totalidade) e *rectum* (reto).

Neste diapasão, é evidente que o conceito de Direito implica, fundamentalmente, numa arte da ciência prática - dar, assinalar o seu de cada um para que seja destinado a seu titular. Podemos sintetizar estes conceitos nas palavras de André Fernandes: *O ofício do profissional do direito atende a uma necessidade social bem específica, qual seja, a de* ***criação de uma ordem justa: uma ordem em que cada homem e cada instituição tenha o seu, aquilo que lhe pertence e cabe.*** *Dado que a vida social é dinâmica e o seu de cada um pode estar em situação de interferência por uma ação ou omissão alheia, gera-se um dinamismo orientado para estabelecer ou restabelecer a situação devida, que podemos descrever com uma fórmula de comprovada expressividade*: suum cuique tribuere, *dar a cada um o seu*[4]

2. Segundo o professor Goffredo Telles Jr., os Direitos Subjetivos se definem: permissões dadas por meio de normas jurídicas. São autorizações, fundadas no Direito Objetivo, para o uso das faculdades humanas. O que os caracteriza e distingue é, precisamente, o meio pelo qual as permissões são dadas. Por serem dadas por meio de normas jurídicas, essas permissões são permissões jurídicas. Logo, os Direitos Subjetivos podem também ser definidos com estas precisas palavras: permissões jurídicas, Iniciação na Ciência do Direito. 2. ed. São Paulo, Saraiva, 2001, p. 255, grifo nosso;
3. Particípio do verbo dirigere, que pode ser traduzido como "dirigir";
4. Ensinando e Aprendendo o Direito com o Método do Caso, Edipro, 2014, p. 133, grifo nosso;

Capítulo 3

DIREITO, MORAL E A ÉTICA

Primeiramente cumpre destacar que "ética" é uma palavra oriunda do grego *ethos*, que acarreta a noção de *caráter*. Faz-se uma analogia, pois tal como uma morada deve ser sólida, bem construída, utilizando-se bons materiais, para os gregos antigos este termo carregava a noção de uma morada individual, que devia ser limpa, confortável – guiando o Homem no "bem agir".

Tanto o Direito como a Moral são regras sociais que regulam o comportamento do Homem em sociedade, definem um conceito de comportamento que é considerado certo, adequado e os que não se enquadram neste modelo de comportamento é (na maioria das vezes) tido como errado. Quando falamos em Direito e Moral entramos num campo bastante polêmico. Há distinções entre ambos, porém essa diferença nem sempre é nítida. Ora, Robert Alexy atenta que a maior polêmica acerca do conceito de Direito encontra-se precisamente na sua relação com a Moral.

Este autor acaba identificando duas posições: a positivista e a não positivista.

No primeiro caso, constata-se uma verdadeira separação, isto é: o conceito de Direito deve ser elaborado sem qualquer elemento Moral. Não existe uma conexão necessária entre ambos (entre o que o Direito dispõe, ordena e o dever ser).

Num segundo plano, constata-se o vínculo entre o Direito e a Moral, tendo em vista que o conceito deve ser elaborado com elementos morais.

Se observarmos o Direito, perceberemos que ele é bilateral, isto é, vincula duas ou mais pessoas (ou entidades). A Moral, por seu turno, é unilateral.

O Direito tem como característica a exterioridade (tendo em vista que se preocupa com atitudes exteriores ao indivíduo), ao passo que a Moral é interior (refere-se à consciência do indivíduo).

O Direito é dotado de coercibilidade (ou o cidadão obedece à norma, ou lhe é imposta uma sanção). A Moral é incoercível na medida em que não é imposta pelo Estado, a sanção é de foro íntimo ou de um determinado grupo (social).

A Moral é objeto de estudo da Ética que, por seu turno, é um ramo da Filosofia.

Mas, vamos observar alguns fatores que nos auxiliarão á compreender melhor o tema proposto.

Há regras morais e regras jurídicas. Em alguns sistemas, ocorre uma mistura/confusão daquilo que é jurídico e daquilo que pertence ao campo da Moral. Ora, ainda há pouco tempo uma mulher por ter renunciado à religião islâmica foi condenada à morte. Neste tipo de sistema, observamos nitidamente os campos sobrepostos.

Quando a Europa, por exemplo, quis elaborar uma Constituição, a Holanda foi contra a palavra "Deus" naquele diploma.

Há normas que são exclusivamente Morais. Tomemos o clássico exemplo da norma: "praticarás a caridade". Digamos que, ao ver um mendigo, façamos a escolha de não lhe dar esmola. Poderá o mendigo entrar com uma ação pedindo a esmola que lhe seria devida? Óbvio que não.

Quando nos deparamos com uma determinada norma que estabelece prazo legal, (ou que delimita uma velocidade tal) estamos diante de algo exclusivamente jurídico. Assim, se em determinado Código de Trânsito observamos o limite de 80 km/h, isso é fruto de convenção, de estudos de engenharia etc. Poderia ser 60 km/h, 100 km/h – ou seja: em nada afeta o campo da Moral.

Por outro lado, quando nos deparamos com o artigo 121 do Código Penal, ("matar alguém"...) lá temos a incidência tanto no âmbito jurídico como na esfera Moral. Assim, ao matar alguém, imediatamente recairá sobre o réu a incidência do artigo em questão. Igualmente constataremos que ele feriu uma regra no campo da Moral ("não matarás"...).

Vejamos então algumas posições que analisam a ética e sua relação com a Moral e com o Direito.

A ÉTICA SOCRÁTICA

Na Grécia antiga, Sócrates foi um divisor de águas sobre o tema. Se observarmos tanto a sua vida, bem como a teoria que elaborou, revelam uma coerência espantosa. Esse filósofo partia de uma premissa fundamental: "O homem é o Ser Moral, ou o Ser ético". Isto significa que o homem é o ser capaz de agir racionalmente, atuando dentro de parâmetros éticos.

Vale lembrar que, ao contrário dos Sofistas, Sócrates não se preocupou com o Homem em seu aspecto individual, não propôs uma relativização. Assim, quando Sócrates analisou o homem, buscou centralizá-lo, e determinar o que de natural, de verdadeiro, de *universal*, efetivamente existe na natureza humana (nomeadamente, aquilo que é comum a todos os homens).[1]

O filósofo grego fundou seu raciocino do seguinte modo: *o homem vive e age em nome de princípios éticos universais*. Isso significa que toda a ação é orientada pelo saber racional (isso implica que, quem pratica o mal, age, fundamentalmente, por ignorância). Este saber, como veremos adiante (no capítulo sobre Sócrates), está fundado em cima da premissa: *Conhece-te a ti mesmo*. Isso significa que o pensamento socrático é voltado para a determinação de conceitos teóricos ou de valores espirituais que tornam possível o conhecimento (teórico) e a ação (prática).

Ora, com essa premissa, Sócrates buscou aprofundar o conhecimento da natureza humana, ou seja: o seu maior objetivo não consistia em alcançar o conhecimento de um determinado indivíduo, concretamente, mas o de alcançar um conhecimento geral que, por sua vez, pudesse levar a humanidade a alcançar a verdadeira sabedoria.

Este ponto do pensamento socrático é de extrema importância para o Direito. Assim, sua busca pelo conhecimento universal tem repercussões práticas imediatas. Como vimos, para Sócrates, há uma efetiva relação entre o conhecimento e a virtude. Deste modo, aquele que busca a verdade e a encontra, não consegue mais agir em desacordo com ela – daí a razão que o filósofo acreditava que, quem faz o mal age calcado na ignorância (do Bem), pois (o agente) nunca teria alcançado ou contemplado a verdade.

A TEORIA DO MÍNIMO ÉTICO

Esta teoria tem como principais representantes o filósofo inglês Jeremias Bentham e o alemão Jellinek. Acreditavam que "Direito" e "Moral", em determinados pontos se convergem.

Assim, esta teoria explicita a convergência mencionada tendo em vista a "teoria dos círculos concêntricos". Nesta teoria, observa-se que

1. Podemos constatar um "preâmbulo" de Aristóteles;

um círculo maior representaria o campo da Moral, ao passo que o círculo menor o campo do Direito. Desta forma, existem pontos comuns entre Direito e Moral (esta sendo mais ampla do que aquele). Aliás, foi dessa teoria que surgiu a explanação "tudo o que é jurídico é moral, mas nem tudo o que é moral é jurídico". Sobre a teoria do mínimo ético enfatiza o próprio Miguel Reale:

> "A teoria do mínimo ético, consiste em dizer que o Direito representa apenas o mínimo de Moral declarado obrigatório para que a sociedade possa sobrevier. Como nem todos podem ou querem realizar de maneira espontânea, mas como as violações são inevitáveis, é indispensável que se impeça, com mais vigor e rigor, a transgressão dos dispositivos que a comunidade considerar indispensável à paz social".[2]

Ainda sobre essa teoria, observamos que os doutrinadores asseveram que, fora do campo da Moral existe o "imoral" que consiste no confronto direto a tudo aquilo que é definido como "Moral". Contudo, ainda existe o ato que é apenas "amoral", ou seja, apenas indiferente a Moral, (porém, não sendo imoral). Sobre isso exemplifica Reale:

> "Uma regra de trânsito, como, por exemplo, aquela que exige que os veículos obedeçam à mão direita, é uma norma jurídica. Se amanhã, o legislador, obedecendo a imperativos técnicos, optar pela mão esquerda, poderá essa decisão influir no campo moral? Evidentemente que não. [...] Além disso, existem atos juridicamente lícitos que não são moral. Lembre-se o exemplo de uma sociedade comercial de dois sócios, na qual um deles se dedica, de corpo e alma, aos objetivos da empresa, enquanto que o outro repousa no trabalho alheio, prestando, de longe em longe, um rala colaboração para fazer jus aos lucros sociais. Se o contrato estabelecesse para cada sócio uma compensação igual, ambos receberão o mesmo quinhão. E eu pergunto; é moral?".[3]

Observa-as então, que existe um campo da moral que não se confunde com o campo do Direito (é indiferente). Há, pois, uma distinção entre o campo jurídico que, não é (i)moral e sim (a)moral. Sendo assim, a teoria do mínimo ético apresenta círculos concêntricos, numa visão ideal e também os círculos secantes numa visão real entre Direito e Moral.

---

2. Reale, *Lições Preliminares de Direito,* editora Saraiva, São Paulo, 2002, p. 42.
3. op, cit., p. 42/43

Kant (ética kantiana)[4]

De fato existem critérios que a doutrina unificou para distinguir o Direito da Moral: a autonomia e heteronomia; as normas categóricas e as normas hipotéticas; a unilateralidade e a bilateralidade e, por fim, a coercibilidade.

a) Autonomia e heteronomia: constata-se que uma norma é autônoma quando o indivíduo (particular) elabora regras que servem para si mesmo. É uma "lei para si mesmo". A heteronomia pressupõe dois (ou mais) sujeitos: um que elabora a regra e outro que a segue.

Ora, esta distinção, de cunho Kantiano, nos leva a concluir que somente as regras morais poderiam ser autônomas.

Kant[5] elaborou um sistema ético puramente formal. Ele se opôs, segundo alguns, de modo radical a todos os sistemas éticos que foram construídos anteriormente (até seu tempo). Isso porque acreditava que, (as éticas anteriores a seu tempo) tratavam-se de éticas materiais, isto é: partiam do pressuposto de que existe um Bem para o Homem. Segundo ele, as "éticas anteriores" se preocupavam apenas com dois pontos: a) com o bem supremo ou fim último e b) as normas (o meio) para alcançá-lo (este bem supremo).

Kant então, contrariando as éticas tradicionais, (essencialmente materiais), não vai definir nenhum bem ou fim que a conduta moral deve subordinar-se. Ele também não estabelece normas que a razão deve se submeter.

Para este filósofo, o fundamento da moralidade reside, unicamente, na adequação, na conformidade da ação (do homem) à lei moral. Deste modo, a lei moral então, impõe-se sob a forma de dever (Kant define dever como a necessidade de uma ação por respeito à lei).

Assim, a subordinação à lei moral por parte do Homem deve ser fundamentada e satisfazer-lhe apenas por ela mesma, ou seja: pela Moral. Ora, o Homem, quando age corretamente não deve agir conforme sua

---

4. Este filósofo é muito importante. Retomaremos seu pensamento num capítulo próprio.
5. Este filósofo é muito importante para o Direito. Immanuel Kant (Königsberg, Prússia, 22 de Abril de 1724 – Königsberg, 12 de Fevereiro de 1804), filósofo alemão. Fundador da filosofia crítica. Kant nasceu, viveu e morreu em Konisberg, uma cidade da Prússia Oriental (Alemanha). Filho de um comerciante de descendência escocesa. Recebeu uma educação pietista. Frequentou a Universidade como estudante de filosofia e matemática. Dedicou-se ao ensino, vindo a desempenhar as funções de professor na Universidade de Konisberg.

utilidade ou pela satisfação que seu cumprimento pode acarretar. Deste modo, se a ação escolhida pela vontade, embora esteja em sintonia com a lei moral, for executada por alguém, tendo em vista qualquer finalidade exterior (por exemplo, o prazer ou não sofrer as sanções da lei), então, já não mais se trata de uma ação moral.

Observamos que Kant distinguiu claramente a *moralidade* da *legalidade*. Para ele, a moralidade traduz a conformidade imediata da vontade com a lei. A legalidade, por sua vez, é a conformidade de uma determinada ação com a lei que é condicionada a por um motivo de natureza sensível (o medo, a esperança, etc.).

A Moral em Kant analisa e reflete fatalmente uma disciplina interior. Ora, uma ação moral exige, fundamentalmente, obediência à lei moral – que, devido à sua natureza, se impõe como imperativo categórico.[6] Assim, os imperativos categóricos podem ser definidos *como aqueles que prescrevem uma ação que é boa em si mesma*, isto é: o indivíduo as executa porque acredita piamente que elas são boas, e não porque o seu descumprimento possa gerar para ele uma consequência não desejada. Um exemplo de norma categórica é o seguinte: "Não se deve mentir".

Por outro lado, os imperativos hipotéticos, prescrevem uma ação que é boa para se atingir um fim desejado. Ela é cumprida somente porque se deseja algo que está além dela (que somente se alcança depois de cumprida a norma).

Segundo Kant os imperativos categóricos pertencem à legislação moral, ao passo que os imperativos hipotéticos pertencem à legislação jurídica.

O filósofo alemão destacou algumas orientações em sua obra, (essencial para o Direito), *Fundamentação Metafísica dos Costumes*:

> "1º. Age, como se a máxima da tua ação se devesse tornar, para a tua vontade, em lei universal da natureza;
>
> 2º. Age, de tal maneira que uses a humanidade, tanto na tua pessoa como na pessoa de qualquer outro, sempre e simultaneamente como fim e nunca simplesmente como meio;
>
> 3º. Age, de tal maneira que a tua vontade se possa considerar como sendo a autora de lei universal á qual se submete."

---

6. A formulação do imperativo categórico é extremamente relevante para os direitos humanos – tendo em vista que se releva dignidade de todo ser humano (aliás, é um dos pilares formadores do Tribunal Penal Internacional).

Vale lembrar que, para Kant, se um homem comete um homicídio involuntariamente, esse ato constitui uma fatalidade, uma desgraça. Contudo, para ele, aquele que praticou o ato não pode ser qualificado de bom ou mau, pois Kant não considera legítimo qualificar de "bom" ou de "mau" o conteúdo de nossos atos morais. A única coisa que verdadeiramente pode ser boa (ou má) é a vontade boa.

Como podemos deduzir, a unilateralidade é uma característica das regras morais (existem numa relação do indivíduo consigo mesmo). Não há a necessidade da presença de nenhuma outra pessoa. Por seu turno, a relação jurídica só se realiza na relação entre pelo menos duas pessoas, o direito não se efetiva individualmente ou entre uma pessoa e uma coisa.

Há, ainda, outro ponto a ser retido: a sanção externa e a sanção interna. Ora, quando desobedecemos a uma regra moral, podemos sofrer uma sanção, que será somente interna (remorso ou culpa). Já a regra jurídica descumprida enseja também uma sanção, mas uma sanção externa, imposta pelo Estado, pela força institucionalizada.

QUESTÕES PARA REVISÃO

1. (CESPE – 2010) A respeito das classificações da ética como campo de estudo, assinale a opção correta.

a) Na abordagem da ética absoluta, toda ação humana é boa e, consequentemente, um dever, pois se fundamenta em um valor.

b) De acordo com a ética formal, não existem valores universais, objetivos, mas estes são convencionais, condicionados ao tempo e ao espaço.

c) Segundo a ética empírica, a distinção entre o certo e o errado ocorre por meio da experiência, do resultado do procedimento, da observação sensorial do que de fato ocorre no mundo.

d) Quanto ao aspecto histórico, a ética empírica possui a razão como enfoque para explicar o mundo, na medida em que ela constrói a teoria explicativa e vai ao mundo para ver sua adequação.

e) Em todas as classificações da ética, ela se torna equivalente à moral porque direciona o comportamento humano para ações consideradas positivas para um grupo social.

✪ **Nota do autor**: Ora, há um conceito que é importante reter: *a moral é o conjunto de princípios gerais de conduta através de atos que resultam da livre vontade humana, disciplinando o homem perante Deus, perante a sociedade e a si próprio*. Importante repisar que, entre o direito e a moral há uma relação fundamental: i) o caráter prescritivo da norma: tanto a norma jurídica bem como a norma moral estabelecem condutas (preceito primário), sendo que ambas visam à consecução dos fins colimados pelo homem; ii) caráter ético: isto significa que, tanto o direito bem como a moral, possuem um fundamento ético comum e, ao longo da História, muitas vezes foram confundidos (tanto que muitas vezes, uma norma moral, se transformou em jurídica). Contudo, o direito difere da moral porque é dotado de *heteronomia* (*hetero* = outro + *nomos* = norma ou lei); isto significa que as normas jurídicas não estão sujeitas à vontade do indivíduo (particular). Há uma diferença entre ética e *moral*. Trata-se de uma confusão comum através dos tempos. No que tange à sua origem "ética" deriva do grego *ethos* enquanto que a moral deriva do latim, *mores* (costumes). Como vimos acima, a moral é um conjunto de normas que regulam o comportamento do homem em sociedade, possui caráter obrigatório. Ética, por seu turno, traduz um conjunto de valores que orientam o comportamento do homem em relação aos outros homens, ou seja: é a forma que o homem deve se comportar no seu meio social. O filósofo David Hume, por exemplo, acreditava que a ética era construída a partir de recursos empíricos. Isto significa que a conduta ética é reconhecida na experiência social (é através da experiência social que se extrai o caráter e as convicções morais). É através das experiências que os homens conseguem discernir as impressões causadas pelo vício e daquelas causadas pela virtude.

Alternativa correta: "c": O empirismo acarreta necessariamente a noção de "experiência". Isso significa que é possível (segundo a ética empirista) uma vez que o homem está inserido no Mundo, no plano sensorial, no campo da experiência, discernir o que é o certo do errado. A conduta ética é reconhecida pela experiência social (o homem, através da experiência, obtém impressões de vícios e virtudes, sabendo discerni-las).

Alternativa "a": A ética como vimos, também traduz uma conduta a ser observada. Contudo, a maioria dos filósofos da atualidade, entende que nem todas as ações humanas são efetiva tradução da bondade. Há, de fato, condutas do homem que são absolutamente indiferentes para a ética e outras que são essencialmente más.

Alternativa "b": Se observarmos a ética formal há, de fato, valores absolutos (na filosofia platônica por exemplo) Assim ocorre para o Justo, o Belo, a Verdade etc. Este "subjetivismo" em que se busca um "justo" para um tempo ou para um determinado espaço, fruto de convenção, foge da ética no sentido formal. É importante saber que, a alternativa em comento e errada, pois o fato de que efetivamente existem valores universais, refuta por completo a ideia de convenção, de subjetivismo quanto ao tema.

Alternativa "d": O empirismo (principalmente no campo ético) se opõe ao racionalismo (*ratio* = razão) e não visa uma "explicação de mundo", mas apenas daquilo que é ético (dentro do campo da ação/conduta humana, da "práxis"). O fato de que o examinador introduziu a palavra "razão" como teoria do Mundo já descarta esta alternativa.

Alternativa "e": Esta alternativa deve ser descartada de plano. Como vimos, a moral distingue-se da ética. A moral é um conjunto de normas que regulam o comportamento do homem em sociedade, possuindo caráter obrigatório. Ética, por seu turno, é a forma que o homem deve se comportar no seu meio social.

2. (UEL – 2007) – Na segunda seção da Fundamentação da Metafísica dos Costumes, Kant nos oferece quatro exemplos de deveres. Em relação ao segundo exemplo, que diz respeito à falsa promessa, Kant afirma que uma "pessoa vê-se forçada pela necessidade a pedir dinheiro emprestado. Sabe muito bem que não poderá pagar, mas vê também que não lhe emprestarão nada se não prometer firmemente pagar em prazo determinado. Sente a tentação de fazer a promessa; mas tem ainda consciência bastante para perguntar a si mesma: Não é proibido e contrário ao dever livrar-se de apuros desta maneira? Admitindo que se decida a fazê-lo, a sua máxima de ação seria: Quando julgo estar em apuros de dinheiro, vou pedi-lo emprestado e prometo pagá-lo, embora saiba que tal nunca sucederá".

Fonte: KANT, I. *Fundamentação da Metafísica dos Costumes*. Tradução de Paulo Quintela. São Paulo: Abril Cultural, 1980, p. 130.

De acordo com o texto e os conhecimentos sobre a moral kantiana, considere as afirmativas a seguir:

I. Para Kant, o princípio de ação da falsa promessa não pode valer como lei universal.

II. Kant considera a falsa promessa moralmente permissível porque ela será praticada apenas para sair de uma situação momentânea de apuros.

III. A falsa promessa é moralmente reprovável porque a universalização de sua máxima torna impossível a própria promessa.

IV. A falsa promessa é moralmente reprovável porque vai de encontro às inclinações sociais do ser humano.

A alternativa que contém todas as afirmativas corretas é:

a) I e II

b) I e III

c) II e IV

d) I, II e III

e) I, II e IV

✪ **Nota do autor**: Kant constrói um sistema ético puramente formal. O filósofo, ao contrário do que destacavam as "éticas tradicionais", não definia nenhum bem ou fim que a conduta moral devia subordinar-se. A subordinação à lei moral, por parte do Homem, deve ser fundamentada a satisfazer-lhe *apenas por ela mesma*. Segundo Kant, o Homem quando age corretamente não deve fazê-lo segundo a sua utilidade ou pela satisfação que possa acarretar. Nesta questão há uma questão essencial delimitada na obra (fundamental para o Direito) *Fundamentação Metafísica dos Costumes*, de Kant: "Não posso eu, quando me encontro em apuro, fazer uma promessa com a intenção de não cumprir?". Diante deste dilema Kant oferece o seguinte ponto de reflexão: "se é prudente ou se é conforme o dever fazer uma promessa falsa". Diante dessa hipótese, o ato de realizar falsas promessas é questionado por Kant na medida em que essas "mentiras" podem ocasionar consequências maiores (tendo em vista que as consequências são imprevisíveis) e alerta ainda para o perigo daquele que realiza falsas promessas cair em descrédito. Ora, diante deste perigo, o filósofo alerta que seria prudente agirmos em conformidade com a máxima universal de adquirir o costume de não fazer promessas falsas. Deste modo, fazer promessas falsas não seria compatível com a moral (os efeitos seriam nocivos – a perda de credulidade do indivíduo ou até de todos perante todos). No fundo há uma questão essencial que Kant nos orienta a realizar: "Podemos querer que nossa máxima se converta em lei universal?". Caso não possamos, sugere que, de pronto, a rejeitemos, uma vez que não cabe como princípio de uma lei universal adequada/boa.

Alternativa correta: "b": Ora, como vimos nos comentários acima, a "falsa promessa" não pode valer como lei universal (pode ser conveniente pra mim, mas não gostaria de ser a "vítima" da falsa promessa...). Ademais, Kant atesta que a falsa promessa geraria um descrédito não só do indivíduo que a pratica bem como uma descrença geral de qualquer promessa (feita por quem quer que seja).

Alternativa "a": A "falsa promessa" não pode valer como lei universal (pode ser conveniente pra mim, mas não gostaria de ser a "vítima" da falsa promessa...). Contudo, a afirmativa "II" é falsa, pois Kant afirma que não é ético mentir por conveniência (os meios não justificam os fins). Na *Fundação Metafísica dos Costumes* (Lisboa: edições 70, 1995, página 59), invoca o seguinte princípio: "Age, de tal maneira que uses a humanidade, tanto na tua pessoa como na pessoa de qualquer outro, sempre e simultaneamente como fim e nunca simplesmente como meio".

Alternativa "c": Esta alternativa é incorreta. No caso da afirmativa "II", Kant repreende a falsa promessa. No que tange à afirmativa "IV", talvez seja nossa inclinação fazer uma falsa promessa em situação de apuro. Contudo, se de fato existir, devemos controlar essa inclinação e agirmos conforme os ditames da moral (em respeito à própria moral). Agindo assim, tornaremos nossa máxima numa *máxima universal* (para que não sejamos, também, vítimas de falsa promessa).

Alternativa "d": No caso, as afirmativas "I" e "III" são verdadeiras. Incluíram uma alternativa falsa que é a "II".

Alternativa "e": Esta alternativa está errada. De fato, a afirmativa "I" está correta. Porém, as alternativas "II" e "IV" são falsas.

3. **(CESPE - 2009)** - Assinale a opção correspondente ao imperativo categórico de Kant.

a) Age de tal modo que a máxima de tua ação possa ser sempre erigida em princípio de uma legislação universal.

b) Age de tal modo que a tua ação atenda ao princípio da razão e da igualdade entre os homens.

c) Age de tal modo que tua ação respeite as regras estabelecidas pela comunidade em que tu vives.

d) Age de tal modo que a tua ação esteja de acordo com os mandamentos de Deus.

✪ **Nota do autor**: Aqui também somos remetidos ao livro *Fundamentação Metafísica dos Costumes*, de Kant. A moral em Kant reflete essencialmente a disciplina interior. Deste modo, a moral exige obediência (à própria lei moral) que se impõe como *imperativo categórico*. Ora, é *imperativa*, na medida em que revela um comando a ser seguido/obedecido pelo Homem. É *categórica*, na medida em que vale de igual modo para todos (*universal*).

Alternativa correta: "a": Ora, há uma questão essencial que Kant nos orienta a realizar (por conta própria): "Podemos querer que nossa máxima se converta em lei universal?". Se a resposta for negativa, Kant orienta que deve ser afastada. Se for positiva, ou seja: se eu realizo determinada ação, de maneira que eu também espere a mesma ação de outro (na mesma situação) então trata-se de lei universal.

Alternativa "b": Na obra de Kant a ação é interna, reflete a disciplina interior. A lei moral é que deve ter valor para todos e não é um fator de igualdade entre os homens (ela é universal porque vale para todos naquela situação em que me encontro).

Alternativa "c": Aqui temos que ter cuidado, pois as regras estabelecidas pela comunidade poderão ser injustas (a lei do tirano é justa?; as normas estabelecidas pela Alemanha nazista seriam justas?). A título de curiosidade, sublinhe-se que Eichmann (nazista) ao ser julgado em Jerusalém, deturpou Kant e invocou essa premissa em sua defesa. Contudo não é o que Kant estabeleceu por imperativo categórico.

Alternativa "d": No fundo, Kant sofreu uma influência religiosa forte. Contudo, não preconizava precisamente obediência às leis de Deus.

4) (questão nossa) É correto afirmar quanto à Sócrates, principalmente sua concepção da ética, que:

a) o homem é um animal político;

b) o homem sábio pode agir fora da ética porque tem a missão de "conduzir" os demais:

c) o homem é o Ser Moral, ou o Ser Ético;

d) a ética é relativa

✪ **Nota do autor**: Um dos maiores expoentes da Grécia Antiga no que tange à ética foi Sócrates. Sua filosofia (no campo da Ética) seguia uma premissa fundamental: "o homem é o Ser Moral, ou o Ser Ético". Tal premissa significava, forçosamente, que o homem revela-se no único ser capaz de agir (racionalmente) atuando dentro de parâmetros éticos. Na filosofia socrática, observa-se que o filósofo buscou conceitos universais, verdadeiros para o campo da Ética.

Alternativa correta: "c": Sócrates afirmava que "o homem é o Ser Moral, ou o Ser Ético". Isto demonstra que o homem é o único capaz de agir balizado pelos ditames da ética.

Alternativa "a": Esta alternativa tem uma única finalidade: confundir o aluno. Trata-se, aqui, de uma frase famosa, porém, não de Sócrates, mas, sim, de Aristóteles. Não é diz respeito à Ética, mas sim à concepção de Estado aristotélica.

Alternativa "b": O sábio, para Sócrates, teria a mais alta missão de conduzir os demais. Mas nunca ferindo parâmetros éticos.

Alternativa "d": Sócrates não se preocupou (na sua formulação ética) com o Homem no seu aspecto individual. Isto traz um conceito relativista que não foi buscado por ele. Ao contrário, buscou evidenciar o que havia de verdadeiro de universal no campo da ética.

Capítulo 4

O MITO

Como vimos anteriormente, o questionamento é algo intrínseco ao Homem. A indagação faz parte de sua natureza (racional). Nós não podemos esquecer que o Homem sempre admirou, se espantou com o mundo que o rodeia. Sempre buscou ordenar o caos que se encontrava diante de seus olhos. Buscou explicações para os fenômenos que admirava. Contudo, o Homem nem sempre teve a seu dispor a estrutura científica que possui hoje, seja com instrumentos, seja com explicações científicas de ponta.[1]

Nesse sentido, para a real compreensão da *gênese filosófica*, é fundamental estudar o significado dos *primeiros vestígios da racionalidade* que antecedeu o pensamento filosófico propriamente dito.

Vale destacar que os mitos primitivos foram, durante muito tempo, interpretados diante de uma ótica negativa, apenas como simples narrações fabulosas que de uma maneira pueril colocavam em cena forças da natureza personificadas em entidades divinas. Atualmente, tendo em vista os trabalhos efetuados por antropólogos e sociólogos a narrativa mítica passa a ser encarada como uma explicação para a realidade (obviamente que trata-se de uma explicação pouco elaborada).

Assim, num primeiro plano, os mitos parecem ser narrações fantasiosas e revestidas de certa magia de personagens, de fatos e feitos heroicos de um passado distante, cuja existência veraz é muitas vezes duvidosa. Essencialmente são utilizados para explicar o início da história de uma comunidade ou como fundamento da origem do mundo e da espécie humana sobre a face da Terra. Diante destes fenômenos, o Homem procurou uma determinada explicação, pretendeu dar sentido à realidade. O mito surge assim, como uma narrativa fantástica, fantasiosa sobre o mundo que o Homem buscou ordenar, explicar (sobre a origem do Universo, os astros, os fenômenos naturais etc.).

1. Leitura recomendada: textos de Mirceia Eliade, Georges Gusdorf e Lévi-Strauss;

Se observarmos a palavra "mito" em grego, ela está relacionada ao verbo "falar", "narrar". Assim, o Homem mítico, diante do Mundo que o rodeava tinha explicações atribuídas aos deuses, ao plano do fantástico. Eram narrativas fantasiosas sobre a origem do Universo.

Um papel fundamental no Mito é o papel do rito (ou ritual). O rito traduz um conjunto de atos onde os participantes/integrantes exprimem – através de gestos, comportamento etc. – uma ligação com o Mito. Assim, através dos rituais as tradições são repassadas de geração em geração.

Sendo assim, o mágico, feiticeiro ou o pajé, através do rito, tinha o objetivo de conhecer os desígnios dos deuses, de alcançar sua simpatia ou ira de ser a ligação entre a sociedade e os deuses, entre o sagrado e o profano.

O rito (ou ritual) no fundo é a tradução de linguagem que se traduz em gestos, danças ou atos, ou seja: observamos o Homem na busca infindável de se comunicar com o sobrenatural. É a tentativa do Homem de intervir nas forças naturais.[2]

Observa-se que a atitude do homem mítico assume um caráter essencialmente religioso, pois sacraliza a própria natureza, inserindo o sagrado nos vários atos do cotidiano tendo em vista que só este é capaz de conferir realidade e sentido ao mundo profano.

Neste sentido é importante reter:

a) que o homem primitivo encarava a realidade do Homem atual, pois o homem e a natureza faziam parte de um TODO indissociável. Que ele, face à visão desordenada, hostil e caótica da natureza, sente a necessidade de lhe conferir uma ordem e um significado.

b) o Mito não se revela num amontoado de ideias confusas – ele possui uma lógica própria que reflete uma forma de consciência, pois além de explicação da ação humana, fixa uma série de operações – rituais – que o homem tinha o dever de repetir com a finalidade de aproximar-se dos tempos primordiais *(ab origine)*, dos atos de criação, dos "acontecimentos primeiros".

---

2. Observando as pinturas rupestres, constata-se que ela cumpria uma determinada função mágica. O homem primitivo, agindo sobre o símbolo agia também sobre a realidade. Deste modo, acreditava ser possível abater um animal se previamente lhe cravasse setas no dorso do desenho que pintava nas paredes das cavernas, por exemplo.

QUESTÕES PARA REVISÃO

1) Qual a importância do estudo do Mito nos dias atuais?

Resposta: como vimos, o mito ternou-se um problema da Filosofia na medida em que exprime uma reação original do espírito humano, uma configuração independente da consciência do Homem. Todo aquele que quiser ter um sistema compreensivo da cultura humana tem necessariamente que voltar ao mito.

2) Em que se revela o Mito? É desprovido de racionalidade?

Resposta: como vimos, o mito não é uma massa de ideias confusas, revela-se na primeira tentativa racional do Homem em ordenar e explicar os fenômenos do "mundo hostil" que o rodeia.

Capítulo 5

A GRÉCIA ANTIGA: DO MITO AO PENSAMENTO RACIONAL. OS PRÉ-SOCRÁTICOS

O Mundo Ocidental é grego. Assim, nos dias atuais vivemos numa democracia, vamos ao Fórum, temos assembleias etc. Isso é grego. Nossa arte, a língua, a Lógica, a Ética e nosso pensamento ainda traz muito da Grécia Antiga, ou seja: fomos "moldados" pelos gregos.

Neste sentido, para o filósofo Giovanni Reale: *pode-se dizer que, para o homem homérico e para o homem grego filho da tradição homérica, tudo é divino, no sentido de que tudo o que acontece é obra dos deuses. Todos os fenômenos naturais são promovidos por numes: os trovões e os raios são lançados por Zeus do alto do Olimpo, as ondas do mar são levantadas pelo tridente de Posseidon, o sol é carregado pelo áureo carro de Apolo, e assim por diante.*[1]

Mas, qual o fator essencial que trouxe à Grécia essa capacidade de evolução filosófica?

No século VII e VI a.C., constatamos, na Cidades gregas, que ali começou a germinar a reflexão racional (embora ainda ligada ao problema cosmológico). Há autores que evidenciam uma verdadeira ruptura entre o pensamento mítico e racional. Outros acreditam numa evolução gradual. Contudo não como negar que na Grécia Antiga houve uma evolução essencial para a Filosofia Ocidental.

Destacamos quatro fatores essenciais:

- o fator geográfico: não podemos esquecer que a Grécia tem uma posição geográfica que – na antiguidade – possibilitou o intercâmbio econômico e cultural com ouros povos desenvolvidos;
- o intercâmbio econômico: possibilitou aos gregos o conhecimento de novos produtos e técnicas;

1. REALE, Giovanni. *História da Filosofia Antiga,* São Paulo: Loyola, 1993. 1v, p. 21;

- o intercâmbio cultural: possibilitou aos gregos o conhecimento de novas ideias e formas de pensamento;
- a democracia: trata-se aqui de um regime que possibilitou o debate público e a troca de ideias entre os cidadãos.

QUESTÃO PARA REVISÃO

CESPE - 2007 - Defensor Público da União

1. Muitas têm sido as explicações das causas históricas para a origem da filosofia na Jônia. Alguns consideram que as navegações e as transformações técnicas tiveram o poder de desencantar o mundo e forçar o surgimento de explicações racionais sobre a realidade. Outros enfatizam a invenção do calendário (tempo abstrato), da moeda (signo abstrato para a ação de troca) e da escrita alfabética (transcrição abstrata da palavra e do pensamento), que teriam propiciado o desenvolvimento da capacidade de abstração dos gregos, abrindo caminho para a filosofia.

Tendo como referência inicial o texto acima, julgue o item a seguir:

A formação da pólis, a cidade-Estado, é a principal determinação histórica para o nascimento da Filosofia.

Certo ou errado

Alternativa correta: "certo"

OS PRÉ-SOCRÁTICOS

Vale lembrar que o conhecimento filosófico surgiu aos poucos, em substituição aos mitos e às crenças religiosas, na tentativa de conhecer e compreender o mundo e os seres que nele habitam. A formação do pensamento filosófico se deu na passagem do mito *(mythos)* para a razão (lógos). Neste passo, os deuses têm sua importância relativizada pela razão a partir dos elementos existentes na natureza estudados pelos pré-socráticos.

Os filósofos pré-socráticos são considerados "os primeiros filósofos gregos" (séculos VII a V a.C.). Destaca-se que estes filósofos – embora inseridos dentro de uma sociedade mítica – distanciaram-se das explicações míticas para a origem do Universo. São denominados "filósofos da natureza" (tendo em vista que buscaram nos elementos naturais a explicação para os fenômenos que lhes inquietavam).

Mesmo assim, estes, que também são denominados "os primeiros filósofos", conceberam suas reflexões em cima dos problemas da unidade que fundamenta o Universo. E vão partir de explicações materiais práticas, de fenômenos naturais, elevando até um patamar mais abstrato. Se observarmos atentamente, constataremos que, de Tales, Anaximandro, Anaxímenes, Demócrito e Heráclito aos Pitagóricos, existe um crescendo tanto na abstração como na racionalização nas explicações para a causa das coisas e do Universo.[2]

Embora pareça estranho estudar suas ideias, vale destacar que filósofos importantes do século XX estudaram seu pensamento.[3]

Assim, destes, quatro se destacam:

Tales de Mileto: por muitos, é considerado como o "pai da Filosofia", teria nascido em 624 a.C., ou 625 a.C., em Mileto (atualmente na Turquia que, na época, era uma colônia grega). Em síntese, este filósofo defendia que *a água era a origem de toas as coisas*, a substância primordial, a explicação para a natureza;[4]

Heráclito: estima-se que tenha nascido, mais ou menos, em 550 a. C., em Éfeso, (também na atual Turquia). Mas não se sabe muito a respeito de sua vida. O filósofo teria sido descendente dos reis de Éfeso, que era, na época, uma colônia de Atenas, mas abriu mão do título em favor do seu irmão. Este filósofo – que repugnava a plebe – escreveu "Sobre a

2. Eis a razão que consideraremos os pré-socráticos como os filósofos de um primeiro período do pensamento grego – o qual pode ser denominado como período naturalista, visto que esses filósofos tinham como objetivo descobrir a substância única, a causa, o princípio do mundo natural. Assim, reputa-se que o início da filosofia deu-se no momento em que o homem passou a buscar explicações de forma racional para os fenômenos da natureza, e não mais na mitologia.
3. Destaca-se a abordagem hermenêutica executada por Heidegger que visava ir além daquilo que está literalmente expresso nos textos de Heráclito (os Fragmentos). A grosso modo, Heidegger elaborou uma contestação à metafísica tradicional bem como à demonstração de que a lógica é um empecilho à compreensão do pensamento grego representado por Heráclito.
4. Lembremos que essa teoria, nos dias atuais, não tem sentido algum, porém simboliza uma "quebra de paradigma", pois, na época, revela-se de um valor inestimável: como vimos, foi o começo do pensamento filosófico e cientifico, até Tales todos os fenômenos eram explicados através da religião.

natureza", obra que se divide em mais de cem fragmentos, complexa e enigmática, que rendeu ao filósofo o codinome de "Obscuro". Acreditava que a origem das coisas não residia num único elemento, porém numa cadeia/sucessão de fenômenos que vão gerar a mutabilidade constante dos elementos (pluralidade e mutabilidade das coisas transitórias - tal como escreveu: "Nada é permanente, exceto a mudança").

Anaxímenes: (585 - 524 a.C.) este filósofo acreditava que as coisas tinham a sua origem no *ar* (no vapor - *pneuma*). O ar é infinito e se identifica também com a alma. Ele anima o corpo do homem e também todo o mundo (O *ar* está em movimento eterno e possui vida - tal como se depreende de seu pensamento: "da mesma forma como a nossa alma o ar nos mantém juntos, de forma que o sopro, bem como o ar, abraçam o mundo inteiro").

Anaximandro: (610 - 547 a.C.) estudou e escreveu sobre geografia, astronomia, matemática e política, mas um dos seus principais escritos intitulado *Sobre a Natureza*, infelizmente, não chegou até nós. Foi político, matemático e filósofo. Para ele, as coisas tinham a sua origem no indeterminado, no "apeíron" (infinito), seria uma substância que gerava todas as demais do Universo (é importante notar o grau de abstração que encontramos séculos antes de Cristo). Acreditava que nosso mundo é somente um entre diversos outros mundos que irão se desenvolver, evoluir e se desintegrar em um processo infinito.

Por fim, é importante lembrar, no que tange ao Direito que, tendo em vista este *naturalismo* existente (enraizado no pensamento destes "primeiros tempos") as leis do Estado - ou de Direito - não possuíam, nesta etapa, qualquer autonomia.

QUESTÃO PARA REVISÃO

Professor de Filosofia - Instituto Federal - PE - 2012

A origem da filosofia poode ser situada entre os séculos VI e V a.C. Considera-se que, nessa época, as palavras filosofia e filósofo não existiam e só depois passam a significar uma forma de postura e de leitura do mundo diferentes da que existia: a compreensão mítica. Assim, o ponto de partida da reflexão filosófica pode ser identificado a partir das pesquisas dos milésios Tales, Anaximandro e Anaxímenes. Eles se detiveram na compreensão da realidade a partir de um conceito-chave, a saber:

a) *Aletheia*

b) *Physis*

c) *Cosmos*

d) *Uno*

e) *Sóphos*

Alternativa correta: letra "b" (conferir comentários acima)

Capítulo 6

OS SOFISTAS

Como vimos, no século V a. C., constata-se que, nas cidades gregas, houve um acúmulo de riquezas graças ao domínio econômico que estas exerceram no Mediterrâneo. Neste período, observamos uma hegemonia, um predomínio da cidade de Atenas - que se transformou numa cidade mercantil, impondo-se economicamente às demais cidades.

Como consequência, seus cidadãos, agora prósperos, estabeleceram um sistema/regime diferenciado de participação a democracia.

Vale destacar que, a democracia ateniense privilegiava apenas alguns de seus cidadãos (homens livres, nascidos em Atenas - lembrando que as mulheres eram relegadas num segundo plano - e maiores de idade) outorgando o direito de participar ativamente da Assembleia e também de fazer a magistratura. Quanto aos estrangeiros, estes, além de não terem os mesmos direitos, eram obrigados a pagar impostos e prestar serviços militares.

Assim, a democracia ateniense deu origem à dois fatos inerentes ao sistema: a discussão e a oratória. O jovem grego passou a se interessar por essa arte/técnica tendo em vista que, o seu domínio, assegurava fama e riqueza. O Poder era conquistado nas assembleias, no debate, no embate de ideias, na argumentação. É neste contexto, e com esse "nicho mercadológico" que surgem os Sofistas. Pois, um jovem grego, era avaliado pelo seu sucesso na ágora (praça pública).

Este era preparado para atuar ativamente na praça pública, conduzindo os seus pares. Sendo assim, devia ser adequadamente lapidado para tal. Eis que surgem "professores" que dispunham a ensinar a lógica, a ética, a retórica, enfim: dar ao jovem todas as "armas" que precisariam para obter o sucesso na condução de seus concidadãos, para o efetivo convencimento na esfera pública. Esse era o ambiente que surgiram os Sofistas.

Estes filósofos, que nunca formaram uma Escola de Filosofia propriamente dita, mas apenas foram filósofos esparsos que compartilhavam método, modo de vida e pensamento (obviamente com suas divergências) foram sempre descritos com certo preconceito pela *tradição filosófica*. Assim, eram vistos como uma espécie de "enganadores" ou "pseudossábios", que se propunham a ensinar os jovens aquilo que não se ensina (ou aquilo que tem várias abordagens – por ser subjetivo). Ora, deste modo, como ensinar a Ética? A Estética? O Justo ou a própria Retórica? Pois bem. A partir do século XIX (com Hegel) há uma autêntica "reabilitação dos Sofistas" tempo em que é (re)descoberto o valor filosófico destes pensadores.

A palavra "sofista" não tem nenhum valor filosófico determinado e – sublinhamos novamente – não indica nenhuma Escola específica. Contudo, atualmente sabe-se que os Sofistas foram, portanto, verdadeiros agentes de transformação na educação dos jovens atenienses. Destes, dois nomes se destacam: Protágoras e Górgias. O pensamento destes "mestres" esculpiu não só os jovens gregos – contribuíram para o alargamento das indagações políticas e jurídicas da época (algumas continuam impasse até os dias de atuais).[1]

Protágoras: este Sofista era natural de Abdera (Trácia) e seu nascimento – pelo que se deduz pela data de suas obras – ocorreu 730 anos após a Guerra de Tróia.

Comecemos então, analisando a célebre frase de Protágoras: *o Homem é a medida de todas as coisas, das que são enquanto existem, e das que não são, enquanto não existem.*[2] Aqui, há um franco deslocamento da Filosofia: ao contrário da preocupação naturalista que até então imperava, agora o pensamento deve forçosamente privilegiar a ética, a Política, a Retórica, a Justiça, ou seja: aquilo que liga o Homem à sua vida em sociedade (obviamente podemos observar a importância que isto exerce no Direito).

Ora, "o Homem é a medida de todas as coisas" analisado (no contexto de sua época) é marcante! Significa o primado das convenções humanas sobre qualquer forma de conhecimento absoluto. O Homem passa a ser o centro das indagações filosóficas (é para ele que se avalia o Justo, as leis etc.).

Estes pensadores vão transformar os antigos valores aristocráticos (da nobreza grega – onde a virtude estava ligada à ascendência). Ou seja: não

1. Alguns autores apresentam os Sofistas – de fato – como "os primeiros advogados". Esta afirmação não tem muito respaldo na tradição filosófica. Contudo é interessante a abordagem. Realmente estes pensadores desenvolveram a oratória a tal ponto que tornaram-se profissionais (tanto no ensino da técnica, bem como na utilização da mesma). Deste modo, a exigência de remuneração que passaram a exigir, segundo alguns, assemelha-se à função dos advogados atualmente (contudo, como sublinhamos, é uma comparação interessante mas não tem fundamento na História da Filosofia).
2. Há quem sustente que, dizendo isso, ele incita que todas as "verdades são moldáveis" de acordo com nossas vontades e necessidades, ou seja: não haveria, como consequência, verdades absolutas.

se nasce virtuoso, a virtude conquista-se pela boa educação (aí entram estes "professores") e pela boa atuação /desempenho na ágora.

É evidente então que o método utilizado por estes "mestres" era a utilização da persuasão, fundamentalmente a capacidade de convencer as assembleias (derrotando seus adversários na retórica e na dialética). Impunham suas ideias, mesmo que fossem falsas (eis aí uma das críticas que a tradição dirige aos Sofistas - pois, a verdadeira Filosofia, tem o compromisso com a verdade).[3] O "saber" é uma "arma" que permite dominar a vida. Aliás esta é a visão de Górgias.

Este filósofo discutiu com Sócrates a questão da beleza do discurso, da sedução da retórica (questões que até os dias de hoje deixam dúvidas se, de fato, deve-se seduzir a plateia/povo? Ou, efetivamente deve-se dizer o que estes precisam ouvir? - mesmo correndo-se o risco da impopularidade...). São questões que até hoje estão presentes: o Direito não é sedução? A política não é adulação?

Tópico para revisão

No fundo é importante reter que - para nós que estudamos o Direito - os Sofistas não foram apenas pensadores que comercializavam seus conhecimentos e talentos (seja como professores ou oradores) - eles desenvolveram questionamentos e conceitos importantes para a vida em sociedade, ou seja: para o Direito.

Mas, uma obra (que traz no seu seio todos estes pensamentos) é de fundamental importância para o Direito: *Antígona*, de Sófocles.

Esta obra, onde se discute essencialmente a obediência da lei escrita em detrimento da lei natural revela precisamente a questões em que o Homem passa a ser o centro do pensamento/das especulações. Ou seja: as discussões apresentadas pelos Sofistas são importantes até os dias de hoje na medida em que ainda são motivos de fortes discussões.

SÓFOCLES E SUA IMPORTÂNCIA PARA O DIREITO

Sófocles nasceu nos arredores de Atenas, passou sua vida inteira naquela cidade e veio a falecer com cerca de noventa anos, cerca de 406 a.C. Foi um magistrado, e militar de alta patente, porém ficou conhecido

3. Como nos ensinarão Platão e Sócrates - adiante.

para a História do pensamento como um importante dramaturgo – teria escrito mais de uma centena de peças teatrais.

Importante destacar sua obra mais importante para o Direito: *Antígona*. Assim, convém lembrar que a obra é uma das primeiras a retratar o eterno embate entre o direito natural e o direito positivo, melhor dizendo, entre a justiça (ou, uma lei natural) e a lei.

Ora, o enredo da peça, em apertada síntese, pode ser explorado do seguinte modo: um homem chamado Polinície tenta realizar um golpe de Estado para tomar o poder em Tebas, no que foi assassinado. Quebrando as tradições da época, Creonte, o governante, determina que o morto não poderia ser enterrado e quem eventualmente descumprisse a sua ordem/edito também seria assassinado.

Ocorre que, Antígona, (irmã de Polinície), não se conforma com aquela ordem. Para ela, (assim como para os gregos em geral) seria uma desonra inaceitável não enterrar o irmão (que vagaria eternamente pela Terra e seu corpo sujeito às aves de rapina). Neste sentido, em claro descumprimento da ordem de Creonte, Antígona resolve realizar todos os rituais fúnebres devidos em favor do morto.

Creonte, indignado com tamanha ousadia, chama Antígona para esclarecimentos. O diálogo entre os dois personagens revela-se num marco importante e fundamental para aqueles que defendem o direito natural.[4] Ei-lo:

> *"CR. Dize, tu que aí estás, tu, de cabeça baixa: negas ou confessas teres feito aquilo?*
>
> *AN. Eu confesso tudo, nada negarei.*
>
> *CR. (Ao GUARDA) Vai-te embora tu, vai-te aonde quiseres: estás livre, nada pesa sobre ti. (sai o GUARDA. A ANTÍGONA)*
>
> *E tu, dize logo, sem quaisquer rodeios: conhecias a ordem que vedava aquilo?*
>
> *AN. Sim. Como ignorá-la? Era público o edito.*
>
> *CR. Não obstante, ousaste infringir minha lei?*
>
> *AN. Porque não foi Zeus quem a ditou, nem foi a que vive com os deuses subterrâneos – a Justiça – quem aos homens deu tais normas.*

---

4. Os jusnaturalistas problematizam o dever-familiar/religioso de Antígona como direito natural do homem, intrinsecamente enaltecendo o poder dos oprimidos e não dos opressores. Vislumbram assim, um direito inerente do homem (o da liberdade), provindo da sua própria natureza, independente – e mesmo que ao arrepio – de atos normativos;

Nem nas tuas ordens reconheço força que a um mortal permita violar aquelas não-escritas e intangíveis leis dos deuses. Estas não são de hoje, ou de ontem: são de sempre; ninguém sabe quando foram promulgadas. A elas não há quem, por temor, me fizesse transgredir, e então prestar contas ao Numes. Bem sei, como não? Que hei de morrer um dia mesmo sem decreto teu; e se tombar morta antes do tempo, então tanto melhor: para quem, como eu, vive entre tantos males, como não será de só proveito a morte? Para mim, morrer não é sofrer; seria sofrimento, sim, se eu acaso deixasse insepulto o que nasceu de minha mãe. Isso me doeria: o resto não importa. Posso parecer uma louca, talvez: mais louco, porém, é o que me julga louca".[5]

É importante reter, que estão postos ali, em conflito, as leis divinas, encarnadas na religiosa Antígona e as leis humanas determinadas pelo arbítrio de Creonte.

Ocorre que há outro diálogo extremamente importante na peça/tragédia que não é citado nos livros de introdução ao direito ou Filosofia do Direito, que demonstra que há uma segunda vitória importante: a da democracia. Vejamos.

Assim, este segundo diálogo foi travado entre Creonte e Hémon, (seu filho), que era apaixonado por Antígona (ele se suicida ao lado da amada). Hémon, de forma até meio insolente, questiona a ordem do pai. O pai, por sua vez, não muda de ideia ressaltando que Antígona, portanto, deveria ser punida, conforme previsto no seu edito.

Eis um trecho do diálogo:

"CR. Não foi crime, acaso, aquilo que ela fez?
HE. O que o povo diz em Tebas é que não.
CR. E é a cidade que há de ditar minhas leis?
HE. Vês? Estás falando como uma criança.
CR. Devo governar pela opinião dos outros?
Não há Estado algum que só pertença a um homem.
CR. A cidade, então, não é de quem governa?
HE. Talvez, se esse rei governasse um deserto"[6]

5. SÓFOCLES. A Antígone, na transcrição de Guilherme de Almeida, Edições Alarico, São Paulo, 1952, p. 36/37;

6. SÓFOCLES. A Antígone, na transcrição de Guilherme de Almeida, Edições Alarico, São Paulo, 1952, p. 53;

Constatamos, no final da peça, que a vontade popular vence, revelando uma clara vitória da democracia. No Brasil, nos cursos jurídicos, dá-se pouca atenção a essa lição política contida na "Antígona". No fundo, outra "lição" da peça é que o povo não apenas tem o direito de se expressar, mas também o de ser ouvido. Deste modo, o governante que despreza as opiniões do povo põe em risco a cidade e a si próprio também (vemos aqui, desenvolvida, a questão, também, da *legitimidade* daquele que governa).

Assim, Antígona, tornou-se numa espécie de "heroína dos valores", mas que não recebeu prêmio nenhum (aliás, isto tem sido uma constante na História). Creonte, por sua ambição e por seu despotismo, perdeu seu filho o que evidencia que devemos pensar sobre a responsabilidade de nossas ações no mundo (principalmente daquele que governa).

QUESTÕES PARA REVISÃO

1) Conhecemos pouco dos sofistas. Em primeiro lugar, porque, com exceção de um sofista tardio, Isócrates, de quem temos as obras, não possuímos senão fragmentos dos dois principais sofistas: Protágoras de Abdera e Górgias de Leontini. Em segundo, porque os testemunhos recolhidos pela doxografia foram escritos por seus inimigos — Tucídides, Aristófanes, Xenofonte, Platão e Aristóteles —, que nos deixaram relatos altamente desfavoráveis nos quais o sofista aparece como impostor, mentiroso e demagogo. Esses qualificativos acompanharam os sofistas durante séculos e a palavra sofista era empregada sempre com sentido pejorativo.

Marilena Chaui. Introdução à *História da Filosofia* - dos pré-socráticos a Aristóteles. São Paulo: Cia. das Letras, 2002 (com adaptações).

(CESPE - Defensor Público - DPU/ 2007) Tendo o texto acima como referência inicial, julgue os itens que se seguem.

1 Desde o final do século XIX, tem-se observado uma reabilitação da sofística. Historiadores da filosofia, a partir de então, consideram os sofistas fundadores da pedagogia democrática mestres da arte da educação do cidadão.

2 A sofística é uma arte e uma ciência. Além de um modo de ensinar, ela designa uma doutrina, tal qual a dos filósofos, diferindo

da destes apenas por seus desdobramentos práticos e por suas implicações políticas.

Item 1: Correto: A visão pejorativa dos Sofistas, supramencionada, há algum tempo caiu por terra e, atualmente, ocorre uma (re)leitura destes pensadores. Deste modo, constata-se que o Sofista não era um mero "charlatão". Hoje, a história do pensamento destaca que tiveram inclusive influência no próprio pensamento de Sócrates (sendo até que, para alguns, este filósofo por sua vez, poderia ser considerado um "sofista").

Item 2: Errado: Este item de plano se revela errado: a sofística não é "arte" e nem "ciência". Ora, se observarmos a frase/item em comento, ele em si mesmo, se revela num sofisma – ou seja: traz um pensamento capcioso... A "sofística" se revela num movimento intelectual que surgiu nas cidades-estados gregas durante a segunda metade do século V a.C. Estes pensadores (Sofistas) eram professores que viajavam de cidade em cidade com a finalidade de ensinar gramática, retórica (matérias essenciais para o jovem grego prosperar na praça pública ateniense – ágora). Não havia uma "doutrina" que podemos atribuir aos Sofistas, apenas algumas questões que até hoje se revelam importante no plano filosófico e, consequentemente, no plano jurídico.

2) (CESPE – Defensor Público – DPU/ 2007) Muitas têm sido as explicações das causas históricas para a origem da filosofia na Jônia. Alguns consideram que as navegações e as transformações técnicas tiveram o poder de desencantar o mundo e forçar o surgimento de explicações racionais sobre a realidade. Outros enfatizam a invenção do calendário (tempo abstrato), da moeda (signo abstrato para a ação de troca) e da escrita alfabética (transcrição abstrata da palavra e do pensamento), que teriam propiciado o desenvolvimento da capacidade de abstração dos gregos, abrindo caminho para a filosofia.

Idem, ibidem.

Tendo como referência inicial o texto acima, julgue o item a seguir.

A formação da *pólis*, a cidade-Estado, é a principal determinação histórica para o nascimento da filosofia.

É difícil achar uma única razão para o nascimento da Filosofia na Grécia Antiga. A maioria dos autores evidencia que a Filosofia teria surgido da combinação dos seguintes fatores:

a) o fator geográfico em muito contribuiu para o intercâmbio comercial (e, consequentemente, o intercâmbio cultural, religioso, artístico, econômico etc.);

b) a cultura grega teria sido forjada (fruto) pelos poemas de Homero e Hesíodo;

c) os gregos propunham uma grande liberdade política (em comparação aos demais povos);

d) é importante lembrar que, durante os séculos VII e VI a Grécia passou por um avanço econômico muito forte (de um mero país agrícola, passa também a ser um ponto comercial) com desenvolvimento da indústria artesanal;

e) o pensamento filosófico tinha por objetivo: (i) explicar a *physis* (mundo natural) e (ii) buscar um elemento natural – fundamental – para explicar o cosmos.

Item 1: Correto: o item é correto na medida em que, justamente nas colônias gregas surgiu a Filosofia (pensamento sistemático, crítico e metódico). Ademais, os gregos foram o primeiro povo na História da humanidade a construir instituições políticas livres. A filosofia, Grécia Antiga, surgiu nas diferentes colônias, a título de exemplo destaca-se que Mileto foi uma das primeiras cidades-estados que atingiu um bem-estar social que culminou numa liberdade política sem precedentes. Assim, começa a ganhar força o debate público, o confronto de ideias e opiniões (campo fértil para a Filosofia). Em Atenas, a democracia grega traz precisamente no seu bojo o debate público na ágora (praça pública) favorecendo o questionamento da ética, da moral, das leis.

3) (CESPE – Defensor Público – DPU/ 2010) A respeito da filosofia antiga, julgue o próximo item.

1 De acordo com os sofistas, o direito natural não se fundava na natureza racional do homem, mas, sim, na sua natureza passional, instintiva e animal.

Item 1: Correto: Este item revela-se correto mas, aos nossos olhos, a questão é mal formulada. Deve ser lembrado que o pensamento dos Sofistas era **relativo**, e, ademais, não existe um único "pensamento sofista", mas vários... Contudo, como vimos anteriormente, os Sofistas não são mais encarados como "mercenários do saber". Há, de fato, uma (re)leitura destes pensadores, atribuindo-lhes importantes questionamentos inclusive para o Direito. Estes pensadores foram um dos primeiros a questionar o "justo natural", confrontando-o com a lei. Assim, as leis dos homens teriam o seu lugar justificado numa concepção cosmológica, ou seja: as leis (éticas o jurídicas) e, a seguir, teriam um fundamento natural. Esta ideia de que o direito natural se revela ao homem como "instinto" é retomado no direito romano (éticas o jurídicas) e, a seguir, teriam um fundamento natural. Esta ideia de que o direito natural se revela ao homem como "instinto" é retomado no direito romano (por Ulpiano, por exemplo, quando afirma que "natural" reflete o que a natureza ensinou a todos os animais e, portanto, não é próprio apenas do gênero humano). Para os Sofistas, o conflito entre a lei humana e a lei natural deveria acabar com o predomínio desta (uma vez que libertaria os homens da barbárie). O conteúdo da lei não teria origem na divindade ou na natureza, mas sim na vontade humana.

Capítulo 7

SÓCRATES

A figura de Sócrates, sem sombra de dúvidas, domina a Filosofia. Este, talvez seja considerado o "pai da Filosofia", tendo em vista a enorme influência que exerceu, não só sobre seus contemporâneos, mas também para a Filosofia como um todo. O filósofo nasceu em Atenas (por volta de 470 a.C.)[1] e definitivamente (junto com Aristóteles) moldou o pensamento Ocidental. Ele ficou conhecido por "abrir mão" de uma vida burguesa para dedicar-se exclusivamente à Filosofia.

Este filósofo não só dedicou tosa sua vida à filosofia – também morreu por ela. Tudo aquilo que sabemos deste filósofo veio através de seus discípulos tendo em vista que ele nada escreveu. Especula-se muito sobre a razão que levou Sócrates a nada escrever. Segundo alguns, o filósofo entendia que este ramo do saber era exclusivo para um exame incessante de si; assim, a escrita talvez engessasse esse "avanço", ou seja: a escrita talvez formulasse uma doutrina e impedisse "autoanálises".

Ora, diante destes fatos, temos necessariamente que nos agarrarmos naquilo que as fontes históricas descrevem sobre o filósofo. Estas fontes são:

1) Platão – foi o seu discípulo mais conhecido, esteve presente em seu julgamento (retratando-o no Diálogo *Apologia de Sócrates*). Apresenta uma das versões mais completas e detalhadas da vida do Mestre através de seus *Diálogos* (analisaremos este filósofo adiante).

2) Xenofonte – também foi um admirador de Sócrates, esteve presente em seu julgamento e também escreveu uma *Apologia de Sócrates* (lembrando que "apologia" significa "defesa").[2]

1. Destacamos que, a rigor, a data de nascimento de Sócrates é determinada pela idade que tinha na data de seu processo e sua respectiva condenação ou seja: em 399 a.C., ele tinha – conforme nos relata Platão – setenta anos.

2. Convém que o aluno de Direito leia atentamente a *Apologia de Sócrates* (tanto a de Platão como a de Xenofonte);

3) Aristófanes - este homem escreveu uma peça onde critica Sócrates e o método socrático: *As Nuvens* (temos então uma visão "negativa" de Sócrates).

4) Aristóteles - tendo em vista que foi discípulo de Platão, menciona Sócrates em sua obra.

O que ficou para a História é *que Sócrates foi o filósofo da coerência entre teoria e prática - pensamento e ação*. Nós temos o melhor retrato dele nas Apologias (tanto na de Xenofonte como na de Platão).

Sócrates foi um filósofo que tinha uma missão: a busca do verdadeiro saber. Onde reside de fato, o verdadeiro saber? Quem o detinha? Serão os magistrados? Serão os poetas? Para tanto ele se dirigia àqueles que julgavam saber e desmascarava-os publicamente (note-se aqui, a quantidade e intensidade de inimigos que foi angariando...). Sócrates agia assim com o intuito de que, ciente de que nada sabia, seu interlocutor, insatisfeito com o fato, também fosse em busca, também do verdadeiro saber.

É por isso que Sócrates comporta-se como um moscardo: espicaçava as consciências adormecidas no "sono fácil" e dogmático das ideias feitas, (pré)concebidas.

Constatando-se que não existia um Homem sábio, sua missão transformava-se em denúncia: expor o falso saber, daquele que julgava (falsamente) possuí-lo - tinha por objetivo libertar o Homem da ilusão (falsa) dos sentidos.

Observamos então que Sócrates não tinha nada a ensinar, não tinha nada para transmitir aos outros. Queria apenas criar a insatisfação, na esperança que, na dúvida, buscassem o verdadeiro saber; a Filosofia.

O filósofo tomou como divisa a inscrição no templo de Delfos: *Conhece-te a ti mesmo*. A partir daí, Sócrates vai elaborar uma reflexão que acarretará numa permanente busca pelo saber - essa busca, aliás, fará dele o modelo exemplar de filósofo: que morre - coerentemente - com seus ideais.

Assim, é importante reter que sua investigação vai surgir de uma crítica radical do saber que leva à "douta ignorância" simbolizada por uma máxima: "só sei que nada sei". Tendo como parâmetro seus pais - o pai era escultor, logo, forjava a beleza e sua mãe, parteira, logo ajudava outros a *virem à luz* - Sócrates busca que seus interlocutores atinjam por eles próprios a verdade através de um processo de questionamento constante. Se observarmos atentamente, ele, no fundo, era mais sábio do que aqueles que julgavam saber.

O *Método Socrático*[3] era baseado no diálogo que se desenvolve em dois momentos; a ironia e a maiêutica. Na primeira fase, *a ironia*, consistia na efetiva "tomada de consciência" de que nada se sabe ou seja: a douta ignorância. Através de uma interrogação constante, observamos nos *Diálogos* de Platão, que Sócrates leva seu interlocutor a reconhecer e admitir sua própria ignorância ao se deparar com a dúvida.

Num segundo momento, temos *a maiêutica* - consistia em perguntar (em "parir", tal como sua mãe que era parteira) a verdade de seus interlocutores. Aqui, observamos Sócrates na busca da Verdade.

Resumindo: o que se deduz do método socrático é que ele consiste em levar o interlocutor à descoberta da verdade mediante uma série de perguntas bem como à exposição de perplexidades a que as respostas vão dando origem. Assim, o interlocutor chega, finalmente, a "parir" a verdade - descobrindo-a por si mesmo.

De modo antagônico dos Sofistas, ele não cobrava pelos seus ensinamentos e, não propunha a ensinar algo. Sócrates também pregava que os jovens se afastassem da vida pública (repleta de vaidades e de falso saber) e se dedicassem exclusivamente à Filosofia (podemos ver aqui, mais uma vez, o filósofo angariando mais inimigos em Atenas). Ao contrário dos Sofistas ele punha o Justo (e não o Homem) no centro de sua Filosofia. Sócrates tem, igualmente, uma premissa ética: O Homem é o ser Moral (Ser Ético).

Isto significa que o Homem é o ser capaz de realizar uma atividade pensante e agir conforma à Ética. Esta é a grande diferença que o separa dos Sofistas: estes falaram dos problemas do homem - o inseriram no centro da reflexão - mas não delimitaram ou detalharam a sua natureza tendo em vista que consideravam-no individual (relativizando-o).

---

3. A título de elucidação cabe destacar que o método de ensino do Direito na *Harvard Law School* (bem como, praticamente, em todas as Faculdades de Direito dos Estados Unidos) é completamente diferente das tradicionais e majoritárias aulas expositivas e monológicas que se tem no ensino jurídico no Brasil (ou nos países de tradição romano-germânicas). Assim, o método de ensino em Harvard é o método socrático, baseado numa ampla discussão - promovida e mediada pelo Professor - entre ele e seus alunos. Antes de cada aula, os alunos devem ler os livros, textos e casos previamente indicados pelo Professor da disciplina. A aula então é um grande debate sobre cada ponto exposto nos livros e textos e também uma permanente revisão e desafio aos argumentos levantados pelas partes, juízes e cortes nos casos concretos. Dessa forma, a leitura prévia e anterior à aula obriga aos alunos a ler e interpretar sozinhos os livros e textos indicados.

O que ficou evidente é que sua preocupação é orientada para delimitar e determinar princípios de valores espirituais que tornem possível o conhecimento que leve à uma ação prática. Para ele, o Homem vive e age tendo como Norte princípios éticos universais.[4]

Quando Sócrates propõe o "Conhece-te a ti mesmo", ele não fica apenas no campo do subjetivismo individual. Ele pretende atrair o "conhecimento de si" como forma de melhor lapidar a natureza humana, isto é: de alcançar um conhecimento geral que possa nos levar a alcançar a verdadeira sabedoria. Deduzimos então que, Sócrates acreditava que *há uma correlação direta entre o conhecimento e a virtude.*[5]

Deste modo, o Homem que busca a verdade – e a encontra de fato – não deixa de lado o ímpeto de viver de acordo com ela.

Como podemos constatar, Sócrates foi o Filósofo que preconizou o "retorno a si" e, deste modo, foi contra o pensamento reinante da época. Ele definiu o perfil do filósofo: um ser contestador (principalmente da ordem existente/do *establishment*), que põe s tudo em processo de análise e dúvida.

Os acusadores de Sócrates, *a priori*, já haviam percebido que este era um homem de certeza, de convicções, principalmente naquilo que dizia respeito à seus valores. Ele havia trazido para Atenas uma nova linha ética, através do qual ele privilegiava a orientação da conduta humana guiada essencialmente por valores morais.

Sócrates foi levado a julgamento e acusado – fundamentalmente – de três crimes:

a) não acreditar nos deuses da Cidade;
b) de corromper a juventude;
c) de introduzir novas divindades na *pólis*;

Seu julgamento ocorreu com cerca de 502 jurados, e acabou por ser condenado à morte. Sócrates foi então o filósofo que consagrou a teoria e a prática. Tornou-se um exemplo de coerência e virtude. Assim, houve

4. Podemos observar aqui, sementes jusnaturalistas.
5. Este ponto do pensamento socrático é de extrema importância para o Direito na medida em que a sua busca pelo conhecimento universal tem repercussões práticas imediatas. Como vimos, para Sócrates, há uma relação entre o conhecimento e a virtude. Neste sentido, aquele que busca a verdade e a encontra, não consegue mais agir em desacordo com ela (eis a razão que acima destacou-se que, quem faz o mal, segundo este filósofo, age, essencialmente, por ignorância, pois nunca alcançou ou contemplou a Verdade).

a possibilidade real de que pudesse fugir e escapar da pena. Contudo, preferiu morrer do que descumprir as leis de Atenas.

Sendo assim, Sócrates marcou – na História do Pensamento Ocidental – um momento de ruptura com o pensamento anterior – lembrando que os filósofos anteriores à Sócrates são denominados de pré-Socráticos, tendo em vista que suas reflexões estão em caminho diverso. A perspectiva antropológica tem início com os Sofistas e consagra-se com Sócrates.

Tópicos para revisão:

1. **Características gerais do período socrático:**

   se preocupa com as questões morais e políticas;

   o ponto de partida da filosofia é a confiança do pensamento ou no homem como ser racional, capaz de conhecer-se a si mesmo e, portanto, capaz de reflexão;

   o objeto principal de suas investigações é a Moral e a Política.

2. **Reflita com as frases abaixo:**

   2.1. "Sócrates faz descer a Filosofia do céu para a Terra ao orientara reflexão para os problemas morais e políticos, problemas do quotidiano que interessa à todos".

   2.2. "As preocupações filosóficas de Sócrates situam-se num plano diferente daquele dos pré-Sócráticos".

Capítulo 8

PLATÃO

Este filósofo viveu entre 428/427 a 348/347 a.C. Contudo, seu verdadeiro nome era Arístocles – "Platão" é apenas uma alcunha que, em grego, significa "ombros largos". De família nobre, recebeu uma educação magnífica que incluía "Belas Artes", de fato é considerado um dos principais filósofos da Antiguidade Clássica. Sua obra compõe-se, essencialmente, de "Diálogos" e "Cartas" onde a figura central consiste em enaltecer seu mestre, Sócrates (emblema de excelência pessoal e cívica). Assim, ao interpretar os ensinamentos de seu mestre, Platão estabelece um princípio que, doravante, será constitutivo de reflexão filosófica.

Como vimos, foi o discípulo mais fiel – e famoso – de Sócrates. A ligação entre Platão e Sócrates situa-se, fundamentalmente, em torno de uma problemática-chave: a questão ético-política. É notório o esforço que Platão faz em seus *Diálogos*, em defender o ideal sócio-político de Sócrates. Obviamente que Platão – por ter sido um dos mais fiéis discípulos de Sócrates – também criticou os Sofistas.

Na sua obra basilar – *A República*[1] – observamos ali o corpo teórico que confere ao sonho de Platão: a construção de uma República comunitária onde a Justiça e o Saber orientassem a vida humana.[2]

Tal como Sócrates, Platão buscou construir um Saber que fosse juiz de todas as opiniões e, por sua vez, guia de todas as práticas humanas.

1. Esta é uma obra que vai além de seu tempo histórico na medida em que ela se encontrou – e ainda se encontra! – no centro de discussão dos grandes foros de discussão. O centro desta obra, é exatamente a *pólis* (a Cidade), sua forma, estrutura, o relacionamento e papel dos cidadãos, os padrões de Moral e de Justiça que, ainda hoje, deixam os homens perplexos com as definições ali elencadas, revelando-se leitura obrigatória para o Acadêmico de Direito.
2. Este conceito de sociedade platônica, ideal e isenta de males, servirá sempre como fonte de inspiração para sonhos utópicos (tal como o brilhante Thomas More, no século XVI com sua *Utopia*, e Tommaso Campanella, com sua obra *A Cidade do Sol*) bem como para movimentos sociais de reformas que se desenvolveram ao longo da História da Humanidade. Contudo, vale lembrar que Platão foi um dos maiores críticos da democracia (levando-se em conta a democracia ateniense que ele conheceu e retratou ao longo de seus *Diálogos*).

A mobilização e o empenho platônico para a realização deste ideal político reflete sua decepção e inconformismo diante de uma sociedade decadente e viciada. Como é óbvio, Platão, depois de presenciar a morte de seu Mestre, desilude-se com a democracia ateniense (que reputava estar repleta de defeitos) e com a opinião pública (sendo que, foi esta quem matou o sábio, Sócrates...).

Diante deste cenário, quem poderia reformar essa sociedade injusta e decadente se não aquele que detêm o saber? Para Platão este seria, naturalmente, o papel do Filósofo. Porém, depois da morte de Sócrates, Platão descobre que só o saber não é suficiente: o filósofo também deve deter o Poder.

Assim, a solução do problema diante da morte de Sócrates, segundo Platão, revela-se paradoxal: o filósofo só teria lugar na cidade a não ser como seu Chefe Supremo. Acreditava que – a partir do momento que o homem honrado, bom, de suprema responsabilidade, é condenado, executado, sucumbindo assim, à decadência do Estado, este só pode estar em completa desordem. E daí, não haverá outra saída a não ser repensar, redefinir o Estado, as leis.

Notamos então que, tal como Sócrates, o platonismo também é uma *filosofia de ação*, isto é, com o objetivo de criar uma sociedade Justa e igualitária. Busca transformar a política no fundamento de sua vida espiritual com a realização de um Estado ideal (utópico).[3]

Ora para dar cabo à esse projeto, ele fundou em Atenas uma Escola: a *Academia* – por volta de 387 a.C., onde ele se dedicará ao preparo dos grandes filósofos e jovens (futuros governantes) ensinando a Filosofia, Ciências Naturais e Matemática.

Contudo, antes de adentrarmos num dos principais tópicos do pensamento platônico, convém destacar, que o Estado para Platão é essencial: revela-se no palco onde se desenvolve a virtude. Tendo em vista o notório papel atribuído ao filósofo, ele ainda dividia classes como os trabalhadores, os guerreiros, os escravos[4] etc. Ele defendeu a igualdade de homens e mulheres, (conferindo uma grande valor a essas). Acreditava que a educação deveria ser igual para ambos os sexos. A forma de governo mais adequada para o alcance da virtude e bem comum dos cidadãos seria a

3. Platão parece reconhecer o caráter utópico desse projeto político, no final do livro IX de *A República*.
4. Aliás, foi um dos primeiros a criticar a escravidão. Nas penas da vida após à morte do *Hades* platônico está a de ter possuído escravos.

aristocracia ou a monarquia, (de preferência governada por um rei-filósofo) e a democracia era condenada.

Sendo assim, para entender melhor este pensador, é necessário analisar o ponto central do seu pensamento isto é: a doutrina das ideias.

Vale ressalvar contudo, que Platão não chegou a esta doutrina pela ascese filosófica, mas sim por conta de sua desilusão com a sociedade (com as leis, com a democracia e com a política de Atenas).

Esta teoria pressupõe que, a realidade, a verdadeira essência das coisas, o Homem (dela) possui um conhecimento falso, enganoso. Deste modo, a verdadeira realidade – as coisas em si – encontra-se no Mundo das Ideias. Assim, as coisas reais, do mundo, são apenas *sombras* (que representam as coisas em si).

Chegamos num ponto central do pensamento de Platão; a *Alegoria da Caverna*. Como vimos, com essa alegoria, Platão dividiu o mundo em duas realidades: a sensível, que se percebe pelos sentidos, e a inteligível (o mundo das ideias). O primeiro é o mundo da imperfeição e o segundo encontraria toda a verdade possível para o homem.

Destacamos abaixo o trecho da obra *A República*[5] onde a teoria é desenvolvida:

> *Sócrates – Agora, imagina a nossa natureza, segundo o grau de educação que ela recebeu ou não, de acordo com o quadro que vou fazer. Imagina, pois, homens que vivem numa espécie de morada subterrânea em forma de caverna. A entrada se abre para a luz, em toda a largura da fachada. Os homens estão no interior desde a infância, acorrentados pelas pernas e pelo pescoço, de modo que não podem mudar de lugar nem voltar a cabeça para ver algo que não esteja diante deles. A luz lhes vem de um fogo que queima por trás deles, ao longe, no alto. Entre os prisioneiros e o fogo, há um caminho que sobe. Imagina que esse caminho é cortado por um pequeno muro, semelhante ao tapume que os exibidores de marionetes dispõem entre eles e o público, acima do qual manobram as marionetes e apresentam o espetáculo.*
>
> *Glauco – Entendo.*
>
> *Sócrates – Então, ao longo desse pequeno muro, imagina homens que carregam todo tipo de objetos fabricados, ultrapassando a altura do muro, estátuas de homens, figuras de animais, de pedra, madeira ou*

5. Platão, *A República*, Livro VII – (514a-517c).

qualquer outro material. Provavelmente, entre os carregadores que desfilam ao longo do muro, alguns falam, outros se calam.

Glauco – Estranha descrição e estranhos prisioneiros!

Sócrates – Eles são semelhantes a nós. Primeiro, pensas que, na situação deles, eles tenham visto algo mais do que as sombras de si mesmos e dos vizinhos, que o fogo projeta na parede da caverna à sua frente?

Glauco – Como isso seria possível, se durante toda a vida eles estão condenados a ficar com a cabeça imóvel?

Sócrates – Não acontece o mesmo com os objetos que desfilam?

Glauco – É claro.

Sócrates – Então, se eles pudessem conversar, não achas que, nomeando as sombras que vêem, pensariam nomear seres reais?

Glauco – Evidentemente.

Sócrates – E se, além disso, houvesse um eco vindo da parede diante deles, quando um dos que passam ao longo do pequeno muro falasse, não achas que ele tomariam essa voz pela sombra que desfila à sua frente?

Glauco – Sim, por Zeus.

Sócrates – Assim sendo, os homens que estão nessas condições não poderiam considerar nada como verdadeiro, a não ser as sombras dos objetos fabricados. Glauco – Não poderia ser de outra forma.

Sócrates – Vê agora o que aconteceria se eles fossem libertados de suas correntes e curados de sua desrazão. Tudo não aconteceria naturalmente como vou dizer? Se um desses homens fosse solto, forçado subitamente a levantar-se, a virar a cabeça, a andar, a olhar para o lado da luz, todos esses movimentos o fariam sofrer; ele ficaria ofuscado e não poderia distinguir os objetos, dos quais via apenas as sombras, anteriormente. Na tua opinião, o que ele poderia responder se lhe dissessem que, antes, ele só via coisas sem consistência, que agora ele está mais perto da realidade, voltado para os objetos mais reais, e que ele está vendo melhor? O que ele responderia se lhe designassem cada um dos objetos que desfilam, obrigando-o, com perguntas, a dizer o que são? Não pensas que ele ficaria embaraçado e que as sombras que ele via antes lhe pareceriam mais verdadeiras do que os objetos que lhe mostram agora?

Glauco – Certamente, elas lhe pareceriam mais verdadeiras.

Sócrates – E se o forçassem a olhar para a própria luz, não pensas que os olhos lhe doeriam, que ele viraria as costas e voltaria para as coisas que pode olhar e que as consideraria verdadeiramente mais nítidas do que as coisas que lhe mostram?

Glauco – Sem dúvida alguma.

Sócrates – E se o tirassem de lá à força, se o fizessem subir o íngreme caminho montanhoso, se não o largassem até arrastá-lo para a luz do Sol, ele não sofreria e se irritaria ao ser assim empurrado para fora? E, chegando à luz, com os olhos ofuscados pelo seu brilho, não seria capaz de ver nenhum desses objetos, que nós afirmamos agora serem verdadeiros.

Glauco – Ele não poderá vê-los, pelo menos nos primeiros momentos.

Sócrates – É preciso que ele se habitue, para que possa ver as coisas do alto. Primeiro, ele distinguirá mais facilmente as sombras, depois, as imagens dos homens e dos outros objetos refletidas na água, depois os próprios objetos. Em segundo lugar, durante a noite, ele poderá contemplar as constelações e o próprio céu, e voltar o olhar para a luz dos astros e da Lua, mais facilmente que durante o dia para o Sol e para a luz do Sol.

Glauco – Sem dúvida.

Sócrates – Finalmente, ele poderá contemplar o Sol, não o seu reflexo nas águas ou em outra superfície lisa, mas o próprio Sol, no lugar do Sol, o Sol tal como ele é.

Glauco – Certamente.

Sócrates – Depois disso, ele poderá raciocinar a respeito do Sol, concluir que é ele que produz as estações e os anos, que ele governa tudo no mundo visível, e que ele é, de algum modo, a causa de tudo o que ele e seus companheiros viam na caverna.

Glauco – É indubitável que ele chegará a essa conclusão.

Sócrates – Nesse momento, se ele se lembrar de sua primeira morada, da ciência que ali se possuía e de seus antigos companheiros, não achas que ele ficaria feliz com a mudança e teria pena deles?

Glauco – Claro que sim.

Sócrates – Quanto às honras e aos louvores que eles se atribuíam mutuamente outrora, quanto às recompensas concedidas àquele que fosse dotado de uma visão mais aguda para discernir a passagem das sombras na parede e de uma memória mais fiel para se lembrar com exatidão daquelas que precedem certas outras ou que lhes sucedem, as que vêm juntas, e que, por isso mesmo, era o mais hábil para conjecturar a que viria depois, achas que nosso homem teria inveja dele, que as honras e a confiança assim adquiridas entre os companheiros lhe dariam inveja? Ele não pensaria, antes, como o herói de Homero, que mais vale "viver como escravo de um lavrador" e suportar qualquer provação do que voltar à visão ilusória da caverna e viver como se vive lá?

Glauco – Concordo contigo. Ele aceitaria qualquer provação para não viver como se vive lá.

Sócrates – Reflete ainda nisto: supõe que esse homem volte à caverna e retome o seu antigo lugar. Desta vez, não seria pelas trevas que ele teria os olhos ofuscados, ao vir diretamente do Sol?

Glauco – Naturalmente.

Sócrates – E se ele tivesse que emitir de novo um juízo sobre as sombras e entrar em competição com os prisioneiros que continuariam acorrentados, enquanto sua vista ainda está confusa, quando seus olhos não se recompuseram, enquanto lhe deram um tempo curto demais para acostumar-se com a escuridão, ele não ficaria ridículo? Os prisioneiros não diriam que, depois de ter ido até o alto, voltou com a vista perdida, que não vale mesmo a pena subir até lá? E se alguém tentasse retirar os seus laços, fazê-los subir, acreditas que, se pudessem agarrá-lo e executá-lo, não o matariam?

Glauco – Sem dúvida alguma, eles o matariam.

Sócrates – E agora, meu caro Glauco, é preciso aplicar exatamente essa alegoria ao que dissemos anteriormente. Devemos assimilar o mundo que aprendemos pela vista à estada na prisão, a luz do fogo que ilumina a caverna à ação do Sol. Quanto à subida e à contemplação do que há no alto, considera que se trata da ascensão da alma até o lugar inteligível, e não te enganarás sobre minha esperança, já que desejas conhecê-la. Deus sabe se há alguma possibilidade de que ela seja fundada sobre a verdade. Em todo caso, eis que me aparece, tal como me parece; nos últimos limites do mundo inteligível, aparece-me a ideia do Bem, que se percebe com dificuldade, mas que não se pode ver sem concluir que ela é a causa de tudo o que há de reto e de belo. No mundo visível, ela gera a luz e o senhor da luz, no mundo inteligível ela própria é a soberana que dispensa a verdade e a inteligência. Acrescento que é preciso vê-la se se quer comportar-se com sabedoria, seja na vida privada, seja na vida pública.

Esta alegoria traz o problema da natureza do conhecimento. Como vimos, existe nesta metáfora, a ideia de conhecimento de um mundo aparente que é limitado por circunstâncias materiais e sensoriais. Platão também defende a existência de um mundo real a ser conhecido que dependerá da libertação do homem dessas mesmas circunstâncias a fim de que ele possa indagar e refletir a realidade e construir conhecimentos. E, por fim, existe também um mundo inalcançável pelo homem, a essência da coisa que está na ideia e não pertence ao mundo sensível (aqui, observamos que Platão deixa patente o seu idealismo acerca da realidade do mundo).

Tópicos para revisão:

1) Há duas conclusões fundamentais no pensamento desenvolvido por Platão:

a) a injustiça é um vício enquanto que a Justiça é virtude. Assim, o Justo é infeliz e o justo, feliz.

b) não há lugar na Cidade (*pólis*) para o filósofo, (tendo em vista o que aconteceu com Sócrates, vítima de um julgamento injusto). Assim, o filósofo só teria um lugar: o de Rei.

2) A Justiça, para Platão não é aquela traduzida pelos Sofistas, não é a traduzida por Heráclito, não é a referida por Hesíodo ou Homero. A lei autêntica é aquela que se assemelha, que se aproxima do ideal de justiça. O Direito deve ter como Norte o Mundo Ideal (seu sonho de sociedade e grande parte do que concebia como Direito está na obra *A República*).

QUESTÕES PARA REVISÃO

Professor de Filosofia – Instituto Federal – PE – 2012

É comum considerar o despertar do pensamento filosófico a partir de uma virada na forma de compreender o mundo. O mito já não abarcava toda a ansiedade humana por respostas que correspondessem às circunstâncias que lhe descortinavam ao povo grego. O chamado milagre grego é o surgimento da filosofia em sua característica fundamental, a reflexão, o querer saber a essência e a verdade de alguma coisa. Desse modo, o *locus* da filosofia é a Grécia e a longa tradição política no qual foi formada. Incorporando essa nova forma de pensamento, Platão, em *A República*, sugere que, para o bom governo da cidade, o seu líder deve ser:

a) O magistrado

b) O filósofo rei

c) O sábio sofista

d) O rei sábio

e) O sacerdote

Alternativa correta: letra "d" (conferir comentários acima)

(CESPE – 2009) Segundo Platão, em sua obra A República, a cidade tem origem no (a):

a) fato de que os indivíduos não são autossuficientes.

b) própria natureza humana, que só se realiza na relação com os outros.

c) desenvolvimento das forças produtivas do trabalho humano e na ampliação natural de seu intercâmbio.

d) desenvolvimento do comércio.

Alternativa correta: letra "a" (conferir comentários acima)

Leitura recomendada:

Apologia de Sócrates e *A República*, ambos de Platão

Capítulo 9

ARISTÓTELES

Primeiramente cumpre destacar que Aristóteles foi, de fato, o "primeiro pesquisador científico". O pensamento aristotélico tomou um rumo diametralmente diferente do de Platão (embora tenha sido discípulo deste), pois ele apoiou-se no espírito de observação, próprio das ciências em sentido empírico (observando-se o *mundo natural*).[1] Também se preocupou em estudar muitas obras anteriores ao seu tempo, prova disso, são as varias citações feitas de obras anteriores no seu livro (nomeadamente cita Sócrates e seu mestre Platão). Também tratou de conceituar palavras e termos num sentido mais aprofundado.

Ainda na adolescência, dirigiu-se para Atenas, pois na época era para esta cidade que os jovens procuravam ir para terem uma boa formação. Duas escolas atraiam a atenção, a do sofista Isócrates, e a de Platão.

Deste modo, Aristóteles[2] estudou perto de seus 18 anos na *Academia*, de Platão, saindo apenas com a morte de seu Mestre. O que é fascinante na sua biografia é o fato de que foi preceptor de Alexandre, O Grande. Ele fundou sua própria escola: o *Liceu*. Tal como Sócrates, Aristóteles deparou-se com acusações injustas, porém, fugiu com receio de que, novamente, Atenas fosse manchada com a impiedade.

Sua obra é extensa. A tradição reparte em quatro categorias: i) escritos lógicos, ii) escritos sobre a Física, iii) escritos sobre a Metafísica e iv) escritos político-morais.[3]

Não há como deixar de ressaltar o fato de que este filósofo foi – talvez – o mais importante pensador para a Filosofia do Direito, e para a

1. Sugerimos que o leitor assista ou leia *O Nome da Rosa* (livro de U. Eco e filme de Jean-Jacques Annaud – 1986).
2. Destacamos, desde o início que o filósofo também é chamado de "O Estagirita", tendo em vista seu nascimento na colônia de Estagira (Trácia).
3. Para nós, no Direito, interessa o fato de que, na *Metafísica*, ele apresenta discursos sobre a Justiça; na *Ética a Nicômaco*, discorre sobre a Virtude e a Justiça; na *Politheia*, elabora raciocínios sobre o Direito.

Filosofia. No fundo, foi Aristóteles quem modelou e mudou todo o pensamento Ocidental. A partir dele foram elaborados novos conceitos, porém a raiz é sempre aristotélica.

Sua obra é extensa e complexa, sendo que influencia até os dias de hoje os mais variados ramos do pensamento (a Ética, a Lógica, a Metafísica, a Física, o Direito e a Economia).

Cumpre observarmos, diante desta enorme gama de pensamentos, extrairmos conceitos importantes para o Direito. Assim, convém notar, desde logo, que a palavra chave em Aristóteles é "natural".

A SOCIEDADE NATURAL

Este pensador acreditava que o Homem tinha uma vocação natural para viver em sociedade. Somente através a convivência com o *alter* (o outro) teria sossego e paz.[4] Diante disso, o Homem não poderia viver isoladamente e seria, portanto, um verdadeiro "animal político" (devido à sua natureza).

Se observarmos ao longo da História da Filosofia, foi o filósofo mais antigo a atribuir ao homem essa vocação natural - para viver em sociedade - Aristóteles, em sua obra A Política, ressaltou que: o homem que é incapaz de ser membro de uma comunidade, ou que não sente absolutamente essa necessidade - porque basta a si mesmo - seria, forçosamente ou um bruto ou um deus. Este filosofo apresentou, então, um conceito clássico para o tema que até os dias de hoje permanece irretocável.

Neste sentido, Aristóteles, deixou duas obras fundamentais para o enriquecimento do tema: *A Política* (que, provavelmente, seriam lições para seus alunos no Liceu) e a *Constituição de Atenas* (este diploma só foi conhecido na segunda metade do século XIX).[5] Como vimos, o filósofo acreditava que o Homem tinha uma vocação natural para a vida em sociedade. Concluiu o filósofo que o "homem é naturalmente um animal político". Lembrando

4. Há duas explicações para a agregação do Homem e sociedade: a primeira, com fundamento em Aristóteles, traz a visão *natural* para o fenômeno; a segunda, desenvolvida posteriormente, traz a visão *contratualista*, na medida em que o Homem só viveria em sociedade, não por uma força natural, mas sim devido à um *pacto* ou contrato;

5. Uma das conquistas que a tradição filosófica atribui à Aristóteles é a elaboração da Constituição de Atenas. Ora este é um documento importante para a época na medida em que observamos ali, o gérmen da separação de poderes e da limitação do poder do Estado diante do cidadão.

que, o homem que vive isoladamente, longe da sociedade, seria um deus (de natureza superior) ou uma besta, de natureza vil (fera).

Quando compara o Homem com os animais, Aristóteles destaca que estes se agregam em função do *instinto*. Contudo, o Homem, racional por essência, é o único capaz de discernir o justo do injusto, o bem do mal etc. Com notória influência aristotélica, Santo Tomás de Aquino, na Idade Média, reforçou este pensamento ao destacar que a vida solitária seria uma exceção para o homem.[6]

Nos dia de hoje ainda existem autores que sustentam a tese de que a sociedade seja um fato natural. Contudo, é de ressaltar que esses dois pensadores – Aristóteles e Santo Tomás de Aquino – praticamente esgotaram o assunto.

O Estagirita deixou clarividente que o homem é guiado pela necessidade de cooperação entre seus pares com a finalidade de garantir a sua existência. Ele se realiza no seio da sociedade (cumpre deixar claro que – como se trata de filosofia política – é óbvio que existem posições contrárias: a título de exemplo a posição em que filósofos sustentam que a sociedade não é um fator natural, mas sim, *um ato de escolha do homem*).

Fato é que Aristóteles, ao lado de Platão, revelam (ambos) o *core*, a essência, do pensamento grego antigo. Embora discípulo de Platão, ora se aproxima (quando, tal como seu Mestre acreditava que a alma já existe antes do nascimento das pessoas), ora se afasta de suas teorias, (quando refuta a separação entre mundo natural e mundo das ideias).

Ora, como já salientamos, o Estagirita é conhecido como o "pai do Direito Natural", pois ele distingue claramente o direito positivo (*nomikon dikaion*) da lei natural (*physikon dikaion*).

A VIRTUDE EM ARISTÓTELES

Aristóteles concebe o Mundo de forma finalista (onde cada coisa tem uma atividade determinada por seu fim). Para ele o Bem seria a plenitude

---

6. Santo Tomás ressaltou três situações onde o homem solitário poderia se enquadrar: a primeira trata-se da *excelentia naturae* – esta ocorre no caso de indivíduo virtuoso por excelência, pois estaria compartilhando das beatitudes eternas, ou seja: em plena comunhão com a própria divindade (que seriam os santos); a segunda revela-se na *corruptio naturae* – que se dava nos casos de doenças mentais; a terceira, por sua vez, tratava-se da *mala fortuna* que se dava no caso de um naufrágio ou outra situação que forçasse mo indivíduo a viver isolado de seus pares (para ilustrar este pensamento, convém salientar o exemplo de *Robinson Crusoe*, romance de Daniel Defoe, publicado no Reino Unido em 1719).

da essência, ou seja: aquilo para qual, todas as coisas tendem (seja de uma ciência, seja de uma arte).

Assim, a título de exemplo, podemos dizer que a finalidade da medicina seria a saúde, e a da estratégia a vitória. Ora, este Bem é a felicidade, entendida não como um estado, mas sim como um processo; isto é, uma atividade através da qual o ser humano desenvolve da melhor maneira possível suas virtudes (ou formas de excelência).

Tal como o filósofo descreve na Ética a Nicômaco, as virtudes são disposições de caráter cuja finalidade é a realização da perfeição do homem, enquanto ser racional. Deste modo, a virtude consiste precisamente num meio-termo entre dois extremos, entre dois atos viciosos, um caracterizado pelo excesso e outro pela falta, pela carência.

Assim, cumpre transcrever um trecho desta passagem: "*Uma vez que o justo é iníquo e a justiça iniquidade, é evidente que há um meio termo entre os extremos da iniquidade, a saber a igualdade. Em toda e qualquer espécie de ação há um mais e um menos; há também um igual. Pra se a injustiça é iniquidade, então a justiça é igualdade, coisa que é aceite por todos sem ser necessária demonstração*".[7]

Neste sentido, podemos concluir do Livro V que:

No que diz respeito a justiça e a injustiça devemos indagar com que espécie de ações elas se relacionam, ou seja: que espécie de meio-termo é a justiça? Ora, para Aristóteles "Justiça" traduz a virtude completa, por isso, a justiça é muitas vezes considerada a maior das virtudes.

Assim, Justiça é a virtude completa no mais próprio e pleno sentido do termo, porque revela-se no exercício atual da virtude completa. Ela é completa porque a pessoa que a possui pode exercer sua virtude não só em relação a si mesmo, como também em relação ao próximo.

Sendo assim, o Justo é, por consequência, uma espécie de termo proporcional, isto é, a proporção é uma igualdade de razões. envolve no mínimo quatro termos: Temos então que a justiça distributiva é a conjunção do primeiro termo de uma proporção com o terceiro, e do segundo com o quarto, e o justo neste sentido é o meio-termo, e o injusto é o que viola a proporção, pois o proporcional é o intermediário, e o justo é o proporcional, de proporção geométrica.

7. Aristóteles, *Ética a Nicômaco*, editora Atlas, São Paulo, 2009, página 108.

A JUSTIÇA

Um dos pontos que realmente se revela espantoso na vasta obra de Aristóteles é seu conceito sobre a Justiça. Para a ele, a Justiça e a virtude encontram-se ligadas ao conceito de "moderação". A virtude está no meio, encontra-se no meio de dois extremos opostos: o excesso e a deficiência. Ora, somente o exercício da reta razão pode levar o Homem a alcançar este patamar de Justo (encontra-se entre o temeroso e o destemido).

Eis que o Justo é o proporcional, e o injusto é o que viola a proporção. O igual é o meio-termo entre a linha maior e alinha menor, de acordo com uma proporção aritmética, e essa e a origem do termo justo, onde o juiz é que media a situação.

Nesse sentido, o Justo revela-se no intermediário entre uma espécie de ganho e uma espécie de perda nas transações que não são voluntárias, e consiste em ter uma quantidade igual antes e depois da transação.

E a reciprocidade, por sua vez, deve fazer-se de acordo com uma proporção e não na base de uma retribuição exatamente igual, e é pela retribuição proporcional que a cidade se mantém unida.

A justiça traduz uma espécie de meio-termo, mas não no mesmo sentido que as outras virtudes, mas sim porque ela se relaciona com uma quantia ou quantidade intermediaria, (ao passo que a injustiça se relaciona com os extremos). Neste diapasão o magistrado revela-se num guardião da Justiça e, portanto, também guardião da igualdade.

Mas há ainda conceitos importantes a serem esmiuçados. De fato, a Justiça aristotélica, que é muito debatida academicamente, é de extrema importância tanto para a Filosofia quanto para as reflexões jurídicas contemporâneas. Conforme podemos constatar, ainda, do Livro V, da Ética a Nicômaco,[8] ele evidencia distinções claras entre as diferentes formas de Justiça: o justo legal, o justo por natureza, o justo pela troca, ou o justo pela distribuição, entre outros.

Nesta obra, o filósofo começa por dividir a justiça universal da justiça particular. A *justiça universal* está em sintonia com a lei, com o cidadão que

8. Sua obre Ética a Nicômaco, foi escrita por Aristóteles a seu filho. Esse livro é composto por dez livros, onde o Estagirita evidencia um pai preocupado com a educação e a felicidade de seu filho. Porém, a obra vai além: traz também a intenção de fazer com que as pessoas reflitam sobre as suas ações e coloque a razão acima das paixões, buscando tanto a felicidade individual como a coletiva, pois o ser humano é um ser social e suas práticas devem visar o bem comum.

efetivamente acata a lei. Ela reflete a excelência e o bem comum. A justiça particular está ligada ao segmento da Virtude (abordado anteriormente).

A justiça, num sentido particular, é novamente dividida por Aristóteles em duas novas modalidades: uma primeira é aquela exercida na distribuição da honra, da riqueza e demais coisas divisíveis (que pode ser distribuída de modo desigual no seio da sociedade), ou seja: a *justiça distributiva*. Uma segunda modalidade é aquela que evidencia um princípio corretivo nas transações e relações privadas (que ele chama de "justiça corretiva").

Esta justiça corretiva se divide em dois tipos na esfera privada: *as voluntárias* – que se evidencia na compra ou venda, pagamentos, empréstimos etc. (todas as formas aqui demonstram a voluntariedade); *as involuntárias* – (no caso dos delitos, adultério etc.). Aqui, trata-se da justa participação entre os indivíduos – restabelecendo o equilíbrio entre os particulares.

Aristóteles ainda distingue a justiça política da justiça doméstica. No primeiro caso, aduz ao status do cidadão na *polis* – ao Homem que partilha o bem comum (cidadão e a *polis*).

No que tange a justiça doméstica concerne o âmbito da casa (pai com o filho, senhor e escravo).

E, por fim, a justiça política se desdobra em justiça legal e justiça natural. A primeira define a vontade do legislador (é fundada na lei).

No que tange ao justo por natureza, trata-se de um conceito mais complexo. Vejamos.

Como vimos, na sua obra Ética a Nicômaco, ele ressalta essa distinção essencial: o que é justo na cidade, o é por natureza ou por lei. Ora, o justo por natureza tem, universalmente, é inalterável, e não depende das circunstâncias. Por outro lado, o justo por lei provém daquilo que foi estabelecido pelo homem, nas leis humanas, é ocasional, circunstancial. A justiça, no pensamento deste filósofo, não tem origem divina, mas sim na natureza.

Em seu pensamento filosófico, Aristóteles revela que o conceito de *ius naturale* está intimamente ligado ao conceito de *equidade* (*aequitas* – no caso deste pensador, a designação grega era *epieikeia*). Para o Estagirita, *a equidade consistia na retificação da lei, naquilo que ela se revelava injusta ou de difícil aplicação, tendo em vista o seu caráter geral*. Esta característica da lei, a generalidade, traz como consequência, "espinhos" que a tornam injustas em determinados casos. A equidade, então, é aplicada não para aplicar a lei friamente, mas atendendo fundamentos de justiça que é a finalidade da própria lei.

Aristóteles, (muitas vezes que é erroneamente interpretado por alguns positivistas), não revela a equidade como uma saída ou "válvula de escape" para o famoso brocardo *dura lex sed lex*, pois ela se revela na própria justiça. A equidade tem a finalidade de aparar os espinhos da lei, de corrigir seu marco rígido, busca adequá-la ao caso concreto, (filtrada, obviamente, pelos princípios da justiça natural).

Como a lei positiva tem sua gênese, fundamentalmente, na vontade do legislador, encontra-se, por vezes, "ao sabor do vento", isto é: é variável (e às vezes injusta). A lei natural, por sua vez é eterna, imutável e perene.

Aqui, convém notar que, tanto para Platão bem como para Aristóteles o Direito Positivo possuem um caráter secundário na medida em tem a finalidade de complementar o Direito Natural.

Deste modo, o legislador, ao elaborar uma determinada lei deve estar imbuído de "prudência". A prudência visa o bem comum (observe a raiz do termo: *jurisprudens*).

Como ficou evidente, há uma dualidade importante entre o *justo legal* e o *justo natural*. O Justo não provém da lei, pois se assim fosse, as leis de um ditador seria justas. O justo legal provém de uma convenção, de um particular enquanto que o justo natural é por si evidente, é comum a todos os povos.

Assim, o direito natural sempre esteve presente nas grandes decisões e destino da humanidade (tendo em vista que está sempre presente no cotidiano dos cidadãos). Trata-se de um direito inerente à natureza humana e que deve ser relvado em primeiro plano, independentemente daquilo que estipula a lei (positiva)[9] que é temporal e varia conforma o espaço territorial (já a lei natural é eterna, perene, imutável). Assim, se observarmos as diferentes sociedades, por mais díspares que sejam entre si, constataremos que trazem um fio condutor, comum que as unifica num todo. Assim, não existe sociedade (por mais diferente que sejam entre si), onde o direito à vida não seja tutelado (mesmo com algumas variantes), onde exista o egoísmo (*ego*, eu) ao invés do altruísmo (*alter*, outro).

Para aprofundarmos este conceito precisamos ter dois exemplos em mente:

9. Tal como foi retratado em *Antígona* de Sófocles;

a) o leito de Procusto: em apertada síntese, Procusto era um bandido que morava só, e, a todos que passavam pelo local, ele lhes oferecia uma pousada. Assim, ele colocava suas vítimas numa cama (que tinha um único tamanho), se a vítima fosse maior que a cama, ele lhe cortava as partes excedentes; caso fosse menor que a cama ela era esticada.

Trata-se obviamente de uma metáfora na medida em que abordada a questão "da única medida". Se trouxermos para o Direito podemos comparar com a seguinte questão: o homem é de fato o referencial do Justo?

b) a régua de Lesbos: no pensamento de Aristóteles, como veremos a seguir, a questão da equidade é essencial. Assim, a régua era um instrumento de chumbo utilizada pelos pedreiros em Lesbos – era uma régua flexível, que tomava a forma das pedras que media. Ora, o instrumento se moldava a cada pedra de maneira distinta das demais.

Trata-se de um conceito importante na medida em que a Justiça não deve ser rígida, inflexível, mas adaptar-se a cada situação em concreto.

Lembremos então do conceito de equidade: ao observarmos a lei, notaremos que ela possui várias características. Destas, a generalidade nos chama a atenção para o conceito em análise. A lei não é feita para um particular, mas sim para todos aqueles que se encontram na mesma situação fática. Deste modo, ela nunca poderá ser perfeita trazendo situações em que ela será de difícil aplicação ou até mesmo injusta.

Assim, a equidade (a tradução da justiça particular) consiste na retificação da lei, naquilo que ela se revela injusta (tendo em visa o seu caráter geral).

SISTEMAS DE GOVERNO

Em sua obra *"Política"*, Aristóteles distingue e define regimes políticos e formas ou modos de governo. O primeiro termo refere-se ao *critério que separa quem governa e o número de governantes*. Assim, temos, pois, três regimes políticos: a monarquia (poder de um só), a oligarquia (poder de alguns poucos) e a democracia (poder de todos).

O segundo (as formas de governo) o filósofo volta os olhos em vista do que eles governam, ou seja: com qual finalidade. Para Aristóteles, os governos devem governar em vista do que é justo, de interesse geral – o bem comum. Sendo assim, são classificadas seis formas de governo: (i) aquele que é um só para todos (realeza), (ii) de alguns para todos (aristocracia) e (iii) de todos para todos (regime constitucional). Ora, os outros três modos (tirania, oligarquia e democracia) são deturpações, degenerações -respectivamente - dos anteriores, ou seja, não governam em vista do bem comum.

Aristóteles propõe igualmente cinco possibilidades de candidatos ao poder: (i) a massa (essencialmente pobre), (ii) a classe possuidora, (iii) os homens de valor, (iv) o melhor homem e o (v) tirano. Este é logo descartado, pois seu poder ser baseado essencialmente na força. A massa, por seu turno, tenderia a privar os outros em nome de si. Já a minoria possuidora governaria por interesses próprios. Os homens virtuosos ou mesmo o melhor homem tende a excluir os demais do poder decisório. A princípio, Aristóteles acredita que o poder deve ser de todos os cidadãos. Mas essa democracia, contudo, possui algumas restrições.

Analisemos então a democracia aristotélica: lá, o povo é soberano. Todavia, existe uma restrição dentro conceito de liberdade, pois viver como bem entender contraria esse conceito para Aristóteles - gera conflitos, fere direitos. Ora, as leis são a liberdade, uma espécie de "salvação" - pois, a partir do momento em que o povo faz o que quer, como se nada os limitasse, a democracia se torna uma tirania, ou seja: viver como bem entender torna a democracia um individualismo, contrário ao que é o bem comum.

A democracia segundo Aristóteles deve então ser totalmente soberana, porém com duas limitações:

a) não deve ir além dos órgãos de deliberação e julgamento, pois estes são poderes coletivos expressos em uma constituição;

b) a segunda limitação é o dever de agir de acordo com as leis.

Aristóteles, ainda, põe em questão dois pontos:

a) O homem excepcional (o rei);

b) A regra geral (as leis).

Assim, o rei está sujeito às paixões, mas pode se adaptar aos casos particulares; já as leis são fixas, racionais, mas não se adaptam a todas as situações em particular.

Diante disso, Aristóteles mantém a ideia de que o povo delibera e julga melhor que o indivíduo, mas com o pré-requisito de que exista um número suficiente de homens de bem para qualificar as decisões, caso contrário, a realeza se mostra necessária.

A TÓPICA E ARGUMENTAÇÃO

A Tópica pode ser compreendida como a arte de argumentação mediante o uso de opiniões correntes na sociedade, com o fim de encontrar uma solução para um determinado problema, isto é: um silogismo que é formulado apenas em função de seu efeito retórico. Sua origem remonta a Aristóteles, que distinguiu quatro tipos de discurso: A poética, a retórica, a dialética e a analítica. Assim:

A *poética*: se refere ao possível, à imaginação.

A *retórica*: enquadra-se na verossimilhança.

A *dialética*: é a tópica propriamente dita - refere-se ao provável.

A *analítica*: lógica - diz respeito à certeza.

Lembre-se que, Theodor Viehweg[10] trabalhou a sua teoria tópico-problemática a partir da Teoria da Argumentação; começou a analisar tentativas possíveis de trazer racionalidade ao discurso jurídico. Note-se que este filósofo nos apresenta a tópica como uma técnica do pensamento orientada para problemas - proporcionando orientações e recomendações para o jurista.

Através do pensamento tópico, propõe Viehweg que o caso concreto (a ser decidido), deve ser analisado em toda a sua complexidade, com o intuito de problematizar-se o ideal de uma solução. Ora, isso é possível através da topoi - que são pontos retóricos de partida de solução do problema.

Isso não é novo, pois os pretores e jurisconsultos romanos, tendo em vista a pobreza do texto legal, desenvolveram, principalmente na época clássica (cerca de 126 a.C. a 285 d.C.), uma forma de pensar tópico-problemática, solucionando, assim, os conflitos concretos de forma casuística, com base tanto na *opinio communis* como na argumentação retórica. Deste modo, a justiça se construía com base nas decisões concretas, das quais se extraíam princípios que serviam de fundamento de validade a cada nova decisão.

Assim, o filósofo germânico resgatou a forma tópico-problemática da antiguidade clássica como uma outra forma de fundamentar o raciocínio. Ele reintroduziu a argumentação como uma poderosa "ferramenta do Direito" para a busca da decisão no caso concreto.

10. Jurista e ex-magistrado alemão (1907-1988).

QUESTÕES PARA REVISÃO

(FGV – Exame de Ordem 2016.2) A partir da leitura de Aristóteles (Ética a Nicômaco), assinale a alternativa que corresponde à classificação de justiça constante do texto:

> "... uma espécie é a que se manifesta nas distribuições de honras, de dinheiro ou das outras coisas que são divididas entre aqueles que têm parte na constituição (pois aí é possível receber um quinhão igual ou desigual ao de um outro)..."

A) Justiça Natural.

B) Justiça Comutativa.

C) Justiça Corretiva.

D) Justiça Distributiva.

✪ **Nota do autor:** Aristóteles, no Livro V da *Ética a Nicômaco*, trata da *dikayosyne* (justiça) e da *aidikía* (injustiça). Para ele, a distinção consiste na *disposição da alma que graças à qual elas dispõem a fazer o que é justo, a agir justamente e a desejar o que é justo; de maneira idêntica, diz-se que a injustiça é a disposição da alma de graças à qual elas agem injustamente e desejam o que é injusto"*

Alternativa correta: letra "d": no pensamento de Aristóteles a justiça distributiva se opera pela divisão dos bens e recursos comuns, (devendo, de acordo com a contribuição de cada ser), numa escala geométrica de acordo com o respectivo mérito individual.

Alternativa "a": não podemos esquecer que o Direito Natural no pensamento de Aristóteles revela o conjunto de princípios que possuem a mesma autoridade em todas as partes não importando a situação. Para este pensador, o Direito legal

provém do acordo de partes ou um pronunciamento legislativo – assim, como é fruto de uma convenção, aquilo que é pactuado nem sempre corresponde ao conceito de justo nos ditames da *lex naturalis*;

Alternativa "b": No bojo da justiça comutativa "primitivamente, as trocas só podiam ser feitas na exata proporção das necessidades de cada qual". Assim, revela-se no pensamento aristotélico como sendo uma máxima intransponível – elevada como sendo uma lei universal eminentemente deontológica. Aristóteles a encara como "corretiva", pois equipara todas as vantagens e desvantagens de troca entre os homens, tanto voluntária quanto involuntariamente feito;

Alternativa "c": alternativa incorreta.

(FGV – Exame de Ordem 2013.2) Considere a seguinte afirmação de Aristóteles:

> "Temos pois definido o justo e o injusto. Após distingui-los assim um do outro, é evidente que a ação justa é intermediária entre o agir injustamente e o ser vítima da injustiça; pois um deles é ter demais e o outro é ter demasiado pouco."
>
> (Aristóteles. *Ética a Nicômaco*. Coleção Os Pensadores. São Paulo: Abril Cultural, 1973, p. 329.)

De efeito, é correto concluir que para Aristóteles a justiça deve sempre ser entendida como

A) produto da legalidade, pois o homem probo é o homem justo.

B) espécie de meio termo.

C) relação de igualdade aritmética.

D) ação natural imutável.

Alternativa correta: letra "b"

✪ **Nota do autor:** esta é uma questão importante em Aristóteles. Não podemos esquecer que o filósofo grego concebia a Justiça como *virtude*. Assim, da vasta obra de Aristóteles podemos destacar a "Ética a Nicômaco" (Ética Nicomaqueia é assim chamada porque foi apresentada pelo seu filho), a "Ética a Eudemo" e a "Grande Moral" sendo que estas reflexões pertencem ao campo da Filosofia Moral (ou seja: a Ética). Vale ressaltar, igualmente, que a obra aqui apresentada pelo examinador se refere à "Ética a Nicômaco" (essencialmente o livro V que é dedicado inteiramente à questão da Justiça). Eis a razão que, por razões metodológicas inserimos a questão dentro da ética (ética aristotélica). Este é um dos filósofos mais importantes para o

Direito e alertamos o candidato da intensidade e grande dimensão de sua obra. Convém então apresentar seu pensamento. Aristóteles (384-322 a. C.) nasceu em Estagira (eis a razão que é chamado de "estagirita") e foi discípulo de Platão em sua Academia. Este filósofo fundou o Liceu (um centro intelectual da época) que diferenciou o pensamento de Aristóteles co seu mestre Platão. Podemos encontrar em Aristóteles uma filosofia mais realista de um moderado termo. Neste sentido, em sua obra "Ética a Nicômaco" o filósofo busca os vários sentidos daquilo que seja a "virtude ética", nomeadamente da "legitimidade" (onde há a sintonia com as leis) e a questão da igualdade. Ora, convém então reter alguns conceitos aristotélicos:

A **justiça distributiva**: trata-se de uma "primeira classe" de justiça. Na ética nocomaqueia ela é apresentada por Aristóteles como a justiça que se aplica na repartição das honras e bens (que cada qual as receba conforme seu mérito);

A **justiça corretiva**: esta é uma "segunda classe/espécie" e é apresentada na obra mencionada como aquela que confere um princípio corretivo nas relações privadas, cuida de calcular ganhos e perdas sem levar em conta a qualidade das pessoas (é impessoal). Ela se subdivide em justiça comutativa e justiça judicial.

A **justiça comutativa:** trata-se de uma subdivisão da justiça corretiva. È apresentada por Aristóteles com a finalidade de determinar a formação das relações de troca - busca-se a igualdade entre o que se dá e o que se recebe (eis a razão que alguns autores atestam que ela diz respeito às relações de coordenação). A título de exemplo ela pode (nos contratos) a vontade das partes (sendo que, aqui, dispensa-se a intervenção de um juiz).

A **justiça judicial**: trata-se da segunda subdivisão da justiça corretiva e se aplica nos casos de conflito, ou seja: de violações. Busca-se (o juiz) fazer prevalecer o critério equitativo (equilíbrio, igualdade) nas controvérsias. Por fim há, ainda que passar os olhos pelo **princípio da retribuição**. Este princípio consiste, fundamentalmente, em pagar o mal com o próprio mal (e o bem com o bem etc.) - reciprocidade (lembre-se que Kelsen refletiu sobre a questão de que as ordens jurídicas definem as sanções).

Alternativa correta: letra "b": Aristóteles, em sua ética nicomaqueia, ao definir "em que consiste a Justiça" revela que é um meio termo entre cometer e sofrer uma injustiça ou ainda que a ação justa revela-se no intermédio entre o agir injustamente e o ser tratado com justiça.

Alternativa "a": esta não é uma questão aristotélica mas sim socrática e platônica.

Alternativa "c": esta alternativa é incorreta na medida em que Aristóteles (na obra em destaque), a partir de formulações geométricas (matemáticas) busca examinar nomeadamente o princípio da igualdade, o princípio da atribuição por merecimento, o princípio *suum cuique*, o princípio da reciprocidade e o princípio da retribuição. Assim, não é esta passagem que se refere o enunciado.

Alternativa "d": esta alternativa visa confundir o candidato tendo em vista que aristóteles é considerado o "pai do jusnaturalismo". Contudo, esta alternativa não é correta pois não está atrelada à passagem mencionada no enunciado.

(CESPE - 2009) – A autoridade e a obediência não constituem coisas necessárias apenas, mas também coisas úteis. Alguns seres, quando nascem, estão destinados a obedecer; outros, a mandar (...). Uma obra existe quando há comando de uma parte e obediência da outra.

Aristóteles. *A Política*, livro 1, cap. 2 (com adaptações).

Tendo como referência o texto acima, assinale a opção que define a origem e a natureza da escravidão, segundo Aristóteles.

a) A diferença entre o homem livre e o escravo é definida apenas pela lei, não pela natureza.

b) A escravidão nasceu da guerra, em que os mais fortes escravizam os mais fracos.

c) O escravo existe como propriedade viva ou como instrumento inanimado de produção, conforme as leis da natureza.

d) A escravidão está em desacordo com a natureza e só existe enquanto a razão não governa a cidade.

Alternativa correta: letra "c" (conferir comentários acima)

(Questão formulada pelo autor) Podemos afirmar quanto à hermenêutica na filosofia de Aristóteles que:

A) a hermenêutica é fruto da "arte";

B) a hermenêutica é fruto da analogia;

C) a hermenêutica deriva da lógica;

D) a hermenêutica é a pura jurisprudência;

E) todas as alternativas acima estão corretas.

✪ **Nota do autor:** Em sua obra "Peri Hermenéias" (*Acerca da Interpretação*), Aristóteles, evidencia um estudo sobre *conceitos* e *proposições*, que apresentam uma característica de verdade. Assim, uma proposição só será verdadeira se corresponder com a realidade, ou seja: *a comunicação descreve exatamente aquilo que ocorre na realidade para que, com isso, outra pessoa também possa reproduzir na sua mente o que foi descrito.* Ora, Aristóteles ao fazer esta relação entre os conceitos e a realidade, entendia que o processo do conhecimento se faz através de abstrações mentais daquilo que é adquirido por meio da *experiência sensível.* Deste modo, a *hermenêutica de Aristóteles não investiga a verdade ou falsidade do juízo, apenas a adequabilidade entre a linguagem e o pensamento. Neste prisma, a hermenêutica será uma derivação da lógica, tendo um papel acentuadamente explicativo (veja que a técnica "está a serviço" da ciência...).*

Alternativa correta "c: Para Aristóteles, a hermenêutica é uma derivação da lógica que se revela num dos ramos da Filosofia, tendo um papel precipuamente explicativo.

Alternativa "a": No pensamento aristotélico "arte" ganha um significado próprio: Assim o conceito de *téchne* (que costumamos traduzir como "arte") não se refere à realização dos artistas, não possuía um compromisso estético nem o valor que atribuímos nos dias atuais. Se observarmos o pensamento de Aristóteles com cautela, constataremos que elaborou uma série de hierarquias que separam as diferentes concepções de "arte". Aristóteles, no caso da hermenêutica, a relaciona com a lógica.

Alternativa "b": A analogia consiste em se aplicar a um caso não previsto em lei *o mesmo critério que se aplica a um caso regulamentado semelhante.*

Alternativa "d": Trata-se de uma palavra que vem do latim: *iuris prudentia.* Deste modo, o conceito de jurisprudência "jurisprudência" que nos remete, forçosamente, às decisões reiteradas, uniformes de um determinado tribunal.

Alternativa "e": Não há possibilidade lógica de que todas as alternativas estejam corretas pois remetem a assuntos díspares.

Capítulo 10

OUTRAS CORRENTES HELENISTAS. ROMA

Cumpre demonstrar rapidamente outras correntes igualmente importantes que apresentam reflexo no pensamento moderno.

OS CÍNICOS

Contemporâneos de Sócrates, um grupo de filósofos apresentou pensamentos que a tradição optou por denominar de cínicos. Esta é uma corrente que, a grosso modo, se desprende dos conceitos tradicionais apresentados pelo Direito. Para estes pensadores, o homem só alcançaria a virtude quando conseguisse se despojar das imposições sociais (tal como os elementos de vaidades tais como o poder ou a riqueza - fúteis por excelência). O homem se satisfaz apenas com suas necessidades essenciais básicas.

Uma figura que representa de modo marcante esta corrente é o filósofo Diógenes de Sínope (413 - 323 a.C.). Ele teria passado a sua vida na mais extrema pobreza (segundo nossos padrões atuais, obviamente), pois relata-se que vivera nu, dentro de um barril (tentando, com isso, demonstrar que as pessoas tem a seu dispor tudo aquilo que realmente precisam para ser feliz). Diógenes expressava seu pensamento através da frase simbólica: "procuro um homem". Conforme relatos históricos ele teria andado durante o dia em meio às pessoas com uma lanterna acessa pronunciando ironicamente a frase.

Fato curioso também foi seu encontro com o "poder". Contam que encontrou-se com Alexandre o Grande. Nesse encontro, o homem mais poderoso da Antiguidade, Alexandre, teria oferecido que Diógenes pedisse o que quisesse sendo que este pedira que Alexandre saísse de sua frente, pois estava tapando o Sol. Com essa atitude de Diógenes, a tradição busca demonstrar o quão pouco ele necessitava para viver bem conforme sua natureza.

O CETICISMO

Esta é uma corrente que ainda hoje é importante e muito estudada na Filosofia do Direito.[1] Seu principal expoente na Grécia antiga foi Pirro(ntrdpe). Segundo esses pensadores a verdade seria impossível de ser alcançada ou apreendida.

Deste modo, de acordo com estes pensadores, a dúvida é uma constante na medida em que o homem não consegue conhecer algo de forma sólida, irrefutável e segura.

Ora, sendo a verdade impossível de ser alcançada, necessariamente a todos os valores (que são essenciais para a sociedade) também seriam descartados ou desprezados. O homem deveria ter sua existência indiferente para a ordem das coisas, indiferente para o Mundo. Assim, o homem atingiria um estágio essencial: a *atraxia* – quando atinge um grau de paz que nada lhe perturba ou interfere.

O que é essencial para a Filosofia do Direito nestas duas correntes é precisamente o fato de que não defendem valores. Muito pelo contrário: descartam valores ou verdades absolutas.

Contudo, nesta época do pensamento humano, duas correntes são consideradas ainda mais relevantes para Filosofia do Direito: o *epicurismo* e o *estoicismo*.

OS EPICURISTAS

Esta corrente teve seu início com o pensador Epicuro de Samos que viveu entre 341 a.C. e 270 a. C. Este filósofo foi discípulo de Demócrito e professor de gramática. Também abriu sua Escola em Atenas que ficou conhecida pela tradição como *Os Jardins de Epicuro*.

Trata-se de uma corrente que, por vezes, é interpretada de modo errado na medida em que – alguns- lhe atribuí a apologia da total entrega do homem aos prazeres (ou desejos). Ocorre precisamente o contrário. Este pensador defendia a ideia de que o bem residia na procura de prazeres moderados (para que o Homem pudesse atingir um estado de relativa tranquilidade – a *ataraxia* bem como a alienação do medo (da morte ou

1. Principalmente quando se estuda a Teoria do Conhecimento.

dos deuses) - *aponia*. Ora, combinando-se esses dois fatores teríamos a felicidade em seu grau mais elevado.[2]

Tal como alguns pensadores Sofistas, Epicuro, buscou relativizar o conceito de Justo que seria a tradução de um pacto entre os homens, evitando que causassem o mal. Assim, este pacto seria variável diante dos diferentes grupos sociais.

Em Roma pertencem a esta corrente Lucrécio e Horácio. Acreditavam que o homem deve posicionar-se diante do Estado numa atitude ascética e negativa, tendo em vista que as preocupações políticas acabam por perturbar a alma e trazer infelicidade. O sábio deve afastar-se delas, viver num retiro e em plena amizade com seus concidadãos.

O ESTOICISMO

Primeiramente cumpre destacar que, ao dizermos que fulano é uma pessoa "estoica", necessariamente enaltecemos suas atitudes de resiliência, que é aprender a aguentar, a andar para frente sem muitas interrogações, a voltar para um estado de ânimo sem tensões.

Assim, chamamos de "Estoicismo" a filosofia estoica, do Pórtico de Stoa, a Escola fundada em Atenas por Zenão de Chipre (342 - 270 a.C.). O Estoicismo durou vários séculos e várias fases.[3]

Esta é uma corrente que teve muita influência em Roma (ex. o imperador/filósofo Marco Aurélio e o filósofo Sêneca). Em linhas gerais, defendiam o uso da razão a qualquer preço. Sendo assim, fatores exteriores ou emocionais devem ser postos de lado (tal como o prazer ou o sofrimento).

Não podemos esquecer que a Grécia foi conquistada por Roma. Isto é, no campo militar foram derrotados, porém, influenciaram demais seus "conquistadores" (principalmente no campo das Artes, Filosofia, Lógica, Ciência etc.). Essa "conquista" grega se deu de tal forma que gerou de Horácio a famosa frase: *Graecia capta ferum victorem capit* - (a Grécia capturada, aos ferozes (os romanos) vitoriosos capturou).

Assim, o Estado romano tem como características: o fato de ter desenvolvido a noção de poder político como poder supremo e uno; a nítida e

2. Cuidado: o epicurismo é muitas vezes confundido com o hedonismo. A sua doutrina que defende a ausência de dor o diferencia do hedonismo

3. Aqui nos concentraremos nas mais significativas para a Filosofia do Direito.

consciente separação entre o poder público (Estado) e o poder privado e, consequentemente, Direito Público e Direito Privado; o reconhecimento do cidadão em votar e ser votado. A Filosofia romana, por sua vez, é grega.

Cícero foi o pensador que traduz essa ligação (entre a filosofia grega e a filosofia romana). Principalmente no que diz respeito a Aristóteles.

Este filósofo foi o maior responsável por "lapidar" o pensamento filosófico e jurídico de Roma. Aliás, seu pensamento no campo da Moral, do Direito e da Política até hoje são úteis. *Marcus Tullius Cicero*, foi um grande orador e político romano. Nasceu no ano de 106 a.C., numa região perto de Roma. Seu pai também desempenhou função pública, garantiu a seu filho uma educação grega (gramática, retórica e língua grega).

Este filósofo se apaixonou pelos estudos jurídicos e estuda sob a batuta de *Mucius Scaevola* – maior advogado de sua época (o estudo do Direito na época consistia basicamente em acompanhar o tutor ao Fórum, observar os casos e posteriormente, debatê-los).

Contudo, é no campo da Filosofia que devemos abordar seu pensamento. Aristóteles e os estoicos influenciaram muito seu pensamento. Assim, um tema é fundamental em sua obra: a Ética.

Tal como Aristóteles acreditava que o justo não provém da lei, mas sim da natureza, pois se assim não fosse as leis dos déspotas teriam que ser consideradas justas. Sendo assim, há quem considere Cícero uma continuação da Filosofia aristotélica, sendo que sua s efetiva conquista foi a de moldar as leis e a política romana. Acreditava numa *lex naturalis*, eterna, imutável e universalmente obrigatória que nenhuma lei positiva poderia ab rogar.

Se observarmos os demais filósofos estoicos como Marco Aurélio ou Sêneca, constataremos que, resumidamente, a Moral para os estoicos ressaltava que o Homem, para ser virtuoso, teria que respeitar as leis divinas – usando a razão.

Para estes pensadores, a Filosofia revela-se num instrumento para solucionar problemas morais – quer dizer, é essencialmente pragmática.

Capítulo 11
CRISTIANISMO

O pensamento grego foi de tal modo relevante que, séculos depois, durante a Idade Média, filósofos cristãos recorriam às ideias e métodos dos filósofos gregos. Contudo, houve um deslocamento (teocentrismo) e a filosofia grega passa a se subordinar ao método dogmático.

Assim, o pensamento, a Filosofia Moral que teve início na Palestina com Cristo passou a ganhar um corpo jurídico e político imenso. Mas uma coisa é certa: *o cristianismo é um fato religioso.*[1] Após a união entre o cristianismo e o Império Romano, ganhou dimensões jamais imaginadas e, com isso, um corpo político e jurídico (com reis, códigos, penas, estatutos etc.).

Através de um olhar superficial, a Idade Média pode parecer um retrocesso, tendo em vista que o pensamento religioso "engessava" a Filosofia. Segundo alguns, teria sido um período de superstição e atraso, estagnação e crueldade. Ora, acreditamos que esta é uma visão certamente preconceituosa. Há grandes conquistas no campo da arquitetura, da música, da literatura, surgem as grandes Universidades e grandes pensamentos são produzidos no campo da Filosofia.

Definimos como "Idade Média" (europeia) o período que compreende a queda do Império Romano (no Ocidente), por volta de 476 e a queda de Constantinopla (em 1453). Os historiadores dividem-na em dois períodos essenciais:

a) a Alta Idade Média, que compreende os séculos V ao XI. Este período se inicia com a queda do Império Romano no Ocidente (invadido por povos bárbaros);

b) a Baixa Idade Média que compreende os séculos XII ao XV.

---

1. A personalidade de Jesus nasce para a Filosofia com duas facetas: encontrou raízes no mundo hebraico e no mundo helênico. Deste modo, na tradição judaica como um grande profeta e na ótica grega como o *Lógos* (encarnado na especulação metafísica – *philon*).

Assim, logo após as invasões bárbaras e a consequente dissolução do Império Romano surge uma nova classe: a eclesiástica, fortalecida e culta.

Na Filosofia, o Cristianismo se divide em duas grandes fases:

a) a Patrística, cujo principal expoente foi Santo Agostinho (influenciado por Platão),

b) a Escolástica, cujo principal expoente foi São Tomás de Aquino (influenciado por Aristóteles).

Deste modo, é importante lembrar que durante esse período nasce um novo Homem – o homem cristão. E o cristianismo revela-se numa Filosofia construída e vivida por ele.

PATRÍSTICA E SANTO AGOSTINHO

Antes de abordarmos a Filosofia de Santo Agostinho, devemos analisar a vida e pensamento de seu precursor: Santo Ambrósio – Bispo e Doutor da Igreja. De nobre e distinta família romana, nasceu provavelmente em 339, em Tréviros foi um grande orador que desempenhou papel relevante na conversão de Santo Agostinho.

Este pensador cristão deixou muitos escritos e morreu no ano de 397 d.C., com estas palavras (que lembram muito as de Santo Agostinho): *"Não vivi de tal modo que tenha vergonha de continuar vivendo; mas não tenho medo de morrer, porque temos um Senhor que é bom"*.

Ora, a Patrística revela-se no período do cristianismo, (nomeadamente no pensamento cristão) que segue o *Novo Testamento* e segue até o século VIII d.C. O nome "Patrística" decorre do pensamento dos "Padres da Igreja", que foram os fundadores (que disseminaram...) o pensamento da Igreja em seus primórdios – são, portanto, os primeiros Teólogos da Igreja (os que firmaram os conceitos da fé). Desses Padres, alguns foram Papas; a maioria bispos, diáconos, presbíteros e até leigos. Muitos foram titulados de "Doutor da Igreja", sempre por algum Papa, por terem ensinado de maneira extraordinária os dogmas e as verdades da nossa fé.

Este período foi rico em Filosofia e ideias. Há várias divisões, nós adotamos a seguinte, em três etapas: a) antes de S. Agostinho, b) o tempo agostiniano e c) pós-Agostinho (tal como Sócrates, percebemos que este filósofo foi, também, um divisor de águas...).

SANTO AGOSTINHO

Quando nasce S. Agostinho, o cristianismo já havia absorvido a essência – e o que tinha de melhor – do helenismo. Quando surgiu este filósofo, o Império Romano desabava.

Santo Agostinho nasceu na região Norte da África, como nome de Aurélio Agostinho. Sua mãe era cristã fervorosa, sendo que seu pai era pagão (nesta época medieval havia grande confronto entre o paganismo e o cristianismo), aliás, Santo Agostinho sofreu muita influência do maniqueísmo (uma espécie de união entre os cristãos e pagãos). Este pensador ensinou retórica em Roma e Milão até ser Bispo em Hipona (também, Norte da África).

A influência platônica em Santo Agostinho é bem conhecida. Na Cidade de Deus ele confessa que o platonismo é a filosofia que mais se aproxima da fé cristã.

As obras de S. Agostinho influenciaram muito o pensamento teológico da Igreja Católica na Idade Média (e influencia até os dias atuais). Com suas obras buscou demonstrar que a nossa conduta – o poder de agir como queremos – é uma decisão soberana (arbítrio). Na obra "A Cidade de Deus", Santo Agostinho combate às heresias e a paganismo; na obra "Confissões", relata sua vida antes da conversão ao cristianismo; No "Livre Arbítrio", Agostinho contraria a ideia dos maniqueus fundada em dois princípios: o principio do Bem e do Mal, pois o homem não é livre nem responsável pelo mal que faz.

N'*A Cidade de Deus*, ele – influenciado por Platão – divide o Mundo em dois planos: a Cidade terrena e a Cidade de Deus. Na de Deus fundada sobre o amor a Deus levado ao desprezo de si próprio, e a dos homens, fundada sobre o amor-próprio levado ao desprezo de Deus. A primeira estaria fadada/predestinada à impiedade e à injustiça.

Não podemos esquecer que Santo Agostinho tinha sobre seus olhos os pecados narrados na *Bíblia*, o declínio (político e Moral) do Império Romano e seus próprios pecados (narrados nas "Confissões").

Temos então dois personagens, a saber: o cidadão do mundo e o peregrino do céu. Encontramos assim, na cidade terrena duas formas: uma que ostenta sua presença, outra que é – com a sua presença – imagem da cidade celeste. A sociedade Terrena, impiedosa por natureza, aspira participar das beatitudes eternas.

Assim observamos que a natureza pervertida pelo pecado gera os cidadãos da cidade terrestre, e a graça, por sua vez, que liberta do pecado, gera os cidadãos da cidade celeste. A Igreja e o Estado seriam apenas as duas portas ou vias de acesso aquelas cidades – uma inclinada para o Céu e a outra, corrompida pelo homem, para o demônio.

Na obra em comento, S. Agostinho destaca que a vida é uma batalha, mas ele alerta ao cidadão da cidade celeste que é melhor a guerra com a esperança da vida eterna do que o cativeiro sem esperança de liberdade.

Ora, o que se depreende da Filosofia de Santo Agostinho (no que tange ao Estado) é um profundo desprezo pelo Estado, valorizando a vida depois da morte. Em sua essência, a obra de Santo Agostinho trata da história da salvação desde a Antiguidade até o tempo de Cristo e sua Ressurreição, passando pelos romanos e pelos judeus.

A ESCOLÁSTICA

Este pensamento ocorre no último período do pensamento cristão (séc. IX até séc. XV). Nessa época, a Europa comungava da fé cristã em sua absoluta maioria. Assim, um modelo de vida e de ensino se fazia necessário – surgia dessa forma a Escolástica (ou Escolasticismo). Denomina-se "pensamento Escolástico" tendo em vista que se tratava de uma Filosofia ensinada nas escolas da época (sendo que os mestres eram os "escolásticos"). Ao contrário da Patrística que tinha por objetivo zelar pela doutrina/teologia dogmática católica, a Escolástica busca uma gama maior, mais ampla de investigação, buscando firmar uma filosofia católica.

Estas artes podiam ser divididas em *Trivium* (gramática, retórica e dialética) e *Quadrivium* (aritmética, geometria, astronomia e música).

A Igreja cristã era considerada a principal guardiã dos valores espirituais e morais de toda a humanidade. Dessa forma, tanto temas teológicos sofrerão influências da filosofia, como a filosofia receberá influências teológicas cristãs.

A Escolástica também pode ser dividida em três períodos: o primeiro (ainda com influência agostiniana) *pré-tomista* (séc. IX á XIII); o segundo, *o de S. Tomás de Aquino*, seu principal expoente, (séc. XIII), talvez o maior filósofo cristão, e o período *pós-tomista* (séc. XIV-XV) até sua decadência.

S. TOMÁS DE AQUINO

Tomás de Aquino que foi chamado "o mais sábio dos santos e o mais santo dos sábios". Nasceu em março de 1225 no castelo de Roca-Sica, perto da cidade de Aquino, no reino de Nápoles, na Itália. Com apenas cinco anos seu pai, conde de Landulfo d'Aquino, o internou no mosteiro de Monte Cassino. Aí iria ser educado pelos monges beneditinos.

Como salientamos anteriormente, este foi o maior expoente da Escolástica. Foi padre dominicano durante o século XIII.[2]

Não podemos esquecer que São Tomas de Aquino utiliza os pensamentos de Aristóteles. Assim, na Idade Média, ele faz uma "adaptação" (ou releitura) dos textos aristotélicos adaptando-os ao cristianismo. Ora, a partir desse ponto surge a chamada filosofia Aristotélico-Tomista. Não esqueça o candidato que São Tomás é famoso por ter cristianizado Aristóteles, (à semelhança do que fez Agostinho com Platão) – transformando o pensamento desse sábio num padrão aceitável pela Igreja Católica.

Se apropriando da filosofia aristotélica, S. Tomás vai tentar convergir o pensamento de Aristóteles com a fé cristã. O mundo segundo ele – "sensível, percebido pelos sentidos" – está em constante movimento. Segundo Aristóteles, nada se move por si só, e a causa do movimento "é causada", isto é: há um motor imóvel no Universo – que S. Tomás irá dizer que é Deus.

Para S. Tomás, existe um domínio em comum entre a fé e a razão (*fides* e *ratio*), e que é necessário que haja uma demarcação de forma precisa nesse território da razão, para que ela não ultrapasse a fé.

Em sua "Suma Teológica" podemos observar todo o seu pensamento (trata-se da maior obra metafísica de todos os tempos). Para sua análise jurídico-filosófica, observamos que o Doutor Angélico[3] faz uso de toda a tradição jurídica ocidental, mormente do Direito Romano, Aristóteles, os estoicos e ainda de Santo Agostinho, Isidoro e de alguns de seus contemporâneos.

Num dos capítulos da obra[4] S. Tomás discorre sobre a Moral e o Direito, notadamente *atuar conforme a justiça, dando o seu a quem de direito*. A justiça – ao contrário das demais virtudes, que aperfeiçoam o homem em relação a si mesmo – é aquela que ordena o homem no que diz respeito a outrem, implicando numa certa igualdade. Isso pode se realizar de duas

---

2. A título de elucidação, destaca-se que foi declarado Santo pelo Papa João XXII em 1323;
3. Denominação de S. Tomás. A Igreja também o chama de *Doctor communis*: São Tomás de Aquino.
4. na questão 57 da II-II;

maneiras: a) em virtude da natureza das coisas ou por b) convenção (seja do particular, seja do domínio público). No primeiro caso temos o direito natural, no segundo o direito positivo.

Tal como Aristóteles, S. Tomás deixa claro que o direito natural é imutável e não pode ser apagado do coração dos homens. Para ele, o direito natural também pode ser dividido em direito natural propriamente dito – direito das gentes (*ius gentium*) e outras formas especiais (direto paterno, dominativo e doméstico).

Igualmente importante para o Direito é sua classificação das leis:

a) *lei eterna/lei divina*[5] esta seria o logos divino, formador do universo (sendo que a mente humana – limitada – não pode compreender). Assim, a lei eterna, esclarece Santo Tomás revela-se na "*razão ou plano da divina sabedoria, enquanto dirige todos os atos e movimentos das criaturas.*[6]. Trata-se do plano de Deus, para o governo de suas criaturas. É uma consequência da razão ou vontade da divina providência.

b) *lei natural*: temos aqui o conceito aristotélico de que há uma lei universal, comum a todos os homens, que nasce no coração dos homens. Revela-se na parcela da lei eterna que o Homem consegue apreender. Se observarmos o que diz o Doutor Angélico, a lei natural vem a ser a "*participatio legis aeternae in rationali creatura*[7], ou seja: a participação da lei eterna na criatura racional (a parcela que Homem apreende). No fundo, a lei eterna e a lei natural tiveram uma única origem. Contudo, a lei eterna engloba uma esfera sobre-humana (divina ao passo que a lei natural é a participação do Homem (diante de suas limitações) daquela.

c) *lei humana*: tendo em vista que a sociedade precisa de leis sob a pena de sucumbir ao caos, temos as normas que regulam a vida em sociedade, (disciplinando as várias situações fáticas que venham a necessitar seu manto protetor). A lei humana surge da necessidade do homem de determinar normas particulares, a partir desses primeiros princípios, se chega a lei humana.

Diante desses conceitos deduzimos que a lei humana é algo ordenado para um fim, tendo em vista que é regra e medida de leis superiores: a lei natural e a lei divina.

5. Vale lembrar que, no fundo S. Tomás também distinguia estas duas, porém, como não estamos num curso de Teologia, atendendo-se fins didáticos, observaremos como se fossem uma só.
6. I-II. Q. 93, a 1 (anotações acadêmicas).
7. I-II, Q.91, 2 (anotações acadêmicas).

Ora, analisando estes diferentes conceitos de leis, extraímos duas questões que são de extrema importância para o Direito até os dias de hoje:

a) *devemos aplicar a lei humana quando esta contraria as demais?*

b) *até que ponto o Homem deve obediência ao Estado?*

De fato, para o Doutor Angélico, a sociedade necessita de leis, sem elas teríamos o caos, o império do mais forte. Daí a razão essencial de sua efetiva aplicação. Porém, não se deve aplicar a lei humana quando esta contrariar as demais. Assim, o Homem deve obediência **limitada** ao Estado.

Tópico para revisão:

Entender a Escolástica é tentar responder a seguinte pergunta: "como conciliar a fé e a razão?". Essa é a questão principal que vai atravessar todo o período do pensamento escolástico na busca de harmonizar as duas esferas (razão e fé).

QUESTÃO PARA REVISÃO

(FGV – Exame de Ordem 2016.2 – Prova reaplicada Salvador-BA) Na sua mais importante obra, a *Summa Theologica*, Santo Tomás de Aquino trata os conceitos de justiça comutativa e de justiça distributiva de uma tal maneira, que eles passariam a ser largamente utilizados na Filosofia do Direito.

Assinale a opção que apresenta esses conceitos, conforme expostos na obra citada.

A) A Justiça Comutativa regula as relações mútuas entre pessoas privadas e a Justiça Distributiva regula a distribuição proporcional dos bens comuns.

B) A Justiça Distributiva destina-se a minorar o sofrimentos das pessoas e a Justiça Comutativa regula os contratos de permuta de mercadorias.

C) a Justiça Comutativa trata da redução ou diminuição das penas (sanção penal) e a Justiça Distributiva da distribuição justa de taxas e impostos.

D) A Justiça Comutativa regula a relação entre súditos e governante e a Justiça Distributiva trata das relações entre diferentes povos, também chamadas de direito das gentes.

✪ **Nota do autor:** nesta questão o candidato deve estar atento, pois aqui - de modo oculto - indaga-se também sobre Aristóteles. Vejamos. Não podemos esquecer que São Tomas de Aquino utiliza os pensamentos de Aristóteles. Assim, na Idade Média, ele faz uma "adaptação" (ou releitura) dos textos aristotélicos adaptando-os ao cristianismo. Ora, a partir desse ponto surge a chamada filosofia Aristotélico-Tomista. Não esqueça o candidato que São Tomás é famoso por ter cristianizado Aristóteles, (à semelhança do que fez Agostinho com Platão) - transformando o pensamento desse sábio num padrão aceitável pela Igreja Católica. Vale sublinhar que teoria do direito natural ou jusnaturalismo - que abrange grande parte da filosofia de Tomás de Aquino (e outros filósofos, dentre eles Francisco Suárez, Richard Hooker, Thomas Hobbes, Hugo Grócio, Samuel Von Pufendorf e John Locke), promoveu profunda influência no movimento do racionalismo jurídico do século XVIII, ocasião em surgem as noções de "direitos fundamentais" e o desenvolvimento da *common law* inglesa. Deste modo, mais uma vez, destaca-se que São Tomás de Aquino, no desenvolvimento do pensamento sobre Justiça, tem pleno comprometimento com as Sagradas Escrituras e com o pensamento aristotélico, uma vez que dá enfoque teológico à doutrinas aristotélicas. Eis o seu jusnaturalismo: lembre-se que Aristóteles chegou afirmar que justiça natural é uma espécie de justiça política (justiça distributiva e corretiva) que ao se tornar lei seria chamada de "direito natural". Ora, como vimos, a justiça é entendida como sendo uma virtude, e, portanto, trata-se de uma aptidão ética humana que apela para a razão prática, ou seja, para a capacidade humana de eleger comportamentos para a realização de fins. [...] A justiça total vem complementada pela noção de justiça particular, corretiva, presidida pela noção de igualdade aritmética (comutativa, nas relações voluntárias; reparativa, nas relações involuntárias) ou distributiva, presidida pela noção de igualdade geométrica.

Alternativa correta: letra "a": a justiça comutativa, (quer dizer "trocar", "permutar") é assim chamada porque regula o intercâmbio entre pessoas iguais, que se encontram no mesmo plano. Sua finalidade consiste em estabelecer uma igualdade fundamental nas relações entre os seres humanos e exigir que essa igualdade seja restabelecida quando violada. Por outro lado, a justiça distributiva tem por objetivo permitir que pessoas participem do bem comum mediante uma distribuição equitativa, de acordo com seus méritos ou suas habilidades. Em outras palavras, consiste em dar a alguém o que lhe é devido segundo uma igualdade.

Alternativa "b": alternativa incorreta;

Alternativa "c": alternativa incorreta;

Alternativa "d": alternativa incorreta;

Capítulo 12

RENASCIMENTO

O Renascimento foi um movimento cultural, artístico e científico que atingiu as camadas urbanas da Europa Ocidental entre os séculos XIV e XVI, (principalmente na Itália). Este período foi crucial para o abandono de ideias medievais (que ainda estavam muito presentes), contudo é um erro tremendo ver isto como uma ruptura radical entre a Idade Media e a Idade Moderna. Assim, o pensamento renascentista defendia que a razão era uma manifestação do espírito humano que colocava o indivíduo mais próximo de Deus.

Para uma melhor compreensão, aponta-se como características do Renascimento:

- A retomada dos valores da cultura greco-romana/cultura clássica;
- Tinha uma forte raiz burguesa e desprezava a cultura medieval;
- As conquistas marítimas trouxeram um inevitável aumento no comércio – principalmente com o Oriente – e, a nova classe burguesa apoiou artistas e intelectuais da época;
- A doutrina divide três fases: *Trecento*, *Quattrocento* e *Cinquecento*, que correspondem, aos séculos XIV, XV e XVI respectivamente;
- Buscou-se assimilar essas novas ideias em todos os campos artístico

Contudo, o termo "renascimento" teria sido utilizado pela primeira vez no século XIX (nomeadamente no ano 1855) pelo historiador francês Michelet. Na Itália, as regiões que mais se desenvolveu este período filosófico foi Florença, Milão e Veneza. Nesta época, (re)descobre-se os *Diálogos* de Platão, bem como demais textos históricos como os do historiador Tucídides e Heródoto.

Constata-se, também, uma forte evolução no Campo da Medicina bem como no desenvolvimento da imprensa. Ora, na área do Direito não podia ser diferente: houve uma substituição dos dogmas escolásticos/medievais para um retorno aos princípios do Direito Romano.

Assim, a grosso modo, os filósofos "humanistas", como veremos adiante, passam a questionar o "teocentrismo", até então predominante. Acreditavam que o Homem devia ser o centro das investigações filosóficas (por ser ele o único ser capaz de conhecer). Os humanistas acreditavam que, no período que compreende a Idade Média, acontecera um certo "retrocesso", tendo em vista que a humanidade se separou do modelo antigo. Propõem então, a volta ao modelo clássico (grego e latino), uma "antropocentrização" da arte e das ciências.

Deste modo, um dos principais expoentes desta época foi Galileu. Este pensador foi físico e astrônomo (sustentou que a Terra girava em torno do Sol - contrariando os dogmas da Igreja e Aristóteles). Na Itália, também ressalta-se a importância da família Medici - que financiou artistas e pensadores, contribuindo para a evolução do pensamento.

Outro expoente foi Maquiavel.[1] Este pensador foi diplomata, filósofo e historiador da região de Florença. Ingressou cedo na vida política e dedicou sua vida ao estudo de questões políticas.

Sua principal obra foi "O Príncipe"[2] onde o filósofo busca aconselhar os governantes no modo de governar e perpetuar-se no poder (mesmo com a pressão de inimigos).

É importante frisar que devemos ter cautela como termo "maquiavélico": para alguns, tendo em vista o que foi escrito n'*O Príncipe*, passou a ser sinônimo de deslealdade (com intuito de obter vantagens). Ora, este termo em nada corresponde à filosofia de Maquiavel que sempre pugnou pela realização de uma política dentro dos padrões éticos. Aliás, nesta obra, Maquiavel sustenta a "virtú", que consiste ma criação do governante para manter sua posição de comando bem como o "bem comum" de seus governados. Assim, apresenta ao governante táticas ou máximas que, em síntese, traduzimos (como exemplo) do seguinte modo: "faça sua primeira prioridade, a proteção do seu poder"; "seja rígido, mas flexível"; "seja ousado no início de seu governo", etc.

O que se depreende de sua obra, bem como do ambiente histórico que estava inserido, é que foi absolutista, principalmente com o conceito de um governante absolutista com um papel unificador.

1. Nasceu em 1469-1527;
2. 1513;

THOMAS MORUS

Trata-se de um grande filósofo do Renascimento pouco explorado no Brasil. Nasceu em 1478 e morreu em 1535 (posteriormente ficou conhecido por São Tomás Morus – tendo em vista o fim trágico que teve sua vida).[3]

Sua obra mais importante é "A Utopia".[4] Ali, notamos duas ideias centrais: a não existência da propriedade privada e os interesses individuais subjugados pelas necessidades coletivas. Nessa obra, constata-se que o autor descreve uma ilha – ora, a descrição desta ilha é, no fundo, uma dura crítica a Inglaterra do seu tempo.

Sir More revolta-se contra a desigualdade material existente assim como com a concentração de riquezas.

Observa-se que o "Humanismo de More" revela-se num grande rompimento com o pensamento medieval. No seu pensamento, não há interesse imediato por uma recompensa no além, mas uma preocupação com o mundo físico.

A propriedade privada e seu conceito na época de More, é vista como um empecilho à prática da virtude humana, ou do verdadeiro motivo para o qual o homem foi criado.

Lembre-se que este pensador foi adepto do direito natural, concedido por Deus aos Homens e que não se sujeita à outra norma. Seu pensamento é muito importante para o Direito (destaca-se que ele foi *Lord-Chanceler* – o mais alto cargo público da Corte de Henrique VIII).

MAQUIAVEL

Niccolò di Bernardo dei Machiavelli, (mais conhecido como Nicolau Maquiavel), foi um filósofo que viveu e produziu suas obras nos séculos XV e XVI, na região de Florença (Itália). Ele dedicou seu pensamento essencialmente na explicação e compreensão do Estado, da Política (principalmente nos "homens de Estado").

O pensamento político deste autor precisa ser analisado, obviamente, dentro do contexto em que foi escrito: assim, devemos ter como pano de fundo o final da Idade Média – onde o antropocentrismo (o Homem como

---

3. Recomenda-se a leitura de "Thomas More", José Lino C. Nieto, editora Quadrante, São Paulo, 1987.
4. Como vimos anteriormente, para a criação dessa sociedade perfeita, Sir More se inspirou na "República" de Platão (também uma obra utópica).

ponto central do pensamento) estava sendo retomado como visão predominante. Maquiavel teve o mérito de abandonar a compreensão medieval da cosmogonia do poder político e espiritual reinantes no pensamento da época.

Assim, este filósofo conseguiu abandonar a superstição, adotando estilo e pensamento voltados ao meio antropocentrista de conceber o mundo e substituir o mito do homem assinalando que a virtude humana faz a política e constitui os impérios. Ora, essa visão permitiu o nascimento de uma nova ideia política, onde a liberdade republicana surgiria contra o poder político teológico de papas e imperadores.

Sem dúvida esse contexto histórico-cultural abriu portas para um "humanismo cívico", isto é: a faculdade dos homens de agirem em conjunto pelo bem da Cidade/Estado, levantando, como consequência, um diálogo político entre a burguesia – que ansiava o poder – e a realeza. Houve então, um questionamento do poder absoluto dos reis e suas atribuições (tendo em vista que um príncipe deveria trazer estabilidade econômica e de segurança ou defesa de sua cidade contra ataques vizinhos). Ora, naturalmente esse príncipe deveria possuir "Virtu".[5]

Neste passo, convém reter dois conceitos na obra de Maquiavel (no caso, *O Príncipe*): "Virtu" e "Fortuna". Para descrevê-los, Maquiavel recorre à mitologia clássica em oposição ao cristianismo que começava a ser discutido na Itália Renascentista. Assim, com o cristianismo, o conceito sobre a fortuna tornou-se pejorativo – essencialmente o símbolo de busca indiscriminada e vã pelo poder. Para os cristãos, a fortuna deixava de ser fonte de felicidade, já que por seus preceitos, ao Homem era dada a verdadeira felicidade somente no além-mundo, de acordo com a moralidade e retidão de conduta exercida pelos indivíduos na vida terrena.

Observamos então que Maquiavel subverte a tradicional concepção cristã sobre a fortuna, dotando-a, assim, de características clássicas, que concebia (a fortuna) como uma deusa que possuía os bens que todos os homens desejavam: a honra, a riqueza, a glória, o poder.

Contudo, se por um lado a "Fortuna" era a responsável por oferecer tantos favores ao príncipe, o filósofo atestava que a "Virtu" seria a responsável por atrair tais favores e mantê-lo, como consequência, no poder.

---

5. Na sua obra, o príncipe é descrito como alguém capaz de conquistar territórios, exercer soberania e manter o poder político. Para isso, ele não poderia ficar restrito à moralidade vigente e aos costumes da época. Lembre-se que Maquiavel via a humanidade de maneira pessimista, fria e cruel, entendendo os homens como essencialmente ruins, mentirosos e trapaceiros.

Em resumo, n'*O Príncipe*, a "Fortuna" é considerada um instrumento de sorte, que poderia ou não agraciar ao príncipe, de acordo com a "Virtu" representada na sua coragem e força em seduzi-la.

Neste sentido, *O Príncipe* é considerado um dos maiores instrumentos da Filosofia Política - por tratar da política como ela se desenvolve de fato e não como poderia desenvolver-se utopicamente. Nesta obra, Maquiavel disseca a psicologia das relações de poder e estabelece uma rigorosa segregação entre política e religião.

Capítulo 13
A IDADE MODERNA DA FILOSOFIA

A filosofia moderna começa no século XV quando tem início o Idade Moderna e permanece até o século XVIII, com a chegada da Idade Contemporânea. Baseada na experimentação, a filosofia moderna questiona, essencialmente, os valores relacionados com os seres humanos, bem como sua relação com a natureza.

Assim, elencamos como principais características/conceitos da filosofia moderna:

i) Antropocentrismo e Humanismo

ii) Cientificismo

iii) Valorização da natureza

iv) Racionalismo (razão)

v) Empirismo (experiências)

vi) Liberdade e idealismo

vii) Renascimento e iluminismo

viii) Filosofia laica (não religiosa)

HOBBES

Thomas Hobbes foi um filósofo e pensador político inglês. Nasceu em 1588 e viveu até 1679. Este pensador inglês viveu em um período de agitações políticas e sociais o que inspirou sua filosofia política.[1]

1. A título de elucidação, destaca-se que nesta época Oliver Cromwell (1599-1658), um dos principais personagens da chamada Guerra Civil Inglesa, (declarado Lorde Protetor da Inglaterra) toma o controle do país em 1648, formando primeiro uma monarquia constitucional. Em 1649, o até então rei Carlos I (1600-1649), foi condenado por traição pelos partidários de Cromwell e executado. Assim, a monarquia foi abolida e uma república foi instaurada. Evidente que, após a morte de Cromwell, ocorrendo várias disputadas de poder, a monarquia retorna ao comando político da

Em 1651, publica sua principal obra: *Leviatã*, (em 1640, Hobbes já publicara um escrito em latim conhecido como *De Cive* - ou Do Cidadão - em termos muito próximos aos do Leviatã, contudo, em linguagem mais formal e acadêmica).

O *LEVIATÃ*

O título escolhido por Hobbes para sua mais conhecida obra é uma referência a uma criatura mitológica de grandes proporções que, em geral, estava associada a relatos de navegadores e marinheiros a naufrágios e ataques aos navios (na Bíblia, é mencionada no antigo testamento, como uma espécie de "dragão marinho"). Na Idade Média, esta criatura foi relacionada pela Igreja Católica com os pecados capitais, representando principalmente a inveja.

Assim, este livro de Hobbes é dividido fundamentalmente em quadro partes, apresenta um quadro completo do pensamento de sua filosofia e de seu pensamento político.

Em apertada síntese, a primeira parte do Livro expõe uma teoria do conhecimento, descrevendo uma análise do processo de desenvolvimento da consciência, das sensações humanas e mesmo da linguagem.

Na segunda parte, Hobbes, faz uma comparação crítica entre as paixões humanas e as leis naturais, já expondo a ideia central de sua teoria política.

Na terceira parte, o filósofo traz a noção de uma espécie de república cristã, que estaria baseada na "realeza natural de Deus", ou na "palavra natural de Deus", onde se tenta caracterizar a existência de um "sistema associativo" acima mesmo da própria sociedade civil, ou associação civil.

Na quarta e última parte do Livro, com um cunho mais religioso, o pensador inglês faz duras críticas à interpretação católica das escrituras (não podemos esquecer que Hobbes foi um intelectual extremamente vinculado aos avanços científicos e culturais de sua época, sendo especialmente influenciado pelas teorias mecanicistas de então de explicação do funcionamento do Universo).

Inglaterra, com Carlos II (filho de Carlos I). De 1618-1648 - período que ficou conhecido como a "Guerra dos Trinta Anos" - várias nações europeias travaram batalhas e escaramuças entre si, por motivos religiosos, dinásticos e territoriais. A rivalidade entre católicos e protestantes na Inglaterra, França e Alemanha (ainda não unificada) crescia fortemente.

O PENSAMENTO POLÍTICO DE HOBBES: O CONTRATO SOCIAL

Tal como Aristóteles, o pensamento político de Hobbes está indissociavelmente ligado à sua visão de homem (ser humano). Contudo, ao contrário do pensador grego, para Hobbes, a condição humana é naturalmente belicosa e agressiva. O homem, em seu estado de natureza, vive o que ele denomina de: "guerra de todos contra todos".

Assim, Hobbes vê o homem, sem as leis ou um poder maior a controlá-lo, como "lobo do próprio homem", "homo homini lupus", numa recriação do texto do dramaturgo romano Plauto (230-180 a.C), em sua peça de teatro *Asinaria - Lupus est homo homini non homo*. Deste modo, no estado natural, portanto, na natureza, todos se opõem contra todos. O que prevalece, de fato, é a "lei do mais forte". (os mais fracos, seriam subjugados à força, pisoteados em seus direitos).

Ora, como consequência, em algum momento da História da humanidade, um pacto é realizado; nomeadamente um pacto social destinado a proteger os mais fracos. Um mandante, (na forma de um soberano, de um rei, ou do Estado), então, é escolhido para exercer este Poder. Assim, essa cessão ou transferência de poderes a esta figura exercida pelo soberano, rei ou estado se dá através de uma espécie de *contrato social* que seria, segundo Hobbes, a única opção racional para os indivíduos saírem do estado natural de guerra de todos contra todos. Para Hobbes, "os pactos sem a espada não passam de palavras" - *There is no word without sword.*

É importante reter que essa abordagem política de Hobbes, à do contrato social, costuma-se atribuir a designação de: contratualismo.[2]

Convém destacar que o contratualismo irá ser retomado, depois, em perspectivas distintas das de Hobbes por outros filósofos e teóricos do poder do Estado como Jean-Jacques Rousseau (1712-1778), John Locke (1632-1704), e mesmo por Immanuel Kant (1724-1804). Hobbes, Rousseau, Locke e Kant formam os pensadores chamados de Contratualistas, na concepção do Estado (importante salientar que esta "adesão" de Kant ao contratualismo não é consenso entre os doutrinadores da Filosofia - tendo em vista que o pensador alemão desenvolve com muita força em seus escritos a autonomia da razão, não estando esta limitada pela sociedade civil, e conduzindo, quase que per si, o sujeito à liberdade).

2. Se opõe frontalmente à teoria aristotélica da formação/vocação natural do Homem e sua vida em sociedade.

Deste modo, na visão de Thomas Hobbes, a disposição natural do homem não é para a vida harmônica em sociedade, mas sim regida pelo egoísmo e pela busca de auto-preservação.

Quanto ao Soberano, Hobbes não atribui um poder divino a esta figura representativa do poder e da força do Estado (lembre-se que Hobbes está na passagem do pensamento Medieval para a Idade Moderna). Como vimos, sua preocupação de pensamento é a busca pelo científico – suas inspirações fundamentais são a Matemática e a Física. Assim, o poder soberano em Hobbes existe para frear a condição natural dos homens, impedindo a subjugação de um pelo outro, e permitindo a coexistência entre eles.

Lembre-se que Thomas Hobbes não era, em hipótese alguma, um pensador liberal – aliás, uma versão liberal do contratualismo virá mais tarde com o também inglês John Locke, com a publicação de seu principal tratado político Dois Tratados sobre o Governo, em 1689, quase 40 anos depois do *Leviatã*. Ora, o contratualismo de Hobbes preconizava um soberano absoluto, (ainda que não descartasse, por exemplo, que este poder estivesse distribuído em uma assembleia).

Em suma: inspirado nos avanços científicos e turbulências políticas da época, Hobbes se aprofundou no estudo da natureza humana. Enxergou o homem basicamente como egoísta, com elevado instinto de auto-preservação, (pronto para destruir qualquer um que atrapalhasse sua busca pela preservação). O mais forte dominando o mais fraco. Ora, para controlar esse estado de natureza humana, ou este estado natural, fundamentou a existência e a necessidade de um pacto – um pacto de preservação mútua, com a transferência do direito de agir em sua própria defesa a um poder central dotado de capacidade de uso da força: o contrato social.

QUESTÃO PARA REVISÃO

(FGV – Exame de Ordem 2016.3) De acordo com o contratualismo proposto por Thomas Hobbes em sua obra Leviatã, o contrato social só é possível em função de uma lei da natureza que expresse, segundo o autor, a própria ideia de justiça.

Assinale a opção que, segundo o autor na obra em referência, apresenta esta lei da natureza.

A) Tratar igualmente os iguais e desigualmente os desiguais.

B) Dar a cada um o que é seu.

C) Que os homens cumpram os pactos que celebrem.

D) Fazer o bem e evitar o mal.

✪ **Nota do autor:** Por "contratualismo" entende-se a doutrina que abarca as teorias políticas que situam a origem da sociedade e a fundamentação do poder político através de um "pacto social" – também chamado "contrato" (dando origem ao termo contratualismo). Ora, este pacto nada mais é do que um acordo entre os indivíduos que se encontram em uma mesma localidade geográfica e que mais tarde farão parte do mesmo corpo político. A partir daqui, cada autor discorre de maneira diversa sobre como se dá esse acordo, isto é, se tacitamente, sem se identificar historicamente o momento por ser uma abstração lógica e não um fato histórico, ou bem localizado em uma linha do tempo, porque tido, este sim, como fato histórico ao qual se pode recorrer para sustentar sua visão de mundo. Assim, três grandes pensadores modernos marcaram a reflexão sobre a questão política: Hobbes, Locke e Rousseau. O ponto comum perpassa o pensamento desses três filósofos a respeito da política: a ideia de que a origem do Estado está no contrato social.

Alternativa correta: letra "c": Hobbes acreditava que este contrato foi feito porque o homem seria "o lobo do próprio homem". Acreditava que há no homem um desejo de destruição e de manter o domínio sobre o seu semelhante (uma competição constante, um estado de guerra). Por isso, torna-se necessário existir um poder que esteja acima das pessoas individualmente para que o estado de guerra seja controlado, isto é, para que o instinto destrutivo do homem seja dominado. Neste sentido, o Estado surge como forma de controlar os "instintos de lobo" que existem no ser humano e, assim, garantir a preservação da vida das pessoas. Para que isso aconteça, é necessário que o soberano tenha amplos poderes sobre os súditos. Os cidadãos devem transferir o seu poder ao governante, que irá agir como soberano absoluto a fim de manter a ordem. É necessário o pacto, mantido pela lei, essa é a defesa desenvolvida por Hobbes, um pacto mantido essencialmente pela força da espada, isso é de acordo com a necessidade daqueles que sonham com o domínio

Alternativa "a": trata-se de uma das finalidades do Direito, mas a alternativa é incorreta (ver comentários acima);

Alternativa "b": trata-se de uma das finalidades do Direito, mas a alternativa é incorreta (ver comentários acima);

Alternativa "d": trata-se de uma das finalidades do Direito, mas a alternativa é incorreta (ver comentários acima);

(CESPE - Defensor Público - DPU/ 2010) Com relação às concepções teóricas de Estado, julgue os itens subsequentes.

Para Thomas Hobbes, com a criação do Estado, o súdito deixa de abdicar de seu direito à liberdade natural para proteger a própria vida.

De acordo com a teoria política de John Locke, a propriedade já existe no estado de natureza e, sendo instituição anterior à sociedade, é direito natural do indivíduo, não podendo ser violado pelo Estado.

✪ **Nota do autor**: Estas questões são clássicas na Faculdade de Direito (quando estudamos a história da filosofia política). O primeiro tema/item, traz a filosofia central de Hobbes onde "liberdade" e "poder" estão sempre (co)relacionados. Em Hobbes, observamos a ideia de liberdade como a "ausência de impedimentos" às ações e nos auxilia a pensar sobre o dever de obediência ao soberano (bem como nas relações entre política e direito). O segundo item traz a filosofia de Locke. Considerado por muitos o "pai do liberalismo", este filósofo inglês tinha como uma de suas preocupações filosóficas centrais a questão da propriedade privada. Deste modo, na filosofia política de John Locke, observamos a propriedade privada como um dos principais pilares da sociedade civil (que se revela no fim/razão principal dos homens agregados em comunidades).

Item 1: Errado: A filosofia de Hobbes preconiza exatamente o contrário. Uma situação absurda, de vácuo jurídico, em que tudo é permitido, revela-se absolutamente impossível; eis que a solução de Hobbes consiste em sustentar a ideia do direito natural como direito originário individual vinculado **à preservação da vida**. Suas ideias sobre o direito natural e da lei natural, que servem de fundamento ao dever de obediência ao soberano, amparam-se em princípios jurídicos, teológicos e até biológicos.

Item 2: Correto: Locke concebia a propriedade privada como uma elemento central de seu pensamento. Segundo o filósofo, o fundamento, a essência da propriedade privada estava no próprio homem (na sua capacidade infinita de transformar a natureza pelo trabalho). Sendo assim, a propriedade para Locke revela-se num direito natural (pois já existia no estado de natureza) tal como direito à vida, à liberdade etc. Isto quer dizer que, se um indivíduo é legítimo proprietário de seu corpo, será também proprietário dos frutos de seu trabalho.

Capítulo 14
ILUMINISMO

O "iluminismo" é caracterizado como um movimento que teve início em território francês durante o século XVII. Num contexto histórico em que a burguesia possuía poder econômico e reivindicava para si o poder político que se encontrava nas mãos da nobreza e do clero; em que os argumentos fundamentados nas crenças religiosas não eram aceitos para justificar o poder ou a organização das sociedades ou o modo de vida dos seres humanos; num período em que a ciência começou a ocupar um lugar significativo na construção do conhecimento, surgiu o movimento denominado Iluminismo. Assim, "luzes", "razão", "esclarecimento" são palavras intrinsecamente ligadas a ele.

Deste modo, os filósofos iluministas foram extremamente importantes para a disseminação desse pensamento ideológico, e o principal intuito destes pensadores/revolucionários era "irradiar" a grande parcela da humanidade que ainda estava sob a "escuridão das trevas". A crítica efetuada nesse período também foi fortemente direcionada ao absolutismo – tendo em vista que estes filósofos defendiam a liberdade política, econômica e social de todos.

MONTESQUIEU[1]

Este filósofo/jurista francês (1689-1755), foi um árduo defensor da democracia e um crítico do regime absolutista e da igreja.

Na sua obra *Do Espírito das Leis* é possível encontrar três dimensões relacionadas à natureza das leis:

(i) a primeira dimensão está vinculada à ideia de Deus – as leis de Deus expressam, em sua essência, o desejo do Criador e a ordem natural do universo, bem como, a submissão da natureza do universo e dos seres humanos a uma finalidade divina.

1. Charles-Louis de Secondat, barão de La Brède e de Montesquieu – (conhecido como Montesquieu).

(ii) a segunda dimensão diz respeito à finalidade. Para este pensador, a finalidade das leis depende basicamente da sua origem. As leis criadas por Deus possuem uma finalidade transcendental, ou seja: não pertencem ao homem e não podem ser questionadas pelo homem. Contudo, as leis que organizam as sociedades podem depender da vontade humana, ou de fatores externos como o clima, a localização geográfica, etc.

(iii) a terceira dimensão está relacionada à autoridade. Repete-se aqui, novamente, a divisão entre o divino e o humano. Como se sabe, a autoridade sobre a lei divina está, por princípio, distante do entendimento humano, o que significa que não cabe ao homem compreender a essência desta, (apenas cabe obedecê-la). Por sua vez, a autoridade sobre as leis que regem a vida em sociedade e a organização política está subordinada a natureza do governo, podendo estar concentrada na mão de poucos ou nas mãos de muitos.

Vale lembrar, igualmente, que este é um autor que diverge de seus contemporâneos, especialmente no que tange à República: assim, no seu livro Do Espírito das Leis, são tratados o conceito de liberdade e o regime monárquico. Um de seus pontos centrais é o de que os súditos monárquicos não estão necessariamente numa posição pior que os cidadãos republicanos (no que concerne à segurança das suas vidas e posses), e que, na verdade, estas podem estar mais seguras numa monarquia do que numa república.[2] Deste modo, distanciando-se da (oposta) corrente republicana, que ao recuperar a noção de participação política da antiguidade clássica, acabou por equacionar liberdade com autonomia ou autogoverno, Montesquieu articulou uma concepção negativa de liberdade, procurando, desta forma, defender a monarquia contra os sectarismos revolucionários.

Ora, ao teorizar o conceito de liberdade, Montesquieu afirmou essencialmente que um homem livre é aquele que tem boas razões para acreditar que o furor de uma pessoa ou de muitas não lhe roubará a sua vida ou a posse dos seus bens (convém notar que se trata de uma visão conservadora e anti-revolucionária). Aliás, esta (re)definição do conceito de liberdade enquanto segurança obriga, no entanto, a colocar a seguinte indagação: "como garantir esta segurança?".

---

2. Quando se fala em república ou pensamento republicano é no sentido de *res publica*, à maneira de Cícero, ou seja, coisa pública, e não no sentido de forma de governo

Assim, a resposta de Montesquieu é dada ao debruçar-se sobre a constituição Inglesa. Considerando-se discípulo de Locke, acaba por aprofundar a teoria da separação de poderes, fundamental para garantir a segurança e, consequentemente, a liberdade individual. "É preciso que, pela disposição das coisas, o poder retenha o poder", afirma Montesquieu, propondo que os poderes executivo, legislativo e judiciário sejam divididos entre pessoas diferentes. Com isso, o filósofo francês estabelecia uma teoria a partir da prática que verificara na Inglaterra, onde morou por dois anos. A influência da obra de Montesquieu pode ser medida pelo fato de a tripartição de poderes ter se tornado a regra em todos os países democráticos modernos e contemporâneos.

FRANÇOIS MARIE AROUET, O VOLTAIRE[3]

Este pensador (1694-1778), também foi poeta, dramaturgo e historiador francês revelando-se um dos pilares do iluminismo. Defendia a monarquia governada por um soberano esclarecido[4] a liberdade individual e liberdade de expressão e pensamento[5] - revelou-se num crítico ardoroso contra a intolerância religiosa do clero. Lembre-se que Voltaire era um cristão e achava que todos tinham o direito à liberdade religiosa.

A Igreja, na França, estava ganhando em se envolver na política por participar de um imposto religioso, razão pela qual Voltaire pensava que a Igreja não tinha lugar na política, esta estava na política por razões financeiras e usava táticas de medo ajudar a suprimir as classes menos favorecidas.

Para Voltaire toda ideia ou teoria pode ser desafiada, e apesar de as "certezas" oferecidas pelas instituições serem acalentadoras, (por ser mais fácil aceitar as declarações oficiais), se analisadas a fundo - tais certezas - não passam de um completo absurdo. Assim, se não existem ideias inatas, tão pouco é concebível um escopo teórico/prático que esteja além da construção cultural, e que vem sendo preservado pela "tradição" e pela História (daí sua "rebelião" contra as instituições tradicionais).

Contudo, vale destacar que este filósofo não era um adepto da democracia - ele acreditava que esta era usada para fazer as subclasses achar que eles tinham direitos. Denunciou o sistema político na França que era

3. Pseudônimo.
4. Note-se que esta posição já havia sido sustentada por Platão na Antiguidade Clássica;
5. Ficou célebre sua frase: "posso não concordar com nenhuma das palavras que você disser, mas defenderei até a morte o direito de você dizê-las".

fundamentalmente corrupto e injusto – o que favorecia a aristocracia e os nobres e deixava os plebeus pobres com poucos direitos.

LOCKE

Este filósofo inglês (1632-1704) foi precursor do liberalismo. Também criticou o absolutismo monárquico tendo em vista que Locke vivia em pleno absolutismo inglês e concebia a justificação do Estado para proteger os direitos, bem como a propriedade privada dos cidadãos, e ainda legitimava a destituição do governante caso esses direitos não fossem corretamente supridos pelo governo.

John Locke, em seu *Segundo Tratado do Governo Civil*, estabeleceu como direitos naturais: a vida, a liberdade e a propriedade.

Seu pensamento também teve reflexo nano campo da Teoria do Conhecimento: segundo ele, todo o conhecimento era proveniente da experiência e o pensamento humano estaria pautado nas ideias de sensações e reflexão donde a mente seria uma "tábula rasa" no momento do nascimento. Assim, as ideias são adquiridas ao longo da vida a partir de nossas experiências.

JEAN-JACQUES ROUSSEAU

Este filósofo suíço (1712-1778) também é um dos pilares do iluminismo. Ignorado em vida obteve o mais alto galardão que um filósofo pode esperar: sua filosofia como lema e ideário de uma revolução. Foi um defensor da liberdade e crítico árduo do racionalismo. Teve duas contribuições importantes para o Direito: o *Discurso sobre a origem e os fundamentos das desigualdades entre os homens* e o *Contrato Social*.

Rousseau defendeu a criação de um contrato social como forma de possibilitar, (tendo em vista as desigualdades trazidas pela propriedade privada e pelo poder daqueles que a possuem), a evocação de uma sociedade menos ambiciosa e desvirtuada. Haveria, assim, um pacto para a proteção do indivíduo em suas particularidades, na medida em que o ser, ao caminhar do estado natural para o estado civil, usufrui de uma vivência comunitária.

Rousseau destaca ser o homem o fim em si mesmo, fato deste indivíduo, quando de sua natureza, ser a essência de todas as coisas (e, por sê-lo, merece proteção). Para ele, o contrato social não seria um documento que suprimisse a vontade humana, mas que a converge para outros fins, sem que houvesse a desestruturação do ser em sua natureza. Aliás, para este pensador, o contrato teria única condição: a alienação total de cada associado com todos os seus direitos em favor da comunidade.

No que tange à desigualdade, o tema se encontra em outra obra deste filósofo: *A origem da desigualdade*, cujo título completo é *Discurso sobre a origem e os fundamentos da desigualdade entre os homens*, publicado em 1755.

Para Rousseau, quando se instaurou a propriedade, (momento em que o filósofo atribui a origem da desigualdade) ele buscou explicação para o fato. Assim, sua investigação filosófica o conduziu a uma suposição: num primeiro momento parte da premissa de que existiriam dois instintos básicos, presentes no "homem natural", isto é, anterior à sociedade - o instinto de conservação.

O segundo nos inspira uma repugnância natural ao ver perecer ou sofrer qualquer ser sensível, principalmente os nossos semelhantes. Assim, no estado de natureza não se poderia falar em virtudes ou vícios. O Homem é bom por natureza, tem uma inclinação social sadia e a desigualdade não os afeta. Foi precisamente a vida em sociedade que alterou esse quadro.

Segundo o filósofo, a partir do instante em que um homem necessitou do auxílio de outro, desde que percebeu que era útil a um só ter provisões para dois, desapareceu a igualdade, introduziu-se a propriedade, o trabalho tornou-se necessário e as várias florestas se transformaram em campos que cumpria regrar com o suor dos homens e nos quais logo se viu a escravidão e a miséria germinaram e medraram com as searas.

QUESTÃO PARA REVISÃO

(CESPE - 2009) Para Rousseau,

A) a causa da desigualdade humana é puramente natural.

B) há dois tipos de desigualdade, uma natural ou física, e outra moral ou política.

C) a causa da desigualdade humana é puramente histórica.

D) as causas da desigualdade humana se originam do estabelecimento da propriedade privada.

✪ **Nota do autor:** Trata-se de um dos filósofos mais importantes para a humanidade. A filosofia de Rousseau é fundada no estado natural. Seu pensamento parte do pressuposto de que este estado natural revela-se num estado de liberdade onde o homem é o dono de si mesmo e é o único juiz capaz de decidir os meios apropriados para a sua conservação. Diante deste estado natural há uma desigualdade entre os homens (de idade, aptidões, força física etc.). E é precisamente nesta desigualdade em que se assenta a submissão do mais fraco ao mais forte. Este cede ao mais forte por uma atitude de prudência. Há a necessidade real de transformar a força em direito e a obediência em dever (passando do estado de natureza ao estado civil). Daí a função do pacto social. A vontade geral, fundadora do pacto social, busca garantir a igualdade entre os homens.

Alternativa correta "b": Encontramos aqui a alternativa correta uma vez que Rousseau em seu Discurso Sobre a Origem e a Desigualdade Entre os Homens, (publicado em 1755) evidencia as causas sobre as quais se funda o processo gerador de desigualdades sociais e morais entre os homens.

Alternativa "a": a causa da desigualdade humana não é exclusivamente natural (força física, idade, saúde etc.), funda-se também em critérios econômicos (na questão da propriedade que gera misérias, subordinação e dominação de uns sobre os outros).

Alternativa "c": Esta alternativa "flerta" com o pensamento marxista. Não se refere, de modo algum, ao pensamento de Rousseau que não atribuí à história um papel tão marcante e decisivo.

Alternativa "d": A propriedade, na filosofia de Rousseau, revela-se num ato arbitrário de tomada de um determinado bem e transformada – de modo arbitrário – num direito. Este passa a ser a causa de domínio de poucos sobre muitos (fator de exclusão). Ora, se a propriedade revela um mal (gerando exclusão, miséria, escravidão etc.), para Rousseau, o fundador da sociedade civil foi o primeiro que disse "Esta terra é minha!". Contudo, o que importa nesta alternativa (para evidenciar o erro) é que ela ***não é o único fator*** de desigualdade humana.

Capítulo 15
KANT

Ainda que alguns autores insiram o pensamento deste filósofo no iluminismo, de fato merece – tendo em vista sua importância para o Direito moderno – um capítulo próprio. Como vimos anteriormente, este filósofo nasceu em Königsberg (atual Kaliningrad) hoje na Polônia, em 1724, de uma família pobre – Emanuel era o quarto de nove filhos. Seu pai era correeiro. Sua mãe tinha como religião o pietismo.[1] Kant perdeu a mãe quando tinha 13 anos; o pai era um homem que pregava a verdade como preceito de vida. Aliás, uma porção significativa da austeridade ética de Kant provavelmente veio de seu lar. Ele mesmo escreveria que – nunca teve lugar na casa paterna qualquer coisa que não se adequasse à veracidade e à decência.

Embora já tenha sido abordada, em capítulo anterior, a Moral em Kant ainda temos alguns conceitos a esmiuçar.[2]

KANT E O DIREITO

Se observarmos a fundamentação kantiana sobre o Estado de Direito, constataremos que é muito influenciada pelo pensamento do filósofo genebrino Jean-Jacques Rousseau[3], o qual propôs duas formas de fundamentação, elaborando duas concepções distintas do contrato social:

---

1. Trata-se de um protestantismo luterano de tendência mística e pessimista (que põe em relevo o poder do pecado e a necessidade de regeneração).
2. O estudo deste filósofo é muito importante. A título de exemplo, citemos a filosofia – do Direito Penal – "Direito Penal do Inimigo": ali encontramos Günter Jakobs influenciado pela doutrina deste filósofo. Assim, quando Jakobs destaca que àqueles que não participam da vida comunitária, que não se deixam obrigar, devem ser tratados, como inimigos, observamos Kant como "pano de fundo".
3. Vale lembrar que Kant manteve através da sua vida um severo regime/rotina. Era um sistema cumprido com tal regularidade que as pessoas diziam poder acertar os relógios de acordo com sua caminhada diária ao longo da rua que depois recebeu o nome, em sua homenagem, de "Caminhada do Filósofo". Sabe-se que ele somente perdeu sua aparição regular na ocasião em que o "Emile", de Rousseau, o fascinou tanto que, por vários dias, ele ficou em casa ocupado com sua leitura.

a) uma explicação empírica (baseada na antropologia) sobre a origem do estado civil mediante um contrato social espúrio firmado em condições de extrema desigualdade e, consequentemente, violência;

b) uma fundamentação teórica a partir da filosofia política, que entende o contrato social como uma associação para defender a pessoa e a propriedade de cada membro, na qual, cada um, unindo-se a todos, somente obedece a si mesmo e permanece tão livre quanto antes.

Por isso, Kant enuncia também duas formas distintas de fundamentação do estado de direito:

a) a primeira, empírica, através da antropologia e da filosofia da história;

b) a outra essencialmente racional-prática, fundada na filosofia política e jurídica.

Segundo podemos observar, Kant, analisando a obra de Rousseau destaca que, através do *Contrato Social* e de *Emílio*, busca-se solucionar um problema controverso que consiste em explicar como a cultura deve progredir para desenvolver as disposições da espécie humana em um sentido moral, sem entrar em contradição com seu sentido natural.

Ora, ao contrário dos pensadores jusnaturalistas, via o direito natural não como um preceito indiscutível da natureza, mas explicável através da razão e obrigatório ao Homem para que este tenha liberdade. Assim, para Kant, o Direito Natural básico do ser humano é a liberdade (sendo que todos os outros direitos naturais, tal como igualdade e propriedade, derivam dela).

Kant destacava que o direito é a forma universal de coexistência dos árbitros. Revela-se no limite à liberdade de cada um – de tal maneira que todas as liberdades externas possam coexistir segundo uma "lei universal". Deste modo, o direito é o que possibilita a livre coexistência dos homens, (a coexistência em nome da liberdade), porque somente onde a liberdade é limitada. Neste sentido, a liberdade de um não se transformará em numa "não-liberdade" para os demais e, assim, cada um pode usufruir da liberdade que lhe é concedida pelo direito de todos os outros de usufruírem de uma liberdade igual à sua. Observamos então, que o conceito de Justiça está relacionado ao agir de forma a conviver com a liberdade dos outros.

Um dos conceitos mais importantes do Direito em Kant reside na questão da liberdade individual. Segundo ele "liberdade" consiste em agir (voluntariamente) conforme às leis.

BREVE ANÁLISE SOBRE A TEORIA DO CONHECIMENTO DE KANT

Indaga-se aqui: *como se verifica o processo do conhecimento?*

Vemos os objetos no espaço e percebemos os fenômenos em certa sucessão, e, portanto, no *tempo*. Fora do espaço e do tempo a mente humana nada pode imaginar. Para Kant, entretanto, o espaço e o tempo não são as formas objetivas do ser, mas apenas partes constitutivas *a priori*, do conhecimento. São independentes de toda experiência.

Kant diz que o sujeito pode conhecer *a priori* unicamente os "fenômenos", mas não as coisas em si, ou seja: os "nôumenos" (na terminologia kantiana). Ora o centro da argumentação do filósofo é o seguinte: uma coisa é a realidade tal como ela é, e outra coisa é a maneira como essa mesma realidade aparece diante de mim enquanto sujeito do conhecimento. A realidade, tal como ela é, em sua essência (nôumeno) é incognoscível, ou seja, não podemos conhecê-la. Contudo, eu posso conhecer o modo como ela me aparece (fenômeno), posto que o modo de seu aparecimento não dependerá só dela, mas de mim também. Portanto, jamais conhecemos as coisas em si (nôumeno), mas somente tal como elas nos aparecem (fenômenos). A razão não estabelece, *a priori*, suas leis na natureza. Por outros termos: as leis naturais estendem-se unicamente ao mundo dos fenômenos que existe em nossa consciência. Já os *nôumenos* (as coisas em si) não estão submetidos a essas leis.

A Filosofia, no seu conceito, consiste no conhecimento que a razão adquire de si mesma com a finalidade de praticar boas ações (o que pode conhecer efetivamente, o que pode fazer) – tudo isso para a conquista da felicidade.

É importante reter que ele acreditava que o conhecimento é fruto da experiência e da razão.

A MORAL

Embora o tema tenha sido analisado em capítulo anterior, convém solidificar alguns pontos, tendo em vista que uma das contribuições mais importantes de Kant para o Direito encontra-se na sua obra *Fundamentação da Metafísica dos Costumes*.

Já no prefácio desta obra o filósofo aponta que a velha filosofia grega dividia-se em três "ciências": a Física, a Ética e a Lógica.

Segundo Kant, o conhecimento racional formal ou filosofia formal chama-se Lógica. Já o conhecimento racional material ou filosofia material é duplo. Assim, considerando que se ocupa de determinados objetos e das leis as quais tais objetos estão submetidos, a filosofia material preocupa-se então com uma dupla legislação: (i) as leis da natureza e (ii) as leis da liberdade. Sendo assim, a ciência que cuida das leis da natureza é a Física, (também chamada de Filosofia Natural); a ciência que cuida das leis da liberdade é a Ética (ou Filosofia Moral).

Deste modo, na obra em comento, Kant ressalta que o que distingue, de fato, o Homem dos outros seres da natureza é a razão. Kant então procura alterar o conceito de moralidade e introduz conceitos como a "Boa Vontade". O filósofo considera leis morais apenas as leis que são Universais. Sendo assim, a ação humana, quando puder ser elevada a condição de universalmente aceita, acaba se tornando uma lei moral, devendo então, por razões racionais, ser observada e acatada por todos.

Ora, nesta obra Kant pretende expor que a razão é a força motriz que distingue o Homem dos demais seres – tendo em vista que este é regido pela racionalidade, as condutas humanas serão moralmente positivas somente se forem executadas com o ânimo igualmente positivo do agente – isto é: se o ato for imbuído de "boa vontade". Assim, a lei moral é cumprida tendo em vista que é fruto do pensamento racional positivo humano.

Leitura sugerida

As principais obras de Kant são: a *Crítica da Razão Pura* (1781), que trata sobre o conhecimento; *Fundamentação da Metafísica dos Costumes* (1785) e a Crítica da Razão Prática (1788). As duas últimas, com muita relevância para o Direito, estudam a Ética e a moralidade.

QUESTÃO PARA REVISÃO

(FGV – Exame de Ordem 2016.1) Segundo o filósofo Immanuel Kant, em sua obra *Fundamentação da Metafísica dos Costumes*, a ideia de dignidade humana é entendida

A) como qualidade própria de todo ser vivo que é capaz de sentir dor e prazer, isto é, característica de todo ser senciente.

B) quando membros de uma mesma espécie podem ser considerados como equivalentes e, portanto, iguais e plenamente cooperantes se eles possuem dignidade.

C) como valor jurídico que se atribui às pessoas como característica de sua condição de sujeitos de direitos.

D) como algo que está acima de todo o preço, pois quando uma coisa tem um preço pode-se pôr em vez dela qualquer outra como equivalente; mas quando uma coisa está acima de todo o preço, e portanto não permite equivalência, então ela tem dignidade.

✪ **Nota do autor:** através da fundamentação de uma metafísica dos costumes, o filósofo alemão Kant pretendeu estabelecer as condições de possibilidade de uma Lei Moral Universal dirigindo a ação do homem emancipado que manifesta sua autonomia a partir da razão pura prática que identifica condições a priori **de sua vontade. Trata-se de uma das obras mais importantes (e pouco trabalhada) para o Direito. Kant afirma que o que distingue o homem dos outros seres da natureza é a** *razão* (a razão é o motor que distingue o homem dos demais seres. Por ser regido pela racionalidade, as condutas humanas serão moralmente positivas somente se forem executadas com o ânimo igualmente positivo do agente). Como dissemos anteriormente, ele pretendeu alterar o conceito de moralidade e introduziu conceitos como a "Boa Vontade". O filósofo considera leis morais apenas as leis universais (valem para todos - em todas as ocasiões). A ação humana, no seu entender, quando puder ser elevada a condição de universalmente aceita, acaba se tornando uma lei moral, devendo, por razões racionais, ser observada por todos. A pergunta em comento diz respeito ao Conceito de Ação Boa e Ação Conforme o Dever.

Alternativa correta: letra "d": como vimos nos comentários, o conceito de dignidade da pessoa humana, na filosofia de Immanuel Kant, é apreendido na obra "Fundamentação da Metafísica dos Costumes". A problemática central do livro refere-se à seguinte questão: como devo agir para que a minha ação seja boa? A resposta à referida indagação fará menção ao conceito de dignidade para Kant. O filósofo responde à indagação "Como devo agir para que a minha ação seja boa" através da seguinte metodologia:

a) conceituação da ação boa através da boa vontade; b) utilização da razão pura, ou *a priori*, que exclui as regras da experiência (empíricas) como orientadoras da ação humana, antes, vale-se de regra existente na razão independentemente de qualquer experiência; c) estabelecimento de uma lei universal que garanta a ação boa; d) estabelecimento da finalidade fundamental da lei universal; e) o dever como único motivo racional que impele o sujeito a agir conforme a lei universal. Como já referimos, a pergunta em comento diz respeito ao "Conceito de Ação Boa e Ação Conforme o Dever". Assim Kant atentava que a motivação egoísta da ação é o divisor que separa a boa vontade da vontade ruim. Os seguintes trechos, selecionados para a compreensão do candidato, demonstram a assertiva:

"Pois é fácil então distinguir se a acção conforme ao dever foi praticada por dever ou com intenção egoísta (...) É na verdade conforme ao dever que o merceeiro não suba os preços ao comprador inexperiente, e, quando o movimento do negócio é grande, o comerciante esperto também não faz semelhante coisa, mas também um preço fixo geral para toda a gente... É-se, pois, servido honradamente; mas isso ainda não é bastante para acreditar que o comerciante tenha assim procedido por dever e princípios de honradez; o seu interesse assim o exigia (...) A acção não foi, portanto, praticada nem por dever nem por inclinação imediata, mas somente com intenção egoísta" (*Fundamentação Metafísica dos Costumes*, edições 70, Lisboa - seleção do autor).

Alternativa "a": alternativa incorreta (conferir comentários);

Alternativa "b": alternativa incorreta (conferir comentários);

Alternativa "c": alternativa incorreta (conferir comentários);

Capítulo 16

HEGEL

Georg Wilhelm Friederich Hegel nasceu em Stuttgart (Alemanha) em 1770. Quando era jovem estudou latim e História Clássica. Tendo-se destacado nos estudos obteve uma bolsa que lhe permitiu estudar Teologia na Universidade de Tubingen. Foi professor na Universidade de Heidelberg – tendo depois passado para a Universidade de Berlim onde sucedeu ao filósofo Fichte. No fim de treze anos de carreira académica morreu em Novembro de 1831, com 61 anos, vítima de uma epidemia de cólera.

Destacamos como obras fundamentais para o estudo do pensamento de Hegel as seguintes: *Fenomenologia do Espírito*; *Ciência da Lógica*; *Enciclopédia das Ciências Filosóficas*; *Filosofia do Direito*; *Filosofia da História Universal*; *Filosofia da Religião* e *História da Filosofia*.

Trata-se de um filósofo que se enquadra no idealismo alemão. O idealismo alemão surge, então, como uma corrente filosófica impregnada do espírito germânico: a introspecção, o retorno aos valores esquecidos como sentido de afirmação política, a disciplina viva no intuito do objetivo determinado, a superioridade do sistema cultural como um valor sobre o resto da Europa.

Este é um filósofo que influenciou tanto o pensamento (autoritário) da esquerda como da direita. Deste modo, os "jovens hegelianos" – conhecidos pela sua fundamentação em Hegel se dividiam em duas classes: os de esquerda que buscavam desfazer-se de toda herança teológica nos escritos de Hegel e se utilizando da dialética hegeliana para um processo de negação como postura crítica da realidade e os hegelianos de direita que conservaram o espírito absoluto proposto pelo mestre alemão: a razão e o real na dialética que unificava tudo nesse Espírito.

Analisando seu pensamento, pode-se afirmar que o ponto central de toda a sua Filosofia foi baseado numa "trilogia", denominada de dialética – essa ideia baseava-se nos seguintes elementos: *tese* ou afirmação, *antítese* ou negação e *síntese* ou negação da negação. Assim, o pensamento filosófico de Hegel se revela num sistema complexo de unidades no qual a mesma estrutura processa-se em áreas diferentes do conhecimento. Hegel, filósofo sistemático, aplicou as mesmas categorias aos mais variados problemas.

Neste sentido, sua dialética tríade domina sua forma de apresentar e superar estes mesmos problemas. Hegel pensa sempre no sentido de que o pensamento deve percorrer caminhos cíclicos, ou seja: sempre se realizando em si mesmo, na saturação de um conceito que impõe a busca de um outro, necessariamente mais completo, não por decorrência, mas como superação das contradições. E tais contradições são superadas logicamente pelas sínteses promovidas na tensão dos opostos, gerando, por sua vez, novas oposições.

A filosofia hegeliana apresenta-se como aquela que tem por responsabilidade a construção de um sistema capaz de dar conta da totalidade, visando colocar a Filosofia como expressão da verdade, e não se contentar com o papel de mera espectadora, já que sua importância está determinada pela coisa mesma, o absoluto em si, pelo saber efetivo.

Para concebermos a concepção que Hegel faz do Estado, vale recordar que a teoria contratualista destaca o Estado como uma criação artificial, produto de um pacto, pelo qual os indivíduos abdicam de sua liberdade originária, dando vida a um corpo político soberano que lhes garanta vida, liberdade e bens. Ora, por essa via, entretanto, a teoria contratualista é incapaz de explicar por que o Estado pode exigir do indivíduo o sacrifício da própria vida em benefício da preservação e do desenvolvimento do todo. Ao fazer do interesse particular do indivíduo o conteúdo do Estado, ela está, segundo Hegel, confundindo Estado e sociedade civil. Na verdade, o indivíduo sequer escolhe se participa ou não do Estado - é constituído como tal por ele. A relação entre os dois é, portanto, de outra natureza: efetiva e não optativa.

Este filósofo que foi fortemente influenciado pela Revolução Francesa, quando jovem chegou a acreditar na possibilidade de restauração da polis grega (essa ilusão foi abandonada numa crise que coincide com o fim do período napoleônico, a partir da qual Hegel descobre o que considera a marca distintiva da modernidade). Assim, quando refletiu sobre a República platônica, ele considerou-a como "a verdade do mundo grego" - o sentido para o qual este tendia e teria alcançado, não tivesse sido bloqueado pelo aparecimento da particularidade. A Cidade-Estado - esta harmoniosa comunidade natural que mal conhece a cisão e a alienação - não pode suportar o surgimento da propriedade privada e da individualidade. Apenas na modernidade é que a particularidade se emancipa, toma consciência de si e se universaliza. Característico do Estado moderno é ser justamente um todo que subsiste na extrema "autonomia das partes".

Quanto à liberdade, observamos que o filósofo destaca que no Oriente se sabia e sabe que somente um é livre; no mundo grego e romano, que alguns são livres e que no mundo germânico é certo que todos são efetivamente livres. Esta teoria da liberdade que se realiza historicamente está na base de sua teoria das formas de governo. Em Hegel, não existe liberdade em geral, pois o conceito desta supõe sempre a existência de determinada coerção, variável historicamente.

O que se depreende de sua obra é que a preocupação de Hegel não é apenas construir uma nova justificação racional do Estado – lembre-se que ele atribui ao Estado as características da própria razão. Ele considera-o absoluto – no qual a liberdade encontra sua suprema significação.[1]

No que tange à Justiça, (sobre esse ideal de valor), atenta o filósofo alemão que existiria um outro princípio que seria o seu "Norte", ou seja: deveria existir um senso de racionalidade que conduziria à manifestação da justiça no seio da comunidade.

1. Para que se entenda o conceito de liberdade em Hegel, necessário se faz que remontemos ao conceito abordado por Kant sobre esse mesmo assunto. Kant entendia liberdade como o bem maior a ser partilhado por todos igualmente dentro da sociedade ao qual pertencia o cidadão. Já Hegel, contrariamente ao pensamento kantiano (sobre a liberdade), não a definia como um valor a ser partilhado, e sim como um princípio que deveria ser fruído na sua íntegra e não em partes. Entendia ele que o que é racional no direito é a liberdade, pois o que é livre ou o que realiza a liberdade é o estado de justiça.

Capítulo 17

TEORIA DO CONHECIMENTO

A Teoria do Conhecimento, (ou Gonseologia, ou Gnosiologia ou Epistemologia) é um ramo da Filosofia que busca atender aos problemas e questionamentos acerca do conhecimento. Vale destacar que grande parte destas questões já haviam sido levantadas na Grécia Antiga (contudo, continuam a ecoar até os dias atuais). Este é um tema essencial para quem produz conhecimento científico (cuidado e metódico) e, para o Direito, não poderia ser diferente.

Há dois "personagens" que se relacionam na Teoria do Conhecimento: o sujeito (que conhece) e o fenômeno/objeto.

Também temos três perguntas/temas fundamentais quanto à Teoria do Conhecimento:

a) quanto à possibilidade do conhecimento – para responder esta questão algumas correntes se consagraram ao longo do tempo:

   (i) o dogmatismo: a palavra vêm do grego "dogma". Esta corrente traduz a posição onde não há dúvidas sobre a possibilidade de conhecimento, ou seja: entendem que os objetos são apresentados ao sujeito em sua verdadeira essência. Assim, é possível obter conhecimento sólido (aliás, esta corrente apresenta-se em doutrinas religiosas).

   (ii) o ceticismo: com origem na Grécia Antiga, com o pensamento de Pirro – a preensão do objeto em sua essência é vedada ao sujeito cognoscente. A dúvida é uma constante (ironicamente, a única certeza). Observamos que esta é uma corrente absolutamente contrária ao dogmatismo.

   (iii) subjetivismo: para esta corrente, não uma verdade que seja aceita universalmente. Assim, o parâmetro está naquele que julga (sujeito).

(iv) pragmatismo: para esta corrente a verdade consiste na concordância entre o pensamento e o objetivo prático do Homem (aquilo que lhe é útil ou benéfico).

(v) criticismo: como o próprio nome indica, esta corrente que tem Kant como expoente, busca examinar criticamente a essência do conhecimento (bem como seus pressupostos), admitindo, *a priori*, que o conhecimento é possível.

b) a origem do conhecimento. Para explicar este problema, temos as seguintes correntes:

(i) racionalismo: (provém do latim *ratio* = razão), nesta corrente a razão é fator essencial/preponderante no conhecimento humano.

(ii) empirismo: (do grego *empeiría* = experiência), contrapõe o racionalismo na medida em que acreditam ser a experiência a fonte/essência do conhecimento.

(ii) posicionamento crítico (entre as duas): há uma corrente que se insere entre as duas correntes conflitantes acima. Assim, tanto a experiência, como a razão, desempenham papel decisivo no conhecimento.

c) a essência do conhecimento (relação entre sujeito e objeto).

(i) realismo: para esta corrente, existem coisas reais (do latim *res* = coisa) que não dependem da consciência humana.

(ii) idealismo: uma posição contrária ao realismo, acreditam que não há coisas reais que independem do consciente (as coisas são inseridas na consciência humana).

Capítulo 18

O JUSNATURALISMO

Nos capítulos anteriores, vimos o esboço do jusnaturalismo (desde *Antígona*, passando por Platão, Aristóteles, Cícero e os cristãos). Agora, convém sistematizarmos estes pensamentos segundo a corrente em estudo. Assim, como é óbvio, constatamos sua origem na Grécia Antiga[1], desde *Antígona*, pelo pensamento de alguns Sofistas, de Platão, de Aristóteles, de Cícero em Roma até os cristãos.[2] A doutrina classifica o jusnaturalismo de vários modos e com inúmeras subdivisões. Contudo, para fins didáticos, optamos por uma classificação mais aceita que classifica o ponto em comento do seguinte modo:

a) o jusnaturalismo cosmológico

O jusnaturalismo cosmológico revela-se na doutrina do direito natural que caracterizou a antiguidade greco-latina, fundado na ideia de que os direitos naturais corresponderiam à dinâmica do próprio universo, refletindo as leis eternas e imutáveis que regem o funcionamento do cosmos. Como vimos anteriormente, desde a Grécia anterior ao século VI a.C., durante o denominado período cosmológico, já se admitia uma justiça natural, emanada da ordem cósmica.

Notamos então, que os gregos foram os primeiros a discutir os problemas do jusnaturalismo. Em sua maioria[3], acreditavam que, determinados elementos da natureza humana, são os mesmos (em todos os tempos e em todos os povos). Esta foi sem dúvida a concepção que moldou o pensamento jurídico Ocidental.

b) o jusnaturalismo teológico

Tendo em vista que o jusnaturalismo cosmológico atribui uma ordem natural ao cosmos (que deve servir de orientação para as ações humanas),

1. Há uma confusão, na época, das leis que emanavam dos deuses e das leis positivas.
2. Temas que já abordamos anteriormente.
3. Basta citar os principais: Heráclito, Hipias, Platão e Aristóteles).

os pensadores cristãos vão acrescentar a ideia de "Deus", como sendo a origem desta ordem e do qual emana o equilíbrio e harmonia do Universo. Sendo assim, para o cristianismo, não é na justiça humana que reside a Verdade, mas sim na lei de Deus, que age de modo absoluto, eterno e imutável. Segundo o jusnaturalismo teológico, o fundamento dos direitos naturais seria a vontade de Deus

Segundo Del Vecchio[4], o *Direito natural* é o nome que se designa - tendo em vista a tradição - o critério absoluto do Justo, ou seja: a busca de uma justiça superior. O Direito natural teológico (embasado na vontade divina) e Direito natural racional (Grócio) procuravam um Justo natural em oposição ao justo apresentado pela lei, pelas normas jurídicas. Se observarmos atentamente, constataremos que o Direito natural da antiguidade clássica está relacionado com a natureza; o Direito natural da Idade Média está ligado ao divino e, nos tempos modernos com a razão.

Sendo assim, no século XV, surge com Hugo Grócio, uma busca de "verdades naturais", imutáveis, ou seja: um ponto fixo da natureza do Homem. Sua teoria é evidenciada na sua obra *De Jure Belli ac Pacis* de 1625. Nesta obra, (tal como em *Antígona*, de Sófocles) deixa patente que há um direito natural eterno e perene (contudo, independente da existência de Deus - eis aqui, a principal mudança).

c) o jusnaturalismo racional

Nota-se que a concepção do jusnaturalismo teológico foi, gradativamente, substituída por uma doutrina jusnaturalista de cunho racional, (buscando seus fundamentos na identidade de uma razão humana universal). Neste sentido, o jusnaturalismo racionalista irá encontrar o seu ápice com o advento do iluminismo - despontando a razão humana como um código de ética universal e acreditando que a racionalidade humana poderia ordenar a natureza e vida social.

Assim, nesta fase, designadamente no século XVII - XVIII, notamos que os pensadores jusnaturalistas deslocam o seu objeto da Natureza para o Homem - o Homem se distancia da ordem divina. Constata-se-se que esta é uma corrente que não ficou estática. Vejamos.

4. DEL VECCHIO, Giorgio. *Lições de Filosofia do Direito*, Armênio Amado, Coimbra, 1979, página 334.

Thomas Hobbes[5] por exemplo, embora não seja um jusnaturalista típico, na sua obra *O Leviatã*[6], mostra a real fragilidade do Homem (tendo em vista a descrença, a glória e a competição entre eles). Estas seriam os pontos que culminariam em conflitos. Acreditava que a racionalidade/a razão não nasce com os Homens. Ora, o Estado (o Leviatã) tem a finalidade de garantir a segurança e o bem comum dos cidadãos (sempre em conflito). Assim, a natureza humana (cheia de defeitos) justifica a existência do Estado. Há um pacto entre a população e o Soberano para garantir a paz entre todos.

Vale destacar que estas ideias de Hobbes eram "avançadas" para a época. Sua filosofia encontrou resistência nos monarcas que – na época, século XVII – acreditavam possuir um direito divino de governança.

John Locke, por seu turno, revelou-se num pensador extremamente liberal, porém, igualmente, num jusnaturalista "puro" (tendo em vista que sustentava existir direitos naturais, anteriores à vida do Homem em sociedade). Sua obra, *Segundo Tratado Sobre o Governo Civil*[7], nela, ao contrário de Hobbes, não acreditava que o homem vivia em constante conflito.

Para ele, havia dois estados naturais: ideal e real. No primeiro, todos obedecem as leis naturais para não gerar conflitos. No segundo, todos os homens são juízes (tendo em vista a razão) dos atos cometidos. Temos aqui uma visão de um homem racional e justo (contrariando totalmente a filosofia de Hobbes).

Outro pensamento importante desta corrente é o de Rousseau. Uma das suas buscas filosóficas consistiu precisamente nesta questão: do Homem em seu estado natural (sem vínculos com os demais). Acreditava que, neste estado, o Homem tinha uma bondade natural e, após concentrar-se em sociedade, passou a ser hostilizado por seus semelhantes.

Para ele, este estado natural se divide em dois estágios distintos: num primeiro, quando os homens vivem isolados, não havia hierarquia, havia então uma liberdade irrestrita[8] (o homem era feliz).

Assim, num segundo estágio o homem – através do (inter)relacionamento, aprimora a convivência, surge portanto a linguagem. Contudo, essa

5. Alguns acreditam que não era um jusnaturalista "puro", pois com exceção do direito de defesa, os outros surgem apenas após a formação do Estado
6. Recomendamos a leitura aos acadêmicos de Direito.
7. Também recomendamos a leitura.
8. Daí o conceito do "bom selvagem" de Rousseau.

interação vai trazendo mais complexidade até surgir (para ele a causa da desigualdade) a propriedade – eis que o Homem começa a se sobressair em relação ao seu semelhante.

d) o jusnaturalismo contemporâneo

Se observarmos os séculos XIX e XX, constataremos que são praticamente "dominados" pelo positivismo científico, principalmente ao priorizar um tratamento empírico dos fenômenos estudados – não deixando espaço para as especulações abstratas e metafísicas do direito natural. Lembre-se também que no século XIX surgiu as ciências sociais como a Sociologia, Antropologia e a Etnologia, (que passaram a apontar a diversidade cultural nas diferentes sociedades humanas). Como consequência, essas ciências sociais passariam a advogar que a concepção de justiça seria, também, um conceito variável (tanto no tempo bem como no espaço).

Ora essa concepção divorcia-se do elemento "eterno" ou "perene" da Justiça – largamente defendida pelos jusnaturalistas mais "ortodoxos". Assim, para estes jusnaturalistas, o conteúdo do que seja o Direito ou Justo variará, forçosamente, no tempo e no espaço, encontrando-se ao sabor das exigências valorativas de cada cultura.[9] Podemos observar então que o jusnaturalismo contemporâneo incorpora as críticas feitas ao próprio jusnaturalismo no século XIX; reconhece uma razoável relatividade no conceito de Justiça.

No início do século XX, Gustav Radbruch[10], professor da Universidade de Heidelbergue, identificou características fundamentais neste campo:

i) todas as concepções do direito natural nos trazem certos juízos de valor jurídico com determinado conteúdo;

ii) estes juízos possuem sempre como fonte, ou a Natureza, ou a Revelação ou a Razão – universais, perenes e imutáveis;

iii) estes juízos, uma vez fixados, devem preferir às leis positivas que lhes forem contrárias. O direito natural de e prevalecer sempre sobre o direito positivo.

---

9. Vale destacar que este ponto é precisamente um ponto de discórdia entre os jusnaturalistas, designadamente os cristãos.

10. 1878-1949. No início de sua jornada filosófica, Radbruch se apresentou como juspositivista, pugnando, essencialmente, pela defesa da ordem e segurança, para, secundariamente, preocupar-se com a concreta observância da justiça. Todavia, Radbruch se sensibilizou com os efeitos catastróficos provocados pela Segunda Grande Guerra, principalmente na sociedade alemã, e, assim, tornou-se jusnaturalista.

Radbruch constrói sua linha filosófica, elencando três maneiras de se encarar o Direito: atitude que refere realidades jurídicas a valores, considerando o direito como fato cultural (atitude essencial da Ciência do Direito); atitude valorativa que considera o direito como valor de cultura (atitude precípua da Filosofia do Direito); atitude superadora dos valores (tema da Filosofia Religiosa do Direito).

Fundamental destacar no que tange à Radbruch, é que, em 1945, logo após o fim da Segunda Guerra Mundial, o jurista alemão distribuiu uma circular para seus alunos de Direito. O texto é essencial – lembre-se que o autor foi afastado da cátedra, ainda em 1933, por opor-se ao nazismo.

Assim, *Cinco Minutos de Filosofia do Direito* é um texto que se observa a retomada do jusnaturalismo, ideias que orientarão algumas linhas jusfilosóficas da segunda metade do século XX. Segue o texto em comento:

> *"Primeiro minuto*
>
> *Ordens são ordens, é a lei do soldado. A lei é a lei, diz o jurista. No entanto, ao passo que para o soldado a obrigação e o dever de obediência cessam quando ele souber que a ordem recebida visa a prática dum crime, o jurista, desde que há cerca de cem anos desapareceram os últimos jusnaturalistas, não conhece exceções deste gênero à validade das leis nem ao preceito de obediência que os cidadãos lhes devem. A lei vale por ser lei, e é lei sempre que, como na generalidade dos casos, tiver do seu lado a força para se fazer impor. Esta concepção da lei e sua validade, a que chamamos Positivismo, foi a que deixou sem defesa o povo e os juristas contra as leis mais arbitrárias, mais cruéis e mais criminosas. Torna equivalentes, em última análise, o direito e a força, levando a crer que só onde estiver a segunda estará também o primeiro.*
>
> *Segundo minuto*
>
> *Pretendeu-se completar, ou antes, substituir este princípio por este outro: direito é tudo aquilo que for útil ao povo. Isto quer dizer: arbítrio, violação de tratados, ilegalidade serão direito desde que sejam vantajosos para o povo. Ou melhor, praticamente: aquilo que os detentores do poder do Estado julgarem conveniente para o bem comum, o capricho do déspota, a pena decretada sem lei, ou sentença anterior, o assassínio ilegal de doentes, serão direito. E pode até significar ainda: o bem particular dos governantes passará por bem comum de todos. Desta maneira, a identificação do direito com um suposto ou invocado bem da comunidade, transforma um "Estado-de-Direito" num "Estado-contra-o-Direito". Não, não deve dizer-se: tudo o que for útil ao povo é direito; mas, ao invés: só o que for direito será útil e proveitoso para o povo.*

Terceiro minuto

Direito quer dizer o mesmo que vontade e desejo de justiça. Justiça, porém, significa: julgar sem consideração de pessoas; medir a todos pelo mesmo metro. Quando se aprova o assassínio de adversários políticos e se ordena o de pessoas de outra raça, ao mesmo tempo que ato idêntico é punido com as penas mais cruéis e afrontosas se praticado contra correligionários, isso é a negação do direito e da justiça. Quando as leis conscientemente desmentem essa vontade e desejo de justiça, como quando arbitrariamente concedem ou negam a certos homens os direitos naturais da pessoa humana, então carecerão tais leis de qualquer validade, o povo não lhes deverá obediência, e os juristas deverão ser os primeiros a recusar-lhes o caráter de jurídicas.

Quarto minuto

Certamente, ao lado da justiça o bem comum é também um dos fins do direito. Certamente, a lei, mesmo quando má, conserva ainda um valor: o valor de garantir a segurança do direito perante situações duvidosas. Certamente, a imperfeição humana não consente que sempre e em todos os casos se combinem harmoniosamente nas leis os três valores que todo o direito deve servir: o bem comum, a segurança jurídica e a justiça. Será, muitas vezes, necessário ponderar se a uma lei má, nociva ou injusta, deverá ainda reconhecer-se validade por amor da segurança do direito; ou se, por virtude da sua nocividade ou injustiça, tal validade lhe deverá ser recusada. Mas uma coisa há que deve estar profundamente gravada na consciência do povo de todos os juristas: pode haver leis tais, com um tal grau de injustiça e de nocividade para o bem comum, que toda a validade e até o caráter de jurídicas não poderão jamais deixar de lhes ser negados.

Quinto minuto

Há também princípios fundamentais de direito que são mais fortes do que todo e qualquer preceito jurídico positivo, de tal modo que toda a lei que os contrarie não poderá deixar de ser privada de validade. Há quem lhes chame direito natural e quem lhes chame direito racional. Sem dúvida, tais princípios acham-se, no seu pormenor, envoltos em graves dúvidas. Contudo o esforço de séculos conseguiu extrair deles um núcleo seguro e fixo, que reuniu nas chamadas declarações dos direitos do homem e do cidadão, e fê-lo com um consentimento de tal modo universal que, com relação a muitos deles, só um sistemático ceticismo poderá ainda levantar quaisquer dúvidas. Na linguagem da fé religiosa estes mesmos pensamentos acham-se expressos em duas passagens do Novo Testamento. Está escrito numa delas (S. Paulo, Aos romanos, 3, 1): "deveis obediência à autoridade que exerce sobre vós o poder". Mas numa outra (Atos dos Apost., 5, 29) está escrito também: "deveis mais obediência a Deus do que aos homens". E não é isto aí, note-se, a expressão dum simples desejo, mas um autêntico princípio jurídico em vigor. Poderia tentar-se resolver o conflito entre estas duas passagens, é certo, por meio de uma terceira, também do Evangelho, que nos diz: "dai a Deus o que é de Deus e a César o que é de César". Tal solução é, porém, impossível. Esta última sentença deixa-nos igualmente na dúvida sobre as fronteiras que separam os dois poderes. Mais: ela deixa afinal a decisão à voz de Deus, àquela voz que só nos fala à consciência em face de cada caso concreto.".

O que se depreende da leitura deste texto é que Radbruch define o Direito como a realidade que deve estar a serviço da Justiça.

Ainda neste século, o filósofo Michel Villey[11] se destacou nesta corrente. Acreditava que o Direito não se demonstra apenas como um conjunto de regras e condutas, porém, levava em conta a questão da Justiça (a busca do Justo, dentro do aristotelismo). O Direito tem um fim (finalidade a ser alcançada) a Justiça. Até porque – tal como Aristóteles – sabia que as regras trazem a imperfeição no seu corpo (assim podem ser injustas ou de difícil aplicação).

O jusnaturalismo, como toda corrente filosófica está sujeita à críticas. Assim, alguns pretendem criticar o jusnaturalismo salientando, por exemplo que, se de fato existe um Direito Natural, como explica a existência por exemplo de escravidão? Como explicar os diferentes conceitos de Justiça existentes? Este debate é profundo e interessante para o acadêmico de Direito.

QUESTÕES PARA REVISÃO

(CESPE – 2009) Para Rousseau,

A) a causa da desigualdade humana é puramente natural.

B) há dois tipos de desigualdade, uma natural ou física, e outra moral ou política.

C) a causa da desigualdade humana é puramente histórica.

11. 1914-1988.

D) as causas da desigualdade humana se originam do estabelecimento da propriedade privada.

✪ **Nota do autor:** Trata-se de um dos filósofos mais importantes para a humanidade. A filosofia de Rousseau é fundada no estado natural. Seu pensamento parte do pressuposto de que este estado natural revela-se num estado de liberdade onde o homem é o dono de si mesmo e é o único juiz capaz de decidir os meios apropriados para a sua conservação. Diante deste estado natural há uma desigualdade entre os homens (de idade, aptidões, força física etc.). E é precisamente nesta desigualdade em que se assenta a submissão do mais fraco ao mais forte. Este cede ao mais forte por uma atitude de prudência. Há a necessidade real de transformar a força em direito e a obediência em dever (passando do estado de natureza ao estado civil). Daí a função do pacto social. A vontade geral, fundadora do pacto social, busca garantir a igualdade entre os homens.

Alternativa correta "b": Encontramos aqui a alternativa correta uma vez que Rousseau em seu Discurso Sobre a Origem e a Desigualdade Entre os Homens, (publicado em 1755) evidencia as causas sobre as quais se funda o processo gerador de desigualdades sociais e morais entre os homens.

Alternativa "a": a causa da desigualdade humana não é exclusivamente natural (força física, idade, saúde etc.), funda-se também em critérios econômicos (na questão da propriedade que gera misérias, subordinação e dominação de uns sobre os outros).

Alternativa "c": Esta alternativa "flerta" com o pensamento marxista. Não se refere, de modo algum, ao pensamento de Rousseau que não atribuí à história um papel tão marcante e decisivo.

Alternativa "d": A propriedade, na filosofia de Rousseau, revela-se num ato arbitrário de tomada de um determinado bem e transformada – de modo arbitrário – num direito. Este passa a ser a causa de domínio de poucos sobre muitos (fator de exclusão). Ora, se a propriedade revela um mal (gerando exclusão, miséria, escravidão etc.), para Rousseau, o fundador da sociedade civil foi o primeiro que disse "Esta terra é minha!". Contudo, o que importa nesta alternativa (para evidenciar o erro) é que ela ***não é o único fator*** de desigualdade humana.

(FGV – Exame de Ordem 2014.2) O jusfilósofo alemão Gustav Radbruch, após a II Guerra Mundial, escreve, como circular dirigida aos seus alunos de Heidelberg, seu texto *Cinco Minutos de Filosofia do Direito*, na qual afirma:

"Esta concepção da lei e sua validade, a que chamamos Positivismo, foi a que deixou sem defesa o povo e os juristas contra as leis mais arbitrárias, mais cruéis e mais criminosas."

De acordo com a fórmula de Radbruch,

A) embora as leis injustas sejam válidas e devam ser obedecidas, as leis extremamente injustas perderão a validade e o próprio caráter de jurídicas, sendo, portanto, dispensada sua obediência.

B) apenas a lei justa pode ser considerada jurídica, pois a lei injusta não será direito.

C) o direito é o mínimo ético de uma sociedade, de forma que qualquer lei injusta não será direito.

D) o direito natural é uma concepção superior ao positivismo jurídico; por isso, a justiça deve sempre prevalecer sobre a segurança.

✪ **Nota do autor:** o humanismo de Radbruch é também marcado por sua passagem pela Cruz Vermelha, (onde atuou como voluntário). Sua ação política foi marcada por militância entre grupos socialistas, bem como por sua atuação como deputado e como ministro de Justiça durante a República de Weimar. Já o texto *Cinco Minutos de Filosofia do Direito* faz *críticas ao Positivismo e traz uma nova ideia do que vem a ser o jusnaturalismo, baseada não numa contraposição ao Positivismo, e sim numa complementação de valores e preceitos*. Com o fim da guerra, Radbruch dirigiu a Faculdade de Direito em Heildelberg. Mas, vale lembrar que o filósofo, foi afastado da cátedra, ainda em 1933, por opor-se ao nazismo. A ideia central do texto implica: o direito não pode dar lugar a arbitrariedades.

Alternativa correta: letra "a": para o autor, o direito deve estar fundamentado no justo e não somente numa mera adequação daquilo que a lei diz o que é direito.

Alternativa "b": alternativa incorreta;

Alternativa "c": alternativa incorreta;

Alternativa "d": alternativa incorreta;

Capítulo 19

OS CRISTÃO SOCIAIS

OS PENSADORES POLÍTICOS CRISTÃOS

É importante destacar que, ao ler estes filósofos, não se trata de estudar ou difundir o pensamento ou da doutrina oficial das Igrejas (nomeadamente a católica). Trata-se de filósofos que influenciaram de modo marcante o século XX e que ainda exercem grande influência no pensamento político e jurídico do século XXI.[1] Católicos radicais, moderados ou mais progressistas, todos politicamente motivados, olhando as injustiças do mundo à luz dos Evangelhos. Através destes pensadores obtemos um pensamento livre, umas vezes, em harmonia ou dissonância com as "posições oficiais".

JAQUES MARITAIN

Este filósofo cristão nasceu em Paris, no ano de 1882, embora tivesse uma origem protestante, converteu-se ao catolicismo no ano de 1906 (este detalhe é fundamental para o conhecimento de seu pensamento, que, em sua base tem a doutrina de S. Tomás de Aquino).

Outro detalhe importante é que Maritain teve contato com o movimento *Action Française*, abandonou-o depois da condenação deste pelo Papa.[2]

Assim, o pensador francês, buscou elaborar uma teologia política onde, de fato, a cristandade teocrática ou a sacralização de uma qualquer instituição política como radicalmente ultrapassadas, buscando uma nova

1. Vale sublinhar que o jusnaturalismo tem sido cobrado com mais frequência nos editais.
2. A *Action Française* foi um movimento político, monarquista e anti-republicano muito influente na França no começo do século XX. A bem da verdade, cumpre destacar que não foi um movimento de inspiração cristã, como transmitem erroneamente alguns (a *Action Française* teve como líder um homem de postura agnóstica – Charles Maurras (1868-1952), porém, de fato, obteve muita influência nos meios católicos.

cristandade profana, isto é: de um mundo político onde o cristianismo se realizaria plenamente, sem que deixasse de ser um mundo profano.

Podemos observar que sua obra, *Humanismo Integral*, teve um grande impacto entre os católicos da época e se tornou num ponto de referência do pensamento político de inspiração cristã. Com este livro, Maritain trouxe uma nova aos católicos, na medida em que direcionou a filosofia, o pensamento católico contra os regimes totalitários e na aceitação da democracia como exigência ética, de um imperativo do cristianismo. Para ele, o cristianismo teria deixado sua marca na História e ele deixa patente em seus ensaios sobre o cristianismo e a democracia. O filósofo faz uma alusão tanto ao pensamento de Aristóteles bem como de S. Tomás, quando destaca que *omnipotestas Deo per populum*, isto é: "todo o poder vem de Deus através do povo", destacando, então, a necessidade da democracia. No fundo, este ideal democrático, este ideal de vida comum que denominamos "democracia", emanam da inspiração evangélica e, assim, não podem subsistir sem ela.

O filósofo tende a criticar toda expressão da "cultura Moderna", ou seja: aquela que pretende regenerar a humanidade através da Razão esquecendo-se, assim, do plano Espiritual. Ele não tem o intuito de negar o humanismo mas sim o de evidenciar que este só teria amplitude aliado à ética cristã. Neste sentido, observamos que, para ele, o cristianismo deve assumir tudo o que é humanamente e socialmente significativo para os completar com a participação de *valores superiores*. Um dos objetivos do Homem consiste na superação do "humanismo antropocêntrico", nomeadamente as ideologias marxistas, fascistas e até mesmo as liberais que dotam ao Homem o poder exclusivo de seu próprio destino (propõe, então, um "humanismo teocêntrico" que o filósofo denomina de "Humanismo Integral").

Jacques Maritain também questionou o tradicional conceito de Soberania, pois este baseava-se em suas raízes históricas. Deste modo, a Soberania traduzia um conceito político que foi posteriormente transformado para propor uma base jurídica ao poder político do Estado Moderno. Assim, a Filosofia Política deveria emancipar-se desta ótica tradicional. Note-se que ele tinha uma visão anti-absolutista do Estado (eis a razão que contesta a noção de soberania aplicada a este). Para Maritain a Soberania é uma propriedade absoluta e indivisível, não pode ser participada, não admite graus de hierarquia, assim, o estado não seria soberano, nem mesmo o povo, somente Deus seria efetivamente Soberano.O Estado, na sua obra, é visto como um instrumento especializado nos interesses do todo, destinado precipuamente a defender e a proteger o povo, os seus direitos e a melhoria da sua vida contra o egoísmo e o particularismo dos grupos e das classes privilegiadas.

Como pensador social, acreditava no Direito das classes operárias isto porque, devido à época, dois pontos estavam em debate: a questão da dignidade humana, e a da missão do mundo operário na história moderna.

Para ele, os direitos da pessoa operária são os seguintes: o direito ao trabalho; o direito a escolher livremente o próprio trabalho; o direito a agrupar-se livremente em sindicatos (pois os direitos do operário enquanto indivíduo, estão ligados aos direitos do grupo operário, o primeiro dos quais é precisamente o da liberdade sindical); o direito a um salário justo (ou, em alternativa, o direito à co-gestão e à co-propiedade, quando o regime societário já tiver substituído o salarial); o direito à assistência em caso de desemprego, doença ou velhice; o direito ao acesso gratuito (segundo as possibilidades da comunidade) aos bens elementares, tanto materiais como espirituais.

Maritain, tal como Aristóteles e S. Tomás de Aquino, numa lei natural superior às leis positivas - as leis são mensuráveis pela Justiça. Trata-se de uma virtude da própria natureza humana, uma ordem ou disposição que a razão humana pode descobrir e pela qual a vontade humana pode agir, para alcançar os fins essenciais para o ser humano, Diante disso, o direito natural traduz-se pela ideia de *Direitos do Homem*. Contudo, como católico, acreditava numa certa "baliza" tendo em vista que a democracia não tinha condições para voar solta. Assim, o individualismo no sentido de direitos individuais e os prazeres não podiam ser mais o seu objetivo principal.

Embora os escritos e ideias de Maritain tenham precedido a ONU, bem como a Carta Encíclica *Pacem in Terris*, de João XXIII[3] (ambos, importantes para os Direitos Humanos), o filósofo teve participação importante no preparo da *Declaração Universal dos Direitos Humanos*.

PIERRE TEILHARD DE CHARDIN

Este filósofo, embora muito relevante noutras disciplinas, nomeadamente na Paleontologia e na Teologia, possui um enorme arcabouço no pensamento social. Nasceu em Orcines, França, no ano de 1885. De ascendência nobre, entrou muito jovem para a Companhia de Jesus onde

3. Basta olharmos sua obra *Humanismo Integral*.

realizou estudos científicos em conjunto com sua formação filosófica e teológica. Revela-se num pensador atual e de suma importância.[4]

Mesmo em seus escritos científicos, como *O Fenômeno Humano* (obra mestra, onde ele descreve o cenário que estava preparado para o surgimento do homem), ele não deixa de fazer incursões tanto no campo filosófico como no teológico.

Vale lembrar que o evolucionismo, defendido na época pelos cientistas, ganhou impulso com a publicação dos livros de Charles Darwin "A origem das espécies" (1859) e "A descendência do homem" (1871). É neste contexto que Teilhard de Chardin, a partir da categoria científica da evolução, construiu um vasto pensamento filosófico e antropológico – dando um novo impulso às meditações sobre o homem. Sua filosofia trouxe um grande benefício, pois conciliou e sintetizou o que parecia ser contraditório e dual: a ideia de criação e evolução. Neste sentido, à medida que os limites do darwinismo foram compreendidos, em concomitância com o surgimento de uma nova concepção na interpretação de alguns textos bíblicos, a tese da evolução deixou de contradizer as Escrituras (ou seja: conciliou a fé e a ciência).

Assim, na obra *O Fenômeno Humano* são apresentadas as três grandes fases ou camadas envolvendo a Terra: a) *Hilosfera* (camada material); b) *Biosfera* (envoltório vivo); c) *Noosfera* (reflexão e consciência). Sendo que esta, a última, se superpondo às duas primeiras. A teoria de evolução de Chardin não é dualista. Começando com a "pré-vida", matéria e espírito constituem as duas faces de um mesmo fenômeno, pois tudo é explicado pela "lei de complexidade – consciência".

Este filósofo vê a evolução da matéria originária até o homem como um impulso de Deus que põe em movimento o "vir a ser do mundo". Assim, o ato de Deus é como um ímã que faz sair as coisas do nada, atraindo-as para Ele. É a concepção de um *Deus Evoluidor*, isto é: que faz o mundo evoluir. Para ele, o Cristo – Redentor é um Cristo Evoluidor.

4. A título de exemplo, cumpre informar que o renomado professor português, Adriano Moreira, adapta o pensamento de Teilhard de Chardin, enumerando a *lei da complexidade crescente nas relações internacionais* – segundo a qual, a marcha para a unidade do mundo é acompanhada por uma progressiva multiplicação qualitativa e quantitativa dos centros de decisão (divergência) e de uma multiplicação quantitativa e qualitativa doas mútuas relações, tudo originando novas formas políticas (grandes espaços) e órgãos supranacionais de diálogo, cooperação e decisão – ajuda a compreender o processo de globalização em curso.

Este pensador inclui como harmônicas as concepções sobre o marxismo e o fascismo. Para ele, o marxismo – *ou profissão de fé soviética* – apresentava nem Deus nem Senhor, apenas um só ódio: o Capital. Propunha também, uma só lei: a consciência; uma só pátria: o Universo; uma só religião: a Humanidade ou seja todos por todos. Ele acreditava que o excesso do materialismo histórico é ver na humanidade apenas a expansão do meio e instrumento econômico, sem o eixo crescente da consciência. No comunismo o ideal humano encontra-se cheio de lacunas, deformado. O marxismo apresenta o fenômeno humano reduzido aos desenvolvimentos mecânicos de uma coletividade sem alma.

Já perante os fascismos, Teilhard evidenciou seu repúdio aos nacionalismos (com seus frequentes retornos ao passado). Acreditava que estes movimentos (Itália de Mussolini e a Alemanha de Hitler) não possuíam "espírito de progresso". No fundo, estes regimes totalitários tendem a arrastar o homem num estado infra-humano, de "formigueiro", de "termiteira"

Contudo, o filósofo também critica com veemência a democracia liberal, individualista. Desde muito cedo nos seus ensaios ele critica o "progresso" do individualismo, pois se cada um cuidar apenas do seu – esquecendo-se do coletivo – a multidão (organizada em sociedade) esfarela-se, dissocia-se.[5]

Após observar as duas guerras mundiais, segundo Teilhard, há um progresso da consciência social global, da abertura ao próximo, da solidariedade.

GASTON FESSARD

O padre jesuíta Gaston Fessard, nasceu em 1887, foi combatente na I Guerra e na II Guerra foi participante da Resistência à ocupação nazista. Foi um observador atento das mudanças político-sociais de seu tempo e crítico singular do Liberalismo, Nazismo e Comunismo.

Como a maioria dos pensadores cristãos – fundamentalmente os católicos – este pensador formado na Escolástica (S. Tomás de Aquino) e estudioso de Maurice Blondel, Maine de Biran, Hegel, Marx, Kierkegaard, Claude Lévi-Strauss e Gustave Guillaume. Foi um apaixonado simultaneamente pela

5. Nas vésperas da I Grande Guerra, fez uma alusão interessante: como a água límpida chegada ao termo do seu curso, o jato da Vida perdeu a sua bela transparência; e desde então esfarela-se em gotas e, dentro em breve em poeira, fatalmente caindo.

Filosofia e pela Teologia, Gaston Fessard correu o risco da incompreensão que efetivamente foi vitimado.

Fessard refletiu sobre a questão da autoridade social que nasce a partir da dialética do *poder de fato* (que não está distante da violência) e do *poder de direito*. A legitimidade da autoridade vem, essencialmente, do bem comum. Para ele, o bem comum nunca é uma realidade rígida, está sempre em mutação. Deve existir um relacionamento dialético e recíproco entre a Comunidade do bem, do Bem da comunidade e o Bem da comunhão. Daí, o fim da autoridade é desaparecer na medida em que se (auto) realiza. Deste modo, a autoridade, agindo conforme essa sua essência, será legítima e o direito, proveniente desta, efetivamente direito.

Como todo pensador católico, Fessard foi – sobretudo depois da Segunda Guerra – um forte adversário do marxismo (principalmente da tentativa de alguns para inseri-lo no catolicismo). Divulgou no mundo inteiro os crimes perpetrados por Stálin e os massacres na Hungria. Não acreditava ser possível, como propunha o marxismo, de sintetizar todo o curso da humanidade (no âmbito econômico), pois o Homem é um ser complexo.

Tinha uma visão dialética da pessoa e da sociedade, do particular e do Universal, da nação e da paz mundial – todos esses aspectos com referência no Transcendente (Deus), que "confere força ao processo dialético".

EMMANUEL MOUNIER

Trata-se de outro grande pensador cristão que se situa na mesma época de Maritain (Mounier nasceu em Grenoble, em 1905) – assim, cumpre destacar que o pensamento de Emmanuel Mounier continua sendo muito atual para nossa realidade planetária e, principalmente, latino-americana.[6]

Como vimos, o século XX caracterizou-se por uma profunda crise espiritual que despertou essencialmente na Europa, espalhando-se pelos demais continentes. Tratava-se de um "vazio existencial". Assim, o clima reinante, seja do individualismo ou do coletivismo era tão profundo e, ao mesmo tempo, tão devastador, que conduziu os seres humanos a uma total despersonalização do seu ser. Diante deste canário, surgiu a indagação: *o que fazer quando pessoas correm o perigo de perder o seu próprio ser?*

6. Lembremos que a realidade mundial vive tempos de incertezas neste início do século XXI, pois a A lógica do capital está lançada no mundo como único modelo que determina as condições materiais de existência para o ser humano.

Emmanuel Mounier descobrir uma posição sólida diante destas novas ideias que pairavam sobre a Europa e que possibilita a cada pessoa descobrir o sentido da existência humana.

Ora, diante deste modelo, Mounier aborda a necessidade de operar uma "revolução personalista e comunitária", com o objetivo precípuo de (re) fazer a humanidade. Seu pensamento visa moldar a civilização, propondo novas alternativas ao ser humano que tem, basicamente, diante de si um único modelo: o capitalista. É por esta razão que o filósofo acredita que é fundamental passar do conceito de propriedade privada e capitalista para uma *noção de propriedade humana*. Eis a essência do cristianismo: este vem abordar exatamente esta dimensão, ou seja, o cristão deve ser a pessoa que se transforma em oposição aos modelos centralizados no paradigma do capitalismo. Até mesmo pelo fato de que não se pode pensar em ver nos homens a busca pelos valores antes de terem ao menos o mínimo para a sua sustentação biológica – a comida, a moradia, por exemplo.

Para o pensador francês, as dicotomias existentes na humanidade, são, essencialmente, produtos da alienação do homem.[7] Acreditava que a alienação do homem é fruto da miséria material (é o não aceitar a pessoa como corpo e alma). Neste sentido, se o homem conseguir acabar com a miséria material, acabaria fatalmente com a alienação.[8] Não é possível ocorrer uma revolução realmente emancipatória se a preocupação for apenas com a comida ou salário, é preciso que junto destas questões (desde o início da proposta de mudança da sociedade) exista uma reflexão de como levar as pessoas a realmente serem livres, de modo a não serem apenas parte de uma massa. É essencial que seja pensado como levar as pessoas ao conhecimento das possibilidades de realização do ser humano.

Podemos observar que, para Mounier o Estado não é uma comunidade espiritual, um ente coletivo no sentido próprio da palavra. Ele não está nem acima da pátria, nem acima da nação, e muito menos das pessoas. Revela-se num instrumento ao serviço das sociedades, e através delas, contra elas se preciso for, ao serviço das pessoas. Trata-se de um instrumento artificial e subordinado, mas necessário. O Estado tem, pois,

---

7. O filósofo francês teceu várias críticas aos cristãos por viverem uma fé muito desligada da realidade concreta, alheia aos sofrimentos dos que padeciam nas dificuldades materiais, além de não estarem atentos ao dialogo necessário com a modernidade. Desta crítica não isentou a própria Igreja Católica (apesar de ser um católico praticante).

8. Vale destacar que Marx também trabalhou este tema. O pensamento de Emmanuel Mounier tem como referência três pensadores que irão dar vida ao personalismo do século XX: Maine de Biran, Kierkegaard e Marx.

um papel negativo e um papel positivo. Este, em último recurso, tem a finalidade de regular os conflitos das pessoas (dos indivíduos entre si). O Estado, assim, protege a segurança das sociedades que manifestam uma vontade nacional comum.

Nós podemos notar uma diferença no pensamento de Maritain e de Mounier: este distingue mais que Maritain e, por vezes, até separa política, mística ou inspiração religiosa.

MICHEL VILLEY

Este filósofo francês nasceu em 1914 e faleceu em 1988. Este autor foi professor da Universidade de Paris.

O pensamento de Michel Villey foi se contextualizado diante do renascimento do Direito Natural no pós-guerra – em conjunto com Leo Strauss (1899-1973), Gustav Radbruch (1878-1949) em sua maturidade, bem como John Finnis (1940), caracterizando-o como "antimodernista".

Sendo um pensador jusnaturalista acreditava que o sistema jurídico mais apropriado à natureza humana seria o aristotélico – tal como interpretado e refinado por Santo Tomás de Aquino.

Villey reivindica as teses de um Direito Natural Clássico – que claramente diferencia do Jusnaturalismo posterior. Assim, para ele o direito é algo de objetivo – o Justo – que tem como fonte a própria natureza. Tendo em vista sua raiz aristotélica, Villey, revela uma tradicional má-vontade com relação a Platão, Santo Agostinho.

Revelou-se num crítico acirrado do pensamento jurídico moderno na medida em que, entendia que houve uma efetiva distorção na noção do Direito Romano e que a principal causa ocorreu pela Moral judaico-cristã.[9]

Para este pensador, o verdadeiro direito (*to dikaion*) decorre da "justa-medida" (de meio-termo) tal como descrito no Livro V, da *Ética a Nicômaco*, de Aristóteles ou seja: a justiça é uma espécie de meio-termo, mas não no mesmo sentido que as outras virtudes, e sim porque ela se relaciona com uma quantia ou quantidade intermediaria, ao passo que a injustiça se relaciona com os extremos.

Acreditava que a primeira manifestação do positivismo jurídico foi através do nominalismo de Guilherme de Okham. Lembrando que Guilherme

9. Para ele desde Santo Agostinho essa influência Moral se faz patente. A justiça que se encontra descrita no *Tora*, não tem condão jurídico, mas trata-se de um guia para chegar ao Paraíso.

debateu com o Papa João XXII defendendo a ideia de que os franciscanos[10], por terem feito voto de pobreza, não tinham direito à propriedade.

Ora, Villey acreditava que mesmo assim, os franciscanos teriam esse direito à propriedade (trata-se de um direito Universal, reflete em todos os Homens - aqui, temos uma visão jusnaturalista).

Também dirige críticas a Kelsen. Segundo o pensador francês, o positivismo não é apto a compreender todo o Direito e, se o observarmos, desprovidos de valores (uma visão neutra do Direito) temos como resultado, situações desastrosas, tal como o direito de Hitler, por exemplo - segundo Villey os positivistas contribuíram para a catástrofe.

Para Villey o Direito é muito mais amplo do que a lei (lex), até porque a lei muitas vezes amarra e "aprisiona" o Direito. Acreditava que a *Lex* é diferente do *jus* que visa a justiça de cada parte - que cabe a cada um nas relações entre os indivíduos e entre eles e o Estado.

10. Guilherme de Okham era franciscano;

Capítulo 20

O POSITIVISMO

Esta corrente filosófica nasce no século XIX, com o aprimoramento das ciências e novas descobertas arqueológicas, ganhando forte adesão no meio acadêmico (no Direito chegou a revelar posturas extremamente céticas no que tange à Justiça).

No seu nascedouro, o positivismo teve como um de seus principais idealizadores Augusto Comte.[1] Assim, em apertada síntese, Comte distinguia três fases da humanidade:

a) o estado teológico: nesta fase, o Homem, não sabendo as causas dos fenômenos que o rodeiam, dá explicações para o Mundo baseado em ações de divindades.

b) o estado metafísico: aqui, o Homem observa os fenômenos e busca explicá-los distanciando-se das divindades, de maneira mais abstrata.

c) o estado positivo: aqui, o Homem observa o fenômeno exclusivamente através de uma ótica científica, isto é: de maneira rigorosa e objetiva. O Homem, neste estágio (mais elevado), deixa de lado especulações sobre o objeto.

Podemos observar que há uma preocupação em afastar todas as especulações subjetivas sobre o fenômeno. Busca-se uma visão claramente científica, sem subjetivismos.

Ora, como vimos, esta corrente ganhou espaço nos diferentes ramos do saber e o Direito não foi exceção. Assim, surge o positivismo jurídico – é forçoso destacar que Kelsen, Bobbio e Hart são positivistas no que diz respeito ao conceito de Direito (por positivismo legal se deve compreender tão somente que esses autores entendem que o Direito e a Moral são, e

1. Este autor será analisado oportunamente – no capítulo sobre Sociologia.

devem ser entendidos, como fenômenos distintos). Neste sentido, o filósofo que se sobressai neste campo foi Hans Kelsen.[2]

KELSEN

Este filósofo, (concordando com suas ideias ou não), é sem sombra de dúvidas um dos mais importantes para o Direito e representa o ápice do positivismo jurídico.[3] Hans Kelsen nasceu no ano de 1881 em Praga (então, pertencia ao império austro-húngaro), mudou-se para os Estados Unidos na década de 40 (tendo em vista que era descendente de judeus e lá ensinou tendo morrido aos 91 anos de idade (no ano de 1973).

Como vimos, o método positivista consiste em afastar o fenômeno/ objeto de todo subjetivismo. Kelsen pretendeu o mesmo para o Direito. Buscou afastar o Direito das demais ciências tornando-o uma "Ciência Pura". Assim, o Direito seria uma ciência que se bastaria em si mesma. Teria uma independência/autonomia científica.[4] Com isto, observa-se que Kelsen refuta qualquer teoria do Direito que venha a ser guiada por uma noção de Justiça (a Justiça é um valor não-científico).[5] Este tema não traduz um projeto de Kelsen e não se revela apenas o título de uma obra: *Teoria Pura do Direito*.

Na sua obra *O que é Justiça*, o filósofo destaca que os valores são essencialmente enunciados não-científicos tendo em vista que são determinados por fatores emocionais e, como consequência, revelam-se subjetivos. Com isso ele critica as formulações tradicionais de Justiça pois os valores (em absoluto) encontram-se além da razão e, sendo assim, para o problema da Justiça o homem só se depara com soluções relativas.[6]

Para o filósofo austríaco, o conceito de norma jurídica revela-se num "dever-ser" e o ato de vontade de que ela constitui o sentido é um "ser",

2. Como é óbvio, existe diferença de posicionamento entre os diferentes autores que são enquadrados nesta corrente sendo que analisaremos os mais importantes.
3. A doutrina também o insere no neokantismo.
4. A título de sugestão, recomendamos a leitura da obra *Teoria Pura do Direito*, de Hans Kelsen.
5. Convém notar que este pensador não separou o Direito da Moral – ele criticou as teorias que procuram a distinção do Direito com relação à Moral a partir dos critérios interioridade (moral) e exterioridade (direito). Sua crítica repousa sobretudo no fato de que o direito por vezes regula condutas internas e por vezes regula condutas externas, assim como ocorre com a moral. Este critério seria, portanto, insuficiente para dar conta do problema.
6. Kelsen refuta a clássica definição de que Justiça é dar a cada um o que é seu tendo em vista que traduz uma "fórmula vazia" pois o que cada um efetivamente pode considerar o que é seu fica sem uma resposta concreta.

isto é: a norma tem caráter de obrigatoriedade, definindo a conduta esperada para o caso concreto. Revelam-se em autênticos "comandos" dirigidos à conduta humana – assim, as normas jurídicas proíbem, obrigam, permitem e definem competências e sanções. A sanção, portanto, seria uma consequência da norma jurídica.

Uma de suas maiores contribuições reside no conceito de controle concentrado da constitucionalidade das leis – neste ponto, que Kelsen preocupou-se em discutir a guarda da constituição com seu "rival" Carl Schmitt. Assim, Schmitt defendia o controle constitucional pelo presidente do Reich, uma função essencialmente política. Por seu turno, Kelsen idealizava essa função fundamentalmente como jurídica.

Assim, ao ser-lhe atribuído o projeto da Constituição Austríaca de 1920, ali constatamos que o exercício do controle de constitucionalidade ficava a cargo de um Tribunal Constitucional. Aliás, é a partir desta teoria que os sistemas constitucionais passaram a conhecer o controle concentrado da constitucionalidade e o controle difuso de constitucionalidade.[7]

Diante da filosofia de Kelsen sobre a questão da eficácia das normas, há uma teoria, desenvolvida por Bobbio (que também se refere ao controle de constitucionalidade). Assim, o ordenamento jurídico é representado por uma pirâmide (o conjunto ordenado de normas) – o fundamento de validade de uma norma jurídica é outra norma jurídica, isto nos leva a uma compreensão sistemática do Direito e que se corporifica no conceito de validade, definido por Kelsen como a pertinência de uma norma a um ordenamento jurídico, isto é, a um sistema de normas formalmente inter-relacionadas. Deste modo, o ordenamento jurídico é composto de normas que estão dispostas em forma hierárquica.

A Constituição, por sua vez, está no topo desta pirâmide. Ora, se as normas têm a sua eficácia garantida por outra que lhe é superior, isto se sucede até chegarmos à Constituição que dotará todas abaixo de eficácia.

Contudo, há de ter uma norma que também dota a própria Constituição de eficácia. Essa norma, um preceito hipotético, Kelsen denomina de "norma fundamental" que se encontra no vértice da pirâmide. Ela se revela num pressuposto lógico-transcendental. Assim, esta condição de pressuposição de validade é o que efetivamente caracteriza a norma

7. Lembre-se que no Brasil, influenciado por essa contribuição, pratica-se a jurisdição constitucional, também, de duas maneiras.

fundamental (*Grundnorm*). Esta, apesar de ser externa à ordem jurídica positiva, fundamenta sua validade.

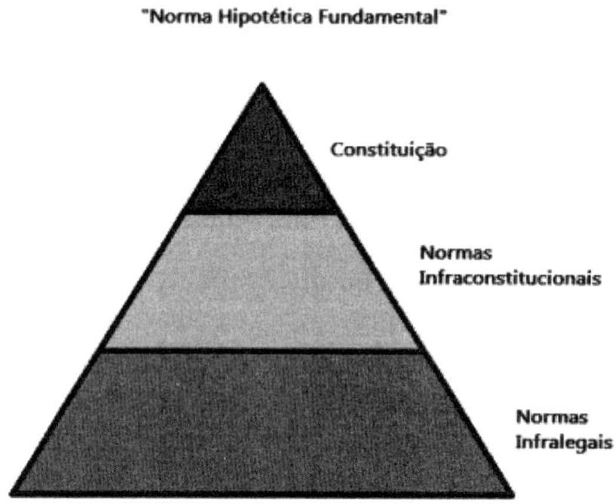

QUESTÕES PARA REVISÃO

(FGV – Exame de Ordem 2015.2) Hans Kelsen, ao abordar o tema da interpretação jurídica no seu livro *Teoria Pura do Direito*, fala em ato de vontade e ato de conhecimento. Em relação à aplicação do Direito por um órgão jurídico, assinale a afirmativa correta da interpretação.

A) Prevalece como ato de conhecimento, pois o Direito é atividade científica e, assim, capaz de prover precisão técnica no âmbito de sua aplicação por agentes competentes.

B) Predomina como puro ato de conhecimento, em que o agente escolhe, conforme seu arbítrio, qualquer norma que entenda como válida e capaz de regular o caso concreto.

C) A interpretação cognoscitiva combina-se a um ato de vontade em que o órgão aplicador efetua uma escolha entre as possibilidades reveladas por meio da mesma interpretação cognoscitiva.

D) A interpretação gramatical prevalece como sendo a única capaz de revelar o conhecimento apropriado da *mens legis*.

✪ **Nota do autor:** No capítulo VIII do livro *Teoria Pura do Direito*, edição de 1960, Hans Kelsen dedica-se ao problema da interpretação jurídica. Deste modo, no que tange ao tema proposto, contrariando o perfil "legalista e conservador" atribuído à Kelsen pela maior parte dos juristas, o jusfilósofo criou uma teoria da interpretação que estava, de certo modo, à frente de seu tempo. Aqui o que está sendo exigido é a posição de Hans Kelsen a respeito do papel do cientista do Direito. Para ele, é baseada na sua distinção entre interpretação autêntica e não-autêntica, pois qualifica o estudioso do Direito como um intérprete não-criador de direitos. A concepção kelseniana de neutralidade do cientista do Direito é expressa quando admite que a interpretação científica é pura determinação cognoscitiva do sentido das normas jurídicas. Assim, pode-se esboçar um modelo kelseniano para o cientista do Direito: é o indivíduo que realiza interpretação não-autêntica ou não-criadora de direito, através de atos meramente cognoscitivos de caráter objetivo e imparcial. O papel do cientista do Direito não é apenas interpretar o direito positivo para "conhecer" a moldura da norma, como se fosse um mero comentador de Códigos e legislação; ele deve também contribuir para a formação de novos significados dos termos indeterminados das normas. Segundo Kelsen, se a interpretação for pensada em um sentido cognoscitivo, então, o resultado dessa interpretação será "a fixação da moldura" e, além disso, "o conhecimento das várias possibilidades que dentro dessa moldura existem"

Alternativa correta: letra "c": para Kelsen, a interpretação de uma lei não deve necessariamente conduzir a uma única solução como sendo a única correta, mas possivelmente a várias soluções que têm igual valor.

Alternativa "a": alternativa incorreta.

Alternativa "b": alternativa incorreta.

Alternativa "d": alternativa incorreta.

(FCC – Defensor Público – SP/2013) Na obra *O que é justiça?*, Hans Kelsen explicita que sua Teoria Pura do Direito formula a regra de Direito (usando o termo em sentido descritivo) como um juízo

(A) hipotético em que o delito surge como condição essencial e a sanção como a consequência.

(B) categórico em que o delito surge como condição essencial e a sanção como a consequência.

(C) hipotético em que a sanção surge como condição essencial e o delito como a consequência.

(D) hipotético em que a moral surge como condição essencial e a sanção como a consequência.

(E) categórico em que a sanção surge como condição essencial e o delito como a consequência.

✪ **Nota do autor**: é importante o candidato saber que há um problema real no pensamento deste filósofo: Hans Kelsen não foi muito claro e nítido em seus livros – eis a razão que se revela necessário juntar vários trechos de cada um deles para efetivamente compreendê-los. Assim, na sua obra *O que é Justiça?*, as doutrinas sobre a Justiça são divididas em *racionalistas* (encontradas em Aristóteles, Kant e no direito natural) e as *metafísico-religiosas* (encontradas em Platão e Jesus). Kelsen lhes confere um pormenorizado estudo. Kelsen revela sua opinião de que a Justiça não pode ser concebida de forma absoluta, e que, portanto, não pode ser entendido como lugar estanque, comum a todos os homens, de conteúdo inefável (como queriam os jusnaturalistas) tratando-se, pelo contrário, de algo extremamente mutável e variável. Para Kelsen, é este relativismo que deve induzir à tolerância. Ou seja: a grosso modo, sua teoria da Justiça se resume à isto.

Alternativa correta: letra "a": na questão em comento, devemos lembrar que, para Kelsen, a norma jurídica é um juízo lógico hipotético. O juízo hipotético, por seu turno, subdivide-se em: a) norma primária, ou principal, que se refere essencialmente ao ilícito e sua respectiva sanção e b) norma secundária, que se refere ao comportamento permitido ou o de natureza obrigatória. Ora, quanto à norma primária, pode ser traduzida do seguinte modo: ocorrendo um ilícito, então deve ser-lhe aplicada uma sanção. Aqui, o elemento essencial é o ilícito e a sanção revela-se consequência.

Alternativa "b": alternativa incorreta:

Alternativa "c": alternativa incorreta;

Alternativa "d": alternativa incorreta;

Alternativa "e": alternativa incorreta;

(FCC – Defensor Público – SP/2013) Considere as seguintes afirmações sobre a *Teoria Pura do Direito*, de Hans Kelsen:

I. A Teoria Pura do Direito trata o Direito como um sistema de normas válidas criadas por atos de seres humanos.

II. A Teoria Pura do Direito, assumindo o sincretismo metodológico, pretende ser a única ciência do Direito possível ou legítima.

III. A Teoria Pura do Direito limita-se a uma análise estrutural do Direito positivo.

Está correto APENAS o que se afirma em

(A) I e III.

(B) I.

(C) II.

(D) III.

(E) I e II.

✪ **Nota do autor**: vale destacar que a *Teoria Pura do Direito* é o ápice do desenvolvimento do positivismo jurídico. Lembremos então, rapidamente, alguns aspectos do *positivismo*: para essa doutrina, o conhecimento é restrito aos fatos e às leis que os regem, isto é, nada de apelar para a metafísica, a razão ou à religião. Assim, para esta corrente, a ciência é o coroamento do saber humano, porque é a única confiável. Os demais conhecimentos, provenientes de outras fontes não são confiáveis e seriam postos de lado com o passar do tempo. Vale lembrar que o fundador do positivismo, Augusto Comte (1798-1857) profetizou que o último estágio do conhecimento é o científico, e que os demais (o religioso e o metafísico) tenderiam a desaparecer.

Alternativa correta: letra "a": o candidato deverá ficas atento na medida em que tem duas premissas (sobre o livro a serem consideradas: primeiramente, deve reter que, para Kelsen o direito é restrito ao direito positivo, admitindo a possibilidade de justificar o direito apenas com noções jurídicas. Num segundo momento, é importante analisar que, para este filósofo, o Direito está adstrito ao direito positivo, (sendo possível justificá-lo apenas com noções jurídicas) tornando-o assim, autônomo das demais ciências.

Alternativa "b": alternativa incorreta;

Alternativa "c": alternativa incorreta;

Alternativa "d": alternativa incorreta;

Alternativa "e": alternativa incorreta;

(FCC – Defensor Público – SP/2013) Na obra *O que é justiça?*, ao discorrer sobre a justiça como um problema de justificação do comportamento humano, Hans Kelsen afirma: "(...) não é de admirar que as inúmeras teorias de justiça apresentadas desde tempos imemoriais até os dias de hoje se deixem reduzir facilmente a dois tipos básicos". Estes dois tipos básicos são denominados pelo autor:

(A) intuitivo-indutivo e racional-dedutivo.

(B) científico-racional e emotivo-cognitivo.

(C) metafísico-religioso e pseudo-racionalista.

(D) idealista-jusnaturalista e realista-positivista.

(E) lógico-dedutivo e axiológico-valorativo.

✪ **Nota do autor**: Primeiramente cumpre destacar que em sua obra *O que é a Justiça?*, Kelsen aborda a relação da Justiça com o Direito, Filosofia e Ciência. Como já mencionamos em outros comentários, para Kelsen, a Ciência do Direito não tem como objeto o questionamento sobre a Justiça. Convém reter que a Ciência do Direito tem como objeto a norma jurídica. Em apertada síntese, o positivismo kelseniano ataca a concepção jusnaturalista formulada por Aristóteles e Santo Tomás de Aquino. Assim, para Kelsen, inexiste um critério único válido de Justiça (de Justo), já que ela é um valor descrito em um padrão normativo prescritivo de determinado comportamento como justo. Deste modo, o Direito natural, para Kelsen, é uma teoria do Direito que jamais apresentou um juízo de valor absoluto; sendo assim, é uma doutrina idealista, e sua função legiferante apresenta-se como uma espécie de caricatura, (tendo em vista que, no máximo, é capaz de criar uma justiça de cunho estrito subjetivo). Então, na questão em análise, para Kelsen, as teorias de justiça podem ser divididas em dois tipos básicos: um (a) metafísico-religioso e um (b) racionalista (que o jusfilósofo denomina de "pseudo-racionalista" – uma vez que tais esquemas teóricos são vazios de conteúdo).

Alternativa correta: letra "c": esta alternativa é correta, pois implica dois conceitos do jusnaturalismo abordados por Kelsen – o metafísco-religioso e pseudo-racionalista;

Alternativa "a": alternativa incorreta;

Alternativa "b": alternativa incorreta;

Alternativa "d": alternativa incorreta;

Alternativa "e": alternativa incorreta;

(**FCC – Defensor Público – SP/ 2010**) Em sua *Teoria Pura do Direito*, Hans Kelsen concebe o Direito como uma "técnica social específica". Segundo o filósofo, na obra O que é justiça?, "esta técnica é caracterizada pelo fato de que a ordem social designada como 'Direito' tenta ocasionar certa conduta dos homens, considerada pelo legislador como desejável, provendo atos coercitivos como sanções no caso da conduta oposta". Tal concepção corresponde à definição kelseniana do Direito como

a) uma positivação da justiça natural.

b) uma ordem estatal facultativa.

c) uma ordem axiológica que vincula a interioridade.

d) um veículo de transformação social.

e) uma ordem coercitiva.

✪ **Nota do autor**: O Direito pode ser objeto de conhecimento de diversas maneiras, com diferentes abordagens. Assim, no pensamento de Kelsen o verdadeiro objeto da Ciência Jurídica revela-se nas normas postas pelas autoridades competentes, observando-se o princípio metodológico fundamental, ou seja: devem ser excluídos do alcance do cientista do direito, fatores sociais, econômicos morais e políticos que interferem na produção de uma determinada norma. O pensador deixa evidente que as condutas humanas – determinadas pelas normas jurídicas – são objeto do Direito. Assim, os fenômenos sociais designados como "Direito" apresentam, através da História um elemento marcante e definidor: atos que acarretam sanções.

Alternativa correta: letra "e": No pensamento de Hans Kelsen, se a Teoria Pura do Direito acarreta a premissa de que *a coerção revela-se num elemento essencial do Direito*, isto ocorre na medida em que, um exame acurado das ordens sociais (vigentes ou históricas) designadas como "Direito", ao longo da história da humanidade, evidenciam que (essas mesmas ordens sociais, mesmo sendo diferentes entre si) apresentam um elemento comum, um fio condutor, ou seja: *todas elas prescrevem atos coercitivos – sanções*. Ora, no fundo Kelsen evidencia que, se compararmos os ordenamentos históricos (que existiram ao longo da História) e os ordenamentos atuais, há de existir uma característica comum (que é capaz de diferenciar o Direito das demais ordens sociais), isto é, o seu *caráter coercitivo*.

Alternativa "a": Esta alternativa é errada na medida em que, ao se mencionar um "direito natural" é rumar com o assunto distante de um *direito puro*. Convém destacar que para os positivistas legalistas, o Direito não é mais que *um conjunto de regras e/ou normas* (aplicamos aqui, as expressões como sinônimas) *provenientes do Estado, coercivas e visando um fim eudemônico qualquer, como a paz, o bem comum, a segurança ou a organização social.*

Alternativa "b": Esta alternativa é errada na medida em que, na filosofia jurídica de Kelsen, "Estado" e "Direito" são entidades diferentes (sendo que o Estado está colocado num plano acima do Direito que o garante). A Teoria Pura do Direito revela que o Estado traduz-se em ordenação da conduta humana e, portanto, só pode ser uma ordem coercitiva (em nada facultativa). Por conseguinte, é a ordem jurídica que o confere, num sentido amplo, estatuto de *Estado de Direito*.

Alternativa "c": Esta alternativa não pode ser considerada válida. **Ora, Kelsen encarava o Direito essencialmente objetivo, científico (deixando até as questões axiológicas num segundo plano)**. *Axiologia* é atinente a valores. Aqui, convém ressaltar que Kelsen encarava a questão de uma maneira absolutamente distinta dos jusnaturalistas. Para o jusfilósofo, a metafísica é fundamentalmente desprovida de objetividade. Deste modo, ao passo que o cientista submete seus resultados à prova (verificação) dotando-os, portanto, de rigor, acreditava que o investigador jusnaturalista não poderia fazer o mesmo. Eis a questão do *relativismo axiológico* que atormenta o Direito. Buscar uma fórmula para se alcançar uma *Justiça Absoluta*, seria algo que é oriunda (para Kelsen) do emocional e, de modo algum, algo que provém do intelecto. Ela pertenceria inexoravelmente à esfera do transcendental (que vai além da experiência científica) – pertenceria, portanto, ao campo da Teologia (ou de outro meio de especulação metafísica, como a Filosofia). Deste modo, a diversidade de conteúdo dos sistemas morais para Kelsen era evidente, não só porque as sociedades são diferentes entre si, mas também os indivíduos. Não existindo então, a possibilidade de um valor último.

Alternativa "d": Esta alternativa é errada na medida em que Kelsen acreditava que o estadista, para transformar uma determinada sociedade, por exemplo, pode utilizar os resultados da ciência como um meio para fazê-lo. Contudo, esta "ciência" não seria o Direito, mas outras mais adequadas (tal como a Ciência Política, por exemplo).

(FCC – Defensor Público – SP/ 2010)

> *"Esse princípio tem, nas regras de Direito, uma função análoga a que tem o princípio da causalidade nas leis naturais por meio das quais a ciência natural descreve a natureza. Uma regra de direito, por exemplo, é a afirmação de que, se um homem cometeu um crime, uma punição deve ser infligida a ele, ou a afirmação de que, se um homem não paga uma dívida contraída por ele, uma execução civil deve ser dirigida contra sua propriedade. Formulando de um modo mais geral: se um delito for cometido, uma sanção deve ser executada".*

No trecho reproduzido acima, em sua obra *O que é justiça?*, Hans Kelsen refere-se ao princípio

a) da eficácia.

b) da imputação.

c) do monismo metodológico.

d) da imperatividade do direito.

e) da validade.

✪ **Nota do autor**: Se observarmos a doutrina de Kelsen, o princípio da imputação (*Zurechnung*) tem – diante de uma proposição jurídica – função muito parecida ao princípio da causalidade nas leis naturais. No Direito, a ligação entre o delito e a sanção faz-se através da norma. Kelsen destaca que a ciência do Direito descreve seu objeto através de proposições onde é estabelecido um liame entre delito e sanção através do imperativo "deve". Ele próprio sugere a designação desta ligação: "imputação". Ora, se um delito foi cometido, uma sanção deve ser aplicada. A ligação entre a causa e o efeito é, fatalmente, a ligação de um delito que é um ato e uma sanção. Neste sentido, a função de autoridades jurídicas, é de prescrever ou permitir a conduta humana, fazendo, lei. Somando-se a isto, a ciência jurídica, que se revela na ligação entre os elementos fáticos. No pensamento de Kelsen, a ciência do Direito, ganha um esquema de imputação independente/autônomo face à causalidade das ciências naturais, baseando-se na responsabilização do indivíduo através de um esquema de imputação normativa – "dever-ser" –, sem nenhum correspondente no âmbito das ciências naturais.

Alternativa correta: letra "b": O princípio da imputação em Kelsen revela, essencialmente, que *a imputação é fundamentalmente, atribuição de sanção.*

Na sua obra *O que é Justiça?*, Kelsen contrapõe o conceito de *imputação*, oferecendo o conceito de *causalidade*. Imputação se refere ao *dever-ser*, ao passo que causalidade ao *ser*. Observemos então o esquema abaixo:

CAUSALIDADE		IMPUTAÇÃO
Ser	≠ (diferente)	Dever-ser
Ciências Naturais		Direito
"Se for A é B"		"Se for A deve ser B"

Para melhor elucidação, na prática, podemos constatar a aplicação do modelo kelseniano de imputação, quando se leva em consideração o indivíduo no que diz respeito à atribuição de responsabilidade decorrente de determinado dano.

Alternativa "a": Esta alternativa está errada. De fato, Kelsen se debruçou sobre a questão da "eficácia", porém, esta questão está intimamente relacionada ao problema de uma determinada norma ser ou não seguida/obedecida pelas pessoas a que se destina e, em caso de transgressão da mesma, se ela é imposta através de meios coercitivos impostos pela autoridade competente.

Alternativa "c": Esta alternativa está errada na medida em que o Monismo Jurídico defendido por Hans Kelsen,destaca que os atos do Estado são, em sua essência, atos articulados por indivíduos. Estes atos são atribuídos ao Estado como pessoa jurídica. Neste aspecto, não é o Estado que se subordina ao Direito por ele criado, mas sim os indivíduos cuja conduta é determinada pelo próprio Direito.

Alternativa "d": Esta alternativa está errada na medida em que "imperatividade do direito" foge do tema proposto no enunciado. Assim, o direito é considerado um conjunto de imperativos, ou comandos que impõem uma determinada proibição e a respectiva sanção.

Alternativa "e": Esta alternativa está errada. Kelsen também se debruçou sobre a questão da "validade" (que não se refere ao enunciado desta questão). Assim, a validade está diretamente relacionada com a existência de uma regra (sendo ela justa ou não), descartando-se juízos de valor sobre a mesma. Para que seja determinada a validade da norma é fundamental verificar se a regra é, efetivamente, jurídica ou não.

BOBBIO

Pensador contemporâneo, o italiano Norberto Bobbio (1909-2004), proporcionou uma contribuição enorme para o Direito do século XX (principalmente no campo dos direitos humanos, combatendo ditaduras, racismo e outras formas de preconceito).

Uma de suas principais obras é *O futuro da democracia*, onde ele se dedica à Ética. Neste livro o pensador italiano elabora alguns paralelos sobre o estado atual dos regimes democráticos, aponta as principais transformações da democracia sob a forma de "promessas não cumpridas" (contraste entre a democracia ideal), tal como concebia por seus fundadores e a democracia real, efetiva – com maior ou menor participação o cidadão vive cotidianamente, buscando, ao fim, um cuidadoso prognóstico sobre o seu futuro.

Trata-se de um pensador positivista analógico e outra obra de suma importância é a *Teoria da Norma Jurídica*. Nesta obra, o italiano concebe três critérios para valorar a norma jurídica: a Justiça, a validade e a eficácia. Assim, a primeira forma de valoração é se a norma é vista pelo aspecto do Justo: identificando-se um valor e o fim. O segundo aspecto de valoração é o da validade – eis que esta análise fica a cargo da Teoria Geral do Direito. E, finalmente, ele se questiona se a eficácia da norma é preocupação da investigação, dizendo que o campo próprio de investigação é o da Sociologia Jurídica.

Nesta obra o autor elabora um estudo sobre a estrutura da norma jurídica, buscando nos postulados da linguística, os instrumentos para entender a norma como uma proposição prescritiva. Com tradição positivista, Bobbio também se preocupa em distinguir as normas jurídicas das normas morais e sociais, concluindo que o critério de distinção entre as normas esta na resposta (quando são violadas) – ou seja: a diferença entre as normas está na sanção que o indivíduo que violou a prescrição deverá receber.

Neste sentido, observamos que Bobbio diferencia a sanção moral – que é essencialmente interior, (caracterizada pelo arrependimento ou remorso) e que, obviamente possui pouca eficácia – tendo em vista que apenas os sujeitos que respeitam a norma moral podem sentir qualquer insatisfação ao desrespeitá-la.

Por seu turno, a sanção social é caracterizada como externa, pois quem a aplica é o grupo social. Ela varia de acordo com sua gravidade: reprovação, eliminação, isolamento, expulsão ou até mesmo linchamento – padecendo da falta de proporção entre violação e resposta, o que significa que um mesmo ato pode ter punição diferente conforme a circunstância ou variação de humor do grupo social.

Por fim, temos a sanção jurídica é externa e institucionalizada, isto faz com que se distinga das sanções morais e sociais. Além disso, ela é regulamentada, tanto em sua medida quanto em sua forma de aplicação, e está a cargo de órgãos institucionalizados da sociedade. Para Bobbio, é o ordenamento, enquanto conjunto de normas, que impõe a qualidade da norma. Assim, a norma será jurídica se pertencer ao ordenamento jurídico, pois é este que determina a sanção.

O filósofo italiano faz um complemento para este livro com outra obra muito importante: *Teoria o ordenamento jurídico*. Neste livro, observamos que Bobbio traz uma definição de Direito que não coincide, necessariamente, com a de Justiça. A norma fundamental está na base do Direito, tal como ele é – o Direito Positivo e não do Direito como deveria ser, ou seja: o Direito Justo. Aborda, igualmente, o conceito de negócio jurídico que consiste no resultado de um esforço construtivo e sistemático no sentido do sistema empírico que ordena – generalizando e classificando.

Neste livro ele aborda a situação de normas incompatíveis entre si – esta, aliás, é uma dificuldade recorrente em que se encontram os juristas ao longo da História. Ele estuda também questões relativas às lacunas, destacando que esta existe quando há a falta de uma norma. Para Bobbio, um ordenamento é completo quando o juiz pode encontrar nele uma norma para regular qualquer caso que se lhe apresente. Um ordenamento é completo quando jamais se verifica o caso de que, no seu seio, não se pode encontrar normas e normas contraditória. Para ele, nos tempos modernos o dogma da completude tornou-se parte integrante da concepção estatal do Direito, isto é, daquela concepção que faz da produção jurídica um monopólio do Estado.

Acreditava que as normas nunca nascem sozinhas, mas sim aos pares: cada norma particular, que poderemos chamar de inclusiva, está acompanhada, como se fosse por sua própria sombra, pela norma geral exclusiva.

QUESTÕES PARA REVISÃO

(FCC – Defensor Público – SP/2013) Ao analisar o tema da pluralidade dos ordenamentos, na obra *Teoria da norma jurídica*, Norberto Bobbio enfatiza que a teoria institucionalista

(A) reafirma que o Estado e as suas instituições detém exclusividade na produção do direito.

(B) sustenta que o Estado é a única instituição que estabelece o direito.

(C) rompe com a teoria estatalista, pois rejeita a redução do direito a uma forma estatal de expressão.

(D) confunde-se com a teoria estatalista, pois enxerga no Estado a única instituição que cria o direito.

(E) considera o Estado moderno como a instituição que detém o monopólio da produção jurídica.

✪ **Nota do autor**: a Teoria da Instituição foi desenvolvida por Santi Romano. Ela preconiza que o Direito assenta em três vetores essenciais: Sociedade, Ordem e Organização. Ora, existe direito quando há uma organização de uma sociedade ordenada. Verificamos então, que o conceito de instituição remete-se ao conceito de uma sociedade ordenada e organizada. Bobbio, por seu turno, alerta para a incongruência interna da teorização, do famoso brocardo: *ubi ius ibi societas*. Para ele, é de admitir, pois com certeza que onde existe direito existe, igualmente, a sociedade, (o direito pressupõe a sociedade); contudo, acredita que, o inverso, *ubi societas ibi ius*, não será admissível na medida em que nem toda a sociedade é jurídica. O autor contrapõe a teoria da instituição face à teoria estatalista do direito, a qual reconduzia ao Estado a fonte de todo o direito, não admitindo qualquer outro meio de produção de norma vinculadora, descurando a realidade social e a existência de outras ordens que não a jurídica.

Alternativa correta: letra "c": como vimos nos comentários acima, Bobbio contrapõe a teoria da instituição (de Santi Romano) face à teoria estatalista do direito (esta qual reconduzia ao Estado a fonte de todo o direito, não admitindo qualquer outro meio de produção de norma vinculadora, descurando a realidade social e a existência de outras ordens que não a jurídica).

Alternativa "a": alternativa incorreta;

Alternativa "b": alternativa incorreta;

Alternativa "d": alternativa incorreta;

Alternativa "e": alternativa incorreta;

(FCC – Defensor Público – SP/2013) Segundo Norberto Bobbio, na obra *Teoria do Ordenamento Jurídico*, em cada grau normativo dos ordenamentos estatais modernos encontra-se "normas destinadas a regular a produção de outras normas» e «normas dirigidas diretamente a regular a conduta das pessoas". O autor denomina estas normas, respectivamente,

(A) normas de produção e normas de conduta.

(B) normas de conduta e normas de estrutura.

(C) normas de estrutura e normas de interação.

(D) normas de produção e normas de interação.

(E) normas de estrutura e normas de conduta.

✪ **Nota do autor**: Para Bobbio, o termo "direito" implica num determinado tipo de ordenamento. Assim, o Ordenamento é jurídico é a tradução de um conjunto de normas (pois não há ordenamento composto apenas por uma única norma). Deste modo, o ordenamento jurídico regula a produção normativa. Normas que regulam os procedimentos de regulamentação jurídica não regulam um comportamento, mas sim o modo de regular um determinado comportamento – ou seja: o regulamento que elas regulam é o de produzir regras. Assim, um ordenamento estatal moderno possui – em cada grau normativo – normas de conduta: as que são diretamente destinadas à regular a conduta das pessoas e as normas de estrutura: destinadas à regular a produção de outras normas.

Alternativa correta: letra "e": como vimos acima, um ordenamento estatal possui - em cada grau normativo - normas de conduta: as que são diretamente destinadas à regular a conduta das pessoas e as normas de estrutura: destinadas à regular a produção de outras normas;

Alternativa "a": alternativa incorreta;

Alternativa "b": alternativa incorreta;

Alternativa "c": alternativa incorreta;

Alternativa "d": alternativa incorreta;

(**FCC - Defensor Público - SP/ 2010**) Em sua teoria da norma jurídica, Noberto Bobbio distingue as sanções jurídicas das sanções morais e sociais. Segundo esta distinção, a sanção jurídica, diferentemente da sanção moral, é sempre uma resposta de grupo e, diferentemente da sanção social, a sanção jurídica é regulada em geral com as mesmas formas e através das mesmas fontes de produção das regras primárias. Para o autor, tal distinção oferece um critério para distinguir, por sua vez, as normas jurídicas das normas morais e das normas sociais. Considerando-se este critério, pode-se afirmar que são normas jurídicas as normas cuja execução é garantida por uma sanção

a) externa e institucionalizada.

b) interna e não-institucionalizada.

c) interna e institucionalizada.

d) externa e não-institucionalizada.

e) interna e informal.

✪ **Nota do autor**: *A sanção incide após a violação de determinada norma.* Configura uma *hipótese abstrata* que visa garantir que o ordenamento jurídico seja respeitado. Para Bobbio são *normas morais* as que a sanção reside exclusivamente no *plano interior do indivíduo* (tal como o sentimento de culpa, remorso, arrependimento etc.). Atesta que o legislador moral obriga a consciência, garantindo a obediência das normas. A sanção interior, contudo é considerada, no plano social, pouco eficaz. Segundo Bobbio, não há legislador algum que, com a finalidade de obter o respeito das normas que emana, confie exclusivamente na operatividade da sanção interior. Já a *sanção externa*, revela-se numa das características das normas sociais (das normas de costume, da educação, da vida em sociedade em geral) com a finalidade de facilitar o convívio social. A sanção jurídica é fruto da institucionalização do grupo social (além de regular os comportamentos dos cidadãos, regula, igualmente, a reação aos comportamentos contrários). A sanção jurídica se distingue da moral uma vez que é externa e revela-se numa resposta do grupo isto é: institucionalizada.

Alternativa correta: letra "a": Segundo Norberto Bobbio, um dos critérios de diferenciação da norma jurídica é a resposta à violação (a sanção) por parte do grupo isto é: institucionalizada. Ao contrário das sanções morais (internas), são externas. Assim, conforma dispõe a alternativa em comento, as normas jurídicas são aquelas cuja execução é garantida por uma sanção externa e institucionalizada.

Alternativa "b": Ao fazer menção à sanção "interna" necessariamente, revela Bobbio o remorso, a culpa, o arrependimento etc. Assim, descarta-se esta alternativa de imediato porque contraria a sanção jurídica que é externa e institucionalizada.

Alternativa "c": O mesmo ocorre aqui. Ora, se é "interna", já descartamos de plano esta alternativa pelos motivos que comentamos acima.

Alternativa "d": Nesta alternativa observamos que a sanção jurídica, de fato é externa, porém, constatamos que *é institucionalizada* - pois provém, como resposta, do grupo social que visa regular.

Alternativa "e": Aqui observamos novamente que, se a alternativa traz a definição "interna" já *não pode ser a sanção jurídica* (mas sim a moral). Sabemos também que a norma jurídica é solene e formal e nunca informal.

(**FCC - Defensor Público - SP/ 2010**) Em sua teoria do ordenamento jurídico, Norberto Bobbio estuda os aspectos da unidade, da coerência e da completude do ordenamento. Relativamente ao aspecto da coerência do ordenamento jurídico, "a situação de normas incompatíveis entre si" refere-se ao problema

a) das lacunas.

b) da incompletude.

c) das antinomias.

d) da analogia.

e) do espaço jurídico vazio.

✪ **Nota do autor:** Esta pergunta está ligada necessariamente, ao problema que Bobbio busca solucionar: *se o ordenamento jurídico além de uma unidade revela-se, igualmente, num corpo sistemático*, ou seja: com liame lógico ligando as normas entre si. Busca verificar se o ordenamento jurídico revela-se numa *unidade sistemática*. Ora, Bobbio entende por "sistema" uma totalidade ordenada ou seja: um conjunto de normas entre as quais existe uma ordem. A questão em apreço trata da falta de ordem, nomeadamente no caso em que as normas revelam-se "incompatíveis entre si". Vejamos.

Alternativa correta: "c": A questão das antinomias, segundo Bobbio, revela-se numa questão constante para os juristas através dos tempos. *Antinomia* é o conflito entre duas normas, dois princípios, ou ainda de uma norma e um princípio, em sua aplicação a determinado caso particular, concreto. Assim, apresentando-se uma antinomia, deverá forçosamente ser corrigida, pois a sua solução é fundamental para a manutenção da coerência e sistematização do ordenamento jurídico.

Alternativas "a" e "b": O fenômeno das *lacunas* está intimamente relacionado com o modo de conceber o sistema jurídico. Assim, a questão das lacunas para Bobbio refere-se à questão da completude do ordenamento jurídico. O vocábulo "lacuna" surge no Direito com um sentido metafórico, referindo-se aos eventuais casos em que o Direito objetivo não oferece uma solução plausível. Bobbio entende por "completude" a propriedade pela qual um determinado ordenamento jurídico possui uma norma para incidir e regular qualquer caso. Completude então traz o significado de *falta de lacunas*, ou seja: para qualque r caso, o juiz encontrará solução no ordenamento jurídico que é completo. Nesta alternativa, o tema (*lacunas*) e respectivo conceito é diferente de *atinomias* (normas conflitantes entre si).

Alternativa "d": Esta alternativa trata de "analogia" e não de antinomias. Bobbio, ao elucidar o que entende por analogia aponta para o *Código Civil italiano*, que em seu artigo 12 das Disposições Preliminares, reza que "Se uma controvérsia não pode ser decidida com uma disposição precisa, devem levar em conta disposições que regulem casos semelhantes ou matérias análogas; se o caso permanece ainda duvidoso, deve ser decidido segundo os princípios gerais do ordenamento jurídico do Estado". Deste modo, para Bobbio a analogia consiste no procedimento pelo qual se aplica a um caso não previsto em lei *o mesmo critério que se aplica a um caso regulamentado semelhante*.

Alternativa "e": Por "espaço jurídico vazio" significa que toda norma jurídica deve, forçosamente, trazer uma limitação à livre atividade humana. Ora, fora deste círculo limitativo, o homem é livre para agir como bem entender.

HART

A ideia central do pensamento de Herbert Lionel Adolphus Hart (professor de Filosofia em Oxford), encontra-se no livro *O conceito de direito*; ali, o filósofo distingue as regras jurídicas das regras sociais (inclusive as de ordem Moral – embora não distingue totalmente a Moral do Direito).

Ele define, também, a lei como a união de regras primárias e regras secundárias (as primeiras dizendo respeito ao mandamento de obrigações e as segundas aos modos de se compreender a aplicação das obrigações). Hart afasta a noção de lei apenas como comando, afirmando que, para além do mal da punição, do desprazer, que o comando acarreta, o que, de fato, é fundamental para o conceito de Direito é a noção de reconhecimento.

Isso implica que a comunidade daqueles que participam da esfera pública sempre encontra um modo de identificar qual é a regra jurídica e qual o discurso legitimador para a necessidade social, ou seja: reconhecem o lugar da lei. Deste modo, no caso do Direito, o reconhecimento se legitima não por simples medo da sanção, mas pelo fato de que, quando queremos saber o que é direito, lícito, sabemos exatamente para onde olhar. O que se depreende é que Hart faz do positivismo legal uma teoria da sociedade.

Por fim, cumpre destacar que a obra de Hart encontrou eco no mundo da Filosofia Política e, consequentemente, do Direito – basta exemplificar que serviu como ponto de partida para o filósofo norte-americano Ronald Dworkin (cujo pensamento Hart reconheceu em parte).

QUESTÕES PARA REVISÃO

(FGV – Exame de Ordem 2013.3) Considere a seguinte afirmação de Herbert L. A. Hart:

> "Seja qual for o processo escolhido, precedente ou legislação, para a comunicação de padrões de comportamentos, estes, não obstante a

> facilidade com que atuam sobre a grande massa de casos correntes, revelar-se-ão como indeterminados em certo ponto em que a sua aplicação esteja em questão." (HART, Herbert. O Conceito de Direito. Lisboa: CalousteGulbenkian, 1986, p. 141)

Hart admite um grau de indeterminação nos padrões de comportamento previstos na legislação e nos precedentes judiciais. A respeito, assinale a afirmativa correta.

A) Trata-se do fenômeno chamado na doutrina jurídica de lacuna material do direito, em que o jurista não consegue dar uma resposta com base no próprio direito positivo para uma situação juridicamente relevante.

B) Trata-se da textura aberta do direito, expressa por meio de regras gerais de conduta, que deve ganhar um sentido específico dado pela autoridade competente, à luz do caso concreto.

C) Trata-se da incompletude do ordenamento jurídico que, por isso mesmo, deve recorrer aos princípios gerais do direito, a fim de promover uma integração do direito positivo.

D) Trata-se do fenômeno denominado de anomia social pelos sociólogos do direito, em que existe um vácuo de normas jurídicas e a impossibilidade real de regulação de conflitos juridicamente relevantes.

✪ **Nota do autor:** Primeiramente cumpre destacar que esta é um dos tipos questões que os professores de Filosofia devem se opor em homenagem ao bom senso. Vejamos. Trata-se aqui, de uma questão ampla (aberta) que no trecho pequeno que foi apresentado não representa de modo significativo o pensamento do filósofo em comento. Protestos à parte, vamos tentar esmiuçar o problema: Herbert Lionel Adolphus Hart notabilizou-se por tentar compreender o Direito enquanto um sistema normativo que acarreta determinadas características, nomeadamente a relação coma linguagem, a coação, a Moral e o poder. Vale destacar que era defensor do positivismo jurídico (mas com profundo conhecimento e abertura para os sistemas jurídicos contemporâneos). Tinha plena consciência de que estes sistemas jurídicos contemporâneos são essencialmente complexos (pois positivam princípios e valores morais). Assim, concluímos que Hart era um liberal (vale destacar que escreveu contra a pena de morte e contra perseguição de homossexuais). Ora, a título de dica, advertimos que o candidato deve ter em mente que Kelsen, Ross e Hart (os três positivistas) vão comungar dos três pilares do positivismo: i) o Direito é um produto de fatos sociais;

ii) o Direito e a Moral revelam-se em dois sistemas (normativos) distintos e iii) o Direito tem uma raiz semântica. Hart buscou conciliar as doutrinas de Kelsen e Ross. Na visão de HART sobre o direito (ainda que este seja definido como um sistema complexo de união de regras primárias e secundárias), é uma instituição social, um fenômeno cultural constituído pela linguagem, o que demonstra uma postura positivista, mas com objetivos hermenêuticos.

Alternativa correta: letra "b": vale destacar, primeiramente, que o pensamento de Hart sobre a expressão "textura aberta" é apresentado no seguinte teor (do mesmo trecho citado no enunciado, incluímos as partes omissas pelo examinador): ***"Seja qual for o processo escolhido, precedente ou legislação, para a comunicação de padrões de comportamentos, estes, não obstante a facilidade com que atuam sobre a grande massa de casos correntes, revelar-se-ão como indeterminados em certo ponto em que a sua aplicação esteja em questão; possuirão aquilo que foi designado como textura aberta. Até aqui, apresentamos tal, no caso da legislação, como um aspecto geral da linguagem humana [textura aberta]; a incerteza na linha de fronteira é um preço que deve ser pago pelo uso de termos classificatórios gerais em qualquer forma de comunicação que respeite a questões de fato. As línguas naturais como o inglês têm irredutivelmente uma textura aberta, quando usadas deste modo [para comunicar padrões de comportamento]"***. (HART, Herbert. O Conceito de Direito. Lisboa: Calouste Gulbenkian, 3ª ed. 1994, p. 140-141). Ora depreende-se da leitura do texto que o termo "textura aberta" se refere a uma característica inerente à linguagem humana. Assim, não é o Direito que possui uma "textura aberta", mas sim a linguagem humana (tendo em vista que utiliza termos classificatórios gerais para poder designar casos particulares); trata-se de uma questão de natureza semântica. O Direito, então, é visto pelo jusfilósofo como uma instituição social e, sendo assim, como um fenômeno cultural constituído pela linguagem.

Alternativa "a": alternativa incorreta (conferir os nossos comentários).

Alternativa "c": esta alternativa está incorreta tendo em vista que Hart acreditava no sistema jurídico. Contudo, aproveitamos o disposto na alternativa para esmiuçar alguns conceitos. O ordenamento jurídico, segundo Hart, é formado por regras primárias e regras secundárias, sendo que estas se subdividem em três tipos: i) regras de alteração ou modificação, ii) regras de adjudicação e iii) regras de reconhecimento. Assim, as regras primárias, encontram-se dispostas positivamente, ou seja: o que as pessoas (os destinatários da norma) podem ou não fazer. As regras secundárias têm o objetivo solucionar problemas ocorridos numa norma primária. As regras secundárias de alteração buscam adequar a norma à realidade social onde serão aplicadas. As regras de adjudicação dão dinamicidade (e também eficácia) ao ordenamento jurídico. Por fim, as regras de reconhecimento visam ser o instrumento de identificação do material jurídico.

Alternativa "d": alternativa incorreta (conferir os nossos comentários).

Capítulo 21

JUSFILÓSOFOS BRASILEIROS (CONTEMPORÂNEOS)

MIGUEL REALE

Este professor, nascido em 06 de novembro de 1910 (faleceu em 2006), foi jurista, advogado e filósofo. Em outubro de 1949 vemos nascer no Brasil, aquela que - ao lado da sistematização da *Teoria Tridimensional do Direito* talvez seja a maior das realizações de Miguel Reale - o *Instituto Brasileiro de Filosofia*. Vale destacar também que este professor foi o coordenador da reforma do Código Civil brasileiro de 2002. Sua obra é extensa e apontamos como principais: *Filosofia do Direito, Lições Preliminares de Direito* e *Teoria do Direito e do Estado*.

Vale destacar que este filósofo brasileiro Miguel Reale, buscou a conciliação de correntes diferentes. Assim, como veremos adinate, sua *Teoria Tridimensional do Direito*, apresenta do Direito não apenas como norma (como foi demonstrado por Kelsen), não era apenas fato (como queriam os marxistas) e nem só valor (como apresentava a tradição jusnaturalista). Deste modo, o Direito seria a conjunção destes três elementos: fato, valor e norma.

No que tange à sua Filosofia dos Valores, Reale centraliza seu pensamento no *Historicismo Cultural*.

Assim, conforme salienta o filósofo: "A vida do direito não pode, efetivamente, ser concebida senão como uma realidade sempre em mudança, muito embora, a meu ver, se possa e se deva reconhecer a existência de certas 'constantes axiológicas', ou, por outras palavras, de um complexo de condições lógicas e axiológicas universais imanentes à experiência jurídica" (REALE, 2003, p.85).[1]

Segundo alguns, esta posição traria um certo relativismo na medida em que, tanto o fator histórico bem como o fator cultural são relativos (mudam).

---

1. REALE, Miguel, *Teoria Tridimensional do Direito*, 5ª. edição, Editora Saraiva, São Paulo, 2003;

Sua Teoria Tridimensional do Direito nasce num ambiente intelectual predominantemente positivista, evolucionista e naturalista. Assim, o surgimento de sua obra Fundamentos do Direito, em 1940, causou grande repercussão e polêmica. O grande debate surgiu principalmente diante do conceito de "fato" dado por Miguel Reale – que não se coadunava com a visão kantiana – intermediada no Brasil pelo krausismo – dominante na Filosofia do Direito de então.[2]

Para Reale, o Direito revela a experiência humana que se opera por razões concretas (que derivam do *logos* concreto e do razoável). O Direito é a tradução da cultura e de um processo histórico. A Ciência do Direito (principalmente depois da Segunda Guerra Mundial) expressou um divórcio contra o formalismo (repudiando as soluções meramente abstratas) numa tentativa de, cada vez mais, ajustar as soluções e postulados jurídicos com as situações exigidas pelo indivíduo e sociedade.

A parte essencial da *Teoria Tridimensional do Direito* está no entendimento de que o fenômeno jurídico está assente em três elementos: *fato*, *valor* e *norma*. Estes elementos se encontram numa relação dialética (movimento) e de complementaridade – e não como três visões possíveis, díspares e estáticas/estanques do Direito.

Deste modo, quando um complexo de valores existenciais incidem sobre situações de fato, darão origem a modelos normativos. Estes, a pesar de sua forma imanente, não se desvinculam do mundo da vida que condiciona e norteia e experiência jurídica. Para este pensador, não dá para imaginar as leis, o ordenamento que deve ser seguido por um povo, sem levar em conta a cultura, os hábitos, os eventos sociais, o dia a dia social.

Temos então, como já vimos, três dimensões que compõem o Direito:

1) a dimensão normativa: aqui, o Direito é entendido como ordenamento, (como norma jurídica), como Ciência do Direito e no plano epistemológico, pela Filosofia do Direito;

2) a dimensão fática: aqui o Direito é visto como realidade social histórico-cultural, como fato social (história, sociologia e etnologia);

3) a dimensão axiológica: aqui o Direito é valorativo, tal como valor do justo por exemplo). Lembrando que o Direito é o produto direto

2. A Teoria da Tridimensionalidade do Direito, tal como posta por Miguel Reale, obteve grande aceitação não só no Brasil como na Europa, onde foi recepcionada principalmente na Itália, levada pelo emérito professor da Universidade de Bolonha Luigi Bagolini.

da dialética desses três componentes. Assim, cada valor apresenta uma determinada maneira de lidar com os fatos existentes. Sendo assim, Reale acredita que esses problemas - apresentados pela dimensão fática - são resolvidos de diferentes modos (de acordo com o valor adotado).

Diante desses fatores, a *Teoria da Tridimensionalidade do Direito* de Miguel Reale, insere-se dentro do *historicismo axiológico*, (ou seja: com referências na História e nos valores). Segundo este pensador, os legisladores estão condicionados por um complexo de circunstâncias de fato. Por fato devemos entender tudo o que já existe (incluindo-se os interesses e as situações jurídicas constituídas) ou seja: tanto os fatos naturais bem como o agir humano que já foram objetivados pela História.

Ora, diante da interação constante entre os fatos e valores diversos, surgirão necessariamente diferentes propostas para solução de problemas, conflitos etc. Daí, temos diferentes proposições normativas; e é precisamente nesta etapa que é crucial a intervenção de um Poder que vai estabelecer a norma jurídica (no caso do Brasil isso se dá no Congresso Nacional). Vale destacar que este Poder, cuja interferência é essencial para a criação do Direito, deve ser forçosamente *legítimo*.

Temos aqui que o Direito segundo Reale é fundamentalmente: uma realidade histórico-cultural, tridimensional de natureza bilateral atributiva.

GOFFREDO TELLES JUNIOR

O professor Goffredo Telles Junior, nasceu em 16 de maio de 1915 (faleceu em 2009), advogado militante, lecionou em São Paulo durante quase 45 anos. Suas obras essenciais - que, de faro demonstram seu pensamento próprio - são: *O Direito Quântico*; Ética - Do Mundo da Célula ao Mundo dos Valores; *Iniciação na Ciência do Direito* e a notória *Carta aos Brasileiros*.

Se analisarmos com atenção o conteúdo de sua obra, constataremos que vários filósofos exerceram influência neste pensador: assim ele evidencia nítida influência do pensamento aristotélico-tomista - principalmente na constante utilização da teoria das quatro causas para fundamentar os pressupostos de sua teoria jurídica. Contudo, como podemos observar na sua autobiografia, o professor menciona os inúmeros filósofos que estudou e influenciaram na construção do seu saber.

De início cumpre analisar a relação que o filósofo faz entre o Direito e demais ciências, nomeadamente a Física. O professor paulista foi buscar na Física Quântica formulações que ode relacionar com a questão do *livre--arbítrio*. Constatou que, tanto no macrocosmo bem como no microcosmo, as partículas se movimentam em constante movimento.

Embora aos olhos humanos estas partículas pareçam estáticas, são, em sua essência - movimento - "corpo e onda". As partículas que a energia compõe - tendo em vista sua pequena proporção são denominadas de *quanta* - energias contínuas (imperceptíveis aos olhos humanos).

Assim, tal como as relações entre os corpos na física, Goffredo atenta que há, igualmente, a necessidade de limites e regras para o comportamento humano (repulsando ou atraindo para manter organismos unidos). Seriam forças de equilíbrio agindo para a manutenção do corpo social. Tal como as partículas na Física, na vida social do Homem ocorre o mesmo, pois toda pessoa possui um campo tendo em vista os vários ambientes que frequenta. A liberdade de movimento - observada na Física - é constatada no nível quântico do ser, principalmente no livre-arbítrio.

Tendo em vista que a sociedade revela-se no campo do Homem, ela também (tal como na Física) pode apresentar probabilidades. A sociedade humana tem um caráter instrumental., pois define o que é ético e moral. Assim, o que se estabelece como ético varia de acordo com o campo e os corpos (o que resultará num *culturalismo*). Este culturalismo pode ser constatado quando o autor evidencia que as leis são criações da inteligência e possuem a finalidade de ordenar o comportamento humano diante de sua convivência em sociedade - as leis revelam-se em expressões culturais. O Homem é determinado pela cultura (com variações) e revela-se num fenômeno histórico.

Curioso é que seu Direito Quântico, contudo, não deixa de ser um Direito Natural na medida em que segue postulados naturais (seja na Física, seja na vida social do homem). O que se depreende é que o autor buscou ler os postulados Físicos pela ótica da Filosofia, aliando-os ao Direito.

Na sua obra *Carta aos Brasileiros*[3] o professor demonstra sua concepção de Direito, Política e Poder (embora também tenha sido abordado na obra *O Direito Quântico*). Foi uma preocupação constante do filósofo a necessidade da distinção entre o legítimo e o legal.

Assim,toda lei (em tese) é legal, contudo nem toda lei é legítima.[4] Para Goffredo, só é legítima a lei que provém de fonte legítima. Deste modo,

---

3. Trata-se de um pronunciamento feito na Faculdade de Direito da USP em oito de agosto de 1977.
4. Aqui há nítida influência aristotélica.

"legítimo" é o Povo. Seriam ilegítimas as leis que não são nascidas no seio da coletividade (as leis impostas/outorgadas). A leigitimidade está ligada fundamentalmente a um processo prefixado pelos Representantes do Povo.[5]

Contudo, as Constituições Neoliberais tendem a deixar de lado o pluralismo político – revelando uma democracia superficial. Há nestes sistemas a constante supressão da vontade popular diante dos desejos do governante.

Goffredo entendia que o Estado Democrático de Direito deve pressupor a existência de grandes profissionais do Direito que seriam, forçosamente, mais do que simples técnicos em leis – cuja função é apenas repetir conceitos. Seriam humanistas, comprometidos com perenes ideias de Justiça – pensadores críticos da sistemática normativa, tendo como Norte a Ética.

No que tange à Ética destaca a importância das escolhas. Assim, as escolhas éticas (no exercício do livre arbítrio) norteiam a vida do Homem. O Direito, arcabouço complexo inserido nas diferentes sociedades, decorre de proibições criadas com a finalidade de atender, de satisfazer o próprio Homem.

Quanto ao Direito Natural, ele não o encara como uma ordem superior (como alguns jusnaturalistas), mas sim como um conjunto de normas que encontram-se em sintonia com os preceitos éticos adotados por determinada sociedade.

TÉRCIO SAMPAIO FERRAZ JUNIOR

Este é um filósofo atual, nascido em 1941 e professor em São Paulo. Embora também tenha uma obra extensa, destacam-se como principais as obras: *Estudos de Filosofia do Direito* (2002) e *Introdução ao Estudo de Direito: Técnica, Decisão e Dominação* (1988).

Segundo Tércio, o problema central do direito é a questão da decidibilidade e o objeto central é o próprio ser humano, uma vez que é criador, regulador e receptor de direitos.

Para ele, o fenômeno jurídico é marcado pelo poder e liberdade que se relacionam entre si (trata-se de um equilíbrio instável – daí provém a noção de abuso e de legitimidade). Assim, para o filósofo, o Direito é

5. Para Goffredo, a verdadeira representação popular pressupõe necessariamente o *pluralismo político e jurídico*. Assim, pluralismo jurídico traduz a multiplicidade de práticas existentes num mesmo espaço sociopolítico, interagidas por conflitos ou consensos, podendo ser ou não oficiais e tendo sua razão de ser nas necessidades essenciais, materiais e culturais.

complexo, pois pode representar - ao mesmo tempo - ideias que são o oposto da conduta social real.

Constata-se que ele encara a palavra "direito" como semanticamente instável. Isso significa que ela possui múltiplos significados - variando conforma os interesses dos usuários deste termo. Deste modo, como o Direito (a terminologia) traz uma grande carga emotiva é definitivamente impossível uma definição meramente lexical do termo em questão.

A DOGMÁTICA JURÍDICA

Como vimos em capítulo anterior, o Dogmatismo é a doutrina que afirma a existência de verdades certas e que se podem provar indiscutíveis. Assim, a dogmática jurídica parte de pressupostos assumidos como verdadeiros e está atrelada ao sistema jurídico vigente. Neste sentido, os operadores do Direito têm a missão de compreender e interpretar e, consequentemente, aplicar o direito dentro dos limites da ordem jurídica vigente. Ora, a concepção de dogmática jurídica, apresentada pelo professor Tércio é essencial para conhecer seu pensamento. Assim, a ciência dogmática nasceu pela positivação do Direito que acarreta numa questão essencial: a decidibilidade.

As disciplinas que englobam a dogmática jurídica na Ciência do Direito são precisamente a ciência do Direito Civil, do Direito Constitucional, do Direito Penal etc. Para o professor Tércio as questões de natureza dogmática são orientadas pelo *princípio da proibição e negação*. O próprio filósofo destaca como exemplo o princípio da legalidade elencado na Constituição de 1988. Assim, o operador do Direito deve propor uma solução de conflitos com base na lei, conforme a lei, para além da lei, mas nunca contra a lei.

Assim, a dogmática trabalha com a concepção de "dogma", na qual não se indaga a razão de se veicular uma verdade, até porque o próprio objetivo da dogmática é impor certezas sobre pontos duvidosos.

Embora o operador do Direito tenha que respeitar a dogmática ele não está fadado a ser um mero repetidor de dogmas. Segundo Tércio, embora ele seja dependente deste princípio - não está limitado a ele. Assim, ao contrário do que parece, o saber dogmático não possui certezas, mas incertezas. Daí o professor analisar a dogmática sob o ponto de vista zetético.

A ZETÉTICA JURÍDICA

Por sua vez, a Zetética corresponde às disciplinas que possuem outros objetos (que não seja o Direito, ou seja: que criticam o Direito). Deste modo, englobam a Filosofia, a Lógica, a Metodologia jurídica - denominadas *zetética analítica pura.*

Assim, por Zetética podemos entender o saber especulativo. Explicando melhor, pelo viés zetético eu não tenho ponto de partida predefinido.

Sendo assim, existe a *zetética analítica aplicada*, que provém da Teoria Geral do Direito e a Lógica do raciocínio jurídico - servem de base apara a aplicação da técnica jurídica.

Temos, igualmente, a Sociologia, a Antropologia Jurídica e a História do Direito. Buscam estudar o Direito como fenômeno social - *zetética empírica pura.*

Por fim, temos as disciplinas que olham para o Direito como instrumento - Zetética empírica aplicada. Temos então a Criminologia, a Medicina Legal, a Psicologia Jurídica. Ora, como são disciplinas auxiliares do Direito, o jurista deve ter o domínio da esfera dogmática e da Zetética.

Em suma: os operadores do Direito podem investigar a Ciência Jurídica de forma dogmática ou zetética - a Dogmática busca a ação, ao passo que a Zetética a especulação.

CELSO LAFER

Celso Lafer nasceu em 1941. É pensador, jurista advogado e professor e foi também Ministro das Relações exteriores do Brasil. Suas obras essenciais são: *A reconstrução dos direitos humanos, A internacionalização dos direitos humanos: Constituição, racismo e relações internacionais* e *Hannah Arendt, pensamento, persuasão e poder.*

Este pensador revela influência de Hannah Arendt - pois foi seu aluno na Universidade de Cornell (EUA). Sua preocupação com a questão dos direitos humanos é marcante. Tal como a pensadora citada, ambos revelam uma preocupação em dar uma resposta ao enigma de Hitler e Stalin, (à questão do Mal), à tenebrosa experiência que foi o totalitarismo vivido na primeira metade do século XX.

A filosofia expressa por Celso Lafer também demonstra um conceito (pilar) onde o Direito Natural é tanto conhecido como consensual. Contudo, ambos, filósofos, Hannah Arendt e Celso Lafer, demonstram evidenciar um humanismo ateu. Buscam fazer do Homem a fonte de uma experiência ético-jurídica (aqui podemos constatar uma influência kantiana). Assim, diante de uma visão pós-guerra[6], destaca seu anseio por um governo

6. A Segunda Grande Guerra.

Mundial (na linha de Arendt) do "direito a ter direitos" (onde uma soberania internacional regeria as soberanias particulares).

Constata-se que o ser humano, diante de toda a tradição filosófica é encarado como um valor ético fundamental (tal fato acentua-se de maneira mais marcante no século XVIII). Os direitos humanos, a partir daí, ganham maior proteção jurídica (principalmente como fator orientador para a justiça). Acredita então, no aperfeiçoamento da convivência social através de uma expansão uniforme e geral dos direitos humanos. Eis que, diante dos horrores do nazismo e stalinismo do século XX há a necessidade de reconstruir os direitos humanos – culminando num governo Mundial (que asseguraria esses direitos).

QUESTÕES PARA REVISÃO

1. (FGV – Exame de Ordem 2015.2)

> "Mister é não olvidar que a compreensão do direito como 'fato histórico-cultural' implica o conhecimento de que estamos perante uma realidade essencialmente dialética, isto é, que não é concebível senão como 'processus', cujos elementos ou momentos constitutivos são fato, valor e norma (...)"
>
> (Miguel Reale, in *Teoria Tridimensional do Direito*)

Assinale a opção que corretamente explica a natureza da dialética de complementaridade que, segundo Miguel Reale, caracteriza a *Teoria Tridimensional do Direito*.

A) A relação entre os polos opostos que são o fato, a norma e o valor, produz uma síntese conclusiva entre tais polos.

B) A implicação dos opostos na medida em que se desoculta e se revela a aparência da contradição, sem que, com esse desocultamento, os termos cessem de ser contrários.

C) A síntese conclusiva que se estabelece entre diferentes termos, conforme o modelo hegeliano de tese, antítese e síntese.

D) A estrutura estática que resulta da lógica de subsunção entre os três termos que constituem a experiência jurídica: fato, norma e valor.

✪ **Nota do autor:** Vale destacar que, a posição de Miguel Reale exige do jurista que, ao se deparar com a norma jurídica, tenha consciência de que não há como abstrair de sua análise os fatos e valores, que efetivamente determinaram a sua própria gênese (sob pena de uma visão reducionista do Direito – o que o descaracterizaria enquanto verdadeira ciência normativa). Lembre-se que, o panorama do Direito anterior às formulações tridimensionais se caracterizava por ser reducionista ou unilinear, (especialmente observando-se a mentalidade reinante no século XIX). Disso resulta necessariamente que toda norma jurídica é uma integração entre fato e valor. Quando Miguel Reale, analisa a denominada "dialética da complementaridade", o filósofo demonstra que o conhecimento está sempre aberto a novas possibilidades, tudo, pois, em decorrência de seu caráter dialético e, por, isso, de natureza relacional. A passagem em análise revela que, ao se pautar pelo caráter dialético da sua teoria da tridimensionalidade, Reale reconhece efetivamente que o direito é uma realidade histórico-cultural, a qual não pode ser de forma alguma destacada da experiência social. O Direito, assim, não é um esboço lógico, uma mera abstração. Ele deve ser compreendido em seu aspecto prático, como elemento social, cotidianamente vivenciado na práxis.

Alternativa correta: letra "b": ao se pautar pelo caráter dialético da sua teoria da tridimensionalidade, Reale reconhece que o direito é uma realidade histórico-cultural, a qual não pode ser de forma alguma destacada da experiência social. Isto significa que, para Reale, as investigações do filósofo, do jurista ou do sociólogo possuem um sentido dialético, v.g., a sentença judicial é apreendida segundo uma experiência axiológica concreta e não apenas como um ato lógico formal, resultante unicamente de um silogismo.

Alternativa "a": alternativa incorreta.

Alternativa "c": alternativa incorreta.

Alternativa "d": alternativa incorreta.

2. (FCC – Defensor Público – SP/ 2010) Ao comentar a doutrina aristotélica da justiça, Tercio Sampaio Ferraz Júnior, em sua obra *Estudos de Filosofia do Direito*, indica aquele que seria o "preceito básico do direito justo, pois só por meio dele a justiça se revelaria em sua atualidade plena". Este preceito, que também pode ser definido como "uma feliz retificação do justo estritamente legal" ou ainda "o justo na concretude", é denominado

a) liberdade.

b) dignidade.

c) vontade.

d) equidade.

e) piedade.

✪ **Nota do autor**: Esta pergunta refere-se, no fundo a Aristóteles. Assim, o filósofo grego nos apresenta conceitos de justiça, de lei e de equidade (e suas relações), expostas no Livro V de sua Ética a Nicômaco, que ainda hoje são fundamentais para a compreensão do Direito. A palavra "justiça" possuía dois significados: o de justiça legal e o de justiça particular. Neste sentido, justiça particular acarreta a noção de justiça distributiva e corretiva. Já o conceito de justiça legal, traduz um conceito de explicação da natureza da lei (onde ganha corpo o sentido de equidade). O filósofo encarava a lei como um benefício essencial para o Homem. Neste sentido, ter leis, mesmo que mal elaboradas ou instituídas por governos deficientes (tirânicos, por exemplo) é evidentemente melhor que a ausência da lei (tendo em vista que o Homem, desprovido de leis, revela-se no pior dos animais). Contudo, a lei possui algumas características, dentre elas, o fato de ser geral. Sendo assim, em determinadas situações, pode revelar-se injusta ou de aplicação difícil Aristóteles apresenta a equidade para intervir/retificar aquilo que a lei se revela injusta ou de difícil aplicação.

Alternativa correta: letra "d": Ora, o próprio texto nos dá a definição precisa da equidade aristotélica. Deste modo, consiste na retificação da lei que, devido à seu caráter geral, se revela injusta ou de difícil aplicação. Traduz a retificação da lei buscando-se o Justo (que, no fundo, ela deve realizar).

Alternativa "a": Esta alternativa é incorreta. De fato, Aristóteles trabalhou com o conceito de "liberdade". Se observarmos seu pensamento constataremos, fatalmente, que o filósofo grego acreditava que a liberdade consiste numa harmoniosa integração (inter)ação, do indivíduo, inserido numa sociedade escravocrata, que abrangia a maioria dos homens (se compararmos este pensamento com o enunciado proposto, a divergência salta aos olhos).

Alternativa "b" e "e": Estas alternativas estão erradas na medida em que estes conceitos (dignidade e piedade) não estão na filosofia aristotélica sobre a Justiça.

Alternativa "c": Esta alternativa também é errada na medida em que "vontade" para Aristóteles se revela em impulso, apetite. Não está em sintonia com o enunciado desta questão.

3. (FCC – Defensor Público – SP/ 2010)

> *"Na fase madura de seu pensamento, a substituição da lei pela convicção comum do povo (Volksgeist) como fonte originária do direito relega a segundo plano a sistemática lógico-dedutiva, sobrepondo-lhe a sensação (Empfindung) e a intuição (Anschauung) imediatas. Savigny enfatiza o relacionamento primário da intuição do jurídico não à regra genérica e abstrata, mas aos 'institutos de direito' (Rechtsinstitute), que expressam 'relações vitais' (Lebensverhältnisse) típicas e concretas".*

Esta caracterização, realizada por Tercio Sampaio Ferraz Júnior, em sua obra *A Ciência do Direito*, corresponde a aspectos essenciais da seguinte escola filosófico-jurídica:

a) Historicismo Jurídico.

b) Realismo Jurídico.

c) Normativismo.

d) Positivismo jurídico.

e) Jusnaturalismo.

✪ **Nota do autor**: Esta questão é retirada da obra "A ciência do direito", do Professor Tercio Sampaio Ferraz Jr. Neste livro o professor Tercio estuda o Direito através de um "panorama histórico", (sendo que os temas merecem SEMPRE atenção!!) onde começa sua abordagem com a jurisprudência romana, evolui para os glosadores, os jusnaturalistas da Era Moderna, a escola histórica, o positivismo e o século XX. A pergunta em questão refer-se, naturalmente, à **escola histórica**.

Alternativa correta: letra "a": A questão se refere à *Escola Histórica do Direito*, que surgiu na Alemanha na segunda metade do século XVIII e primeira do século XIX. Seu maior expoente (mencionado no próprio enunciado da questão em comento) foi *Frederico Charles Savigny*. Esta escola começa sua atuação em pleno apogeu do neo-humanismo (quando o Direito passa a ser concebido como fruto da criação do Homem). Esta escola se rebelou contra o reconhecimento de "direitos naturais". Obviamente que se opunha ao jusnaturalismo que reconhecia a existência de direitos permanentes, imutáveis e perenes. Sua principal preocupação era focada em "como o direito surgia nas diferentes sociedades". O Direito era, igualmente, um produto da História, e não decorrente da divindade, mas sim da "consciência dos povos" (*Volksgeist*) tradução de tradições e costumes.

Alternativa "b": Esta alternativa também é errada na medida em que o "relativismo jurídico" aborda, essencialmente, *a visão de Justiça*. Vejamos. Tendo em vista que a Justiça é encarada de várias maneiras, por diferentes pensadores, podemos dividir, em apertada síntese, duas posturas diante do fenômeno: os primeiros seriam partidários de uma concepção absoluta da Justiça (tal como

os jusnaturalistas, por exemplo), pois entendem haver uma noção válida, perene, imutável e existente nas mais variadas sociedades. Para outros, há uma concepção relativa da Justiça, descartando o "conceito unitário", afirmando existir uma Justiça, fruto de uma determinada sociedade, que se insere em uma determinada época.

Alternativa "c": Esta alternativa está errada e, acreditamos, foi inserida para gerar confusão. *Normativismo* é relacionado à Kelsen que em sua "Teoria Pura do Direito", concebeu o direito como o único objeto/fenômeno que merece a análise e preocupação do cientista do Direito (seria, portanto, seu único objeto). Assim o Direito tem métodos e princípios próprios, não precisando buscar elementos na Economia, na Sociologia, na Psicologia etc. Vale lembrar que também é um pensador que diverge

do jusnaturalismo (que uma das alternativas oferecidas pelo examinador). Sendo assim, o rompimento com os ideais jusnaturalistas (já no final do século XIX) lança uma questão fundamental para o Direito: como será possível estabelecer/fundar um modelo de atribuição de responsabilidade essencialmente normativo? E, como podemos observar, esta não é o ponto central da questão em comento.

Alternativa "d": Esta alternativa é errada. Já que a pergunta menciona o pensamento do Professor Tercio Sampaio Ferraz, cumpre salientar que o filósofo brasileiro assevera que o positivismo jurídico surge como necessidade da sociedade burguesa para estabelecer garantias para esta nova classe, diante do Estado (tendo em vista que, antes da Revolução Francesa, a monarquia impunha-se sobre esta classe social...). Vale lembrar que o positivismo jurídico é tradução do direito moderno tendo como "Norte" alguns elementos: 1) o direito como fato e não como valor; 2) o direito definido em função do elemento da coação; 3) uma teoria da legislação como fonte essencial do direito; 4) uma teoria da norma jurídica; 5) uma teoria do ordenamento jurídico.

Alternativa "e": Como vimos anteriormente, esta alternativa não é correta na medida em que a escola histórica se rebelou contra o reconhecimento de "direitos naturais". Ao contrário do jusnaturalismo, encarava o direito como criação do Homem e não reconhecia a existência de direitos permanentes, imutáveis e perenes.

(FGV - Exame de Ordem 2016.1) Segundo o Art. 1.723 do Código Civil, "É reconhecida como entidade familiar a unido estável entre o homem e a mulher, configurada na convivência pública, contínua e duradoura e estabelecida com o objetivo de constituição de família". Contudo, no ano de 2011, os ministros do Supremo Tribunal Federal (STF), ao julgarem a Ação Direta de Inconstitucionalidade 4.277 e a Arguição de Descumprimento de Preceito Fundamental 132, reconheceram a união estável para casais do mesmo sexo.

A situação acima descrita pode ser compreendida, à luz da Teoria Tridimendional do Direito de Miguel Reale, nos seguintes termos:

A) uma norma jurídica, uma vez emanada, sofre alterações semânticas pela superveniência de mudanças no plano dos fatos e valores.

B) toda norma jurídica é interpretada pelo poder discricionário de magistrados, no momento em que estes transformam a vontade abstrata da lei em norma para o caso concreto.

C) o fato social é que determina a correta compreensão do que é a experiência jurídica e, por isso, os costumes devem ter precedência sobre a letra fria da lei.

D) o ativismo judicial não pode ser confundido com o direito mesmo. Juízes não podem impor suas próprias ideologias ao julgarem os casos concretos.

✪ **Nota do autor:** não podemos esquecer que uma das características do Direito é que este é dinâmico por natureza e, embora revestido de espessa aura de formalismo, se "molda" constantemente às necessidades do grupo social que lhe serve de base. Diante deste quadro, para explicar essa "dinamicidade" e respectiva adequação das normas ao seu tempo, temos a Teoria Tridimensional do Direito, apresentada pelo ilustre jusfilósofo paulista Miguel Reale. Assim, graças a essa teoria, temos a certeza de que o Direito não é o estudo de elementos desagregados, mas sim um conjunto formado pelos fatos, valores e normas de uma determinada sociedade(em profunda e constante interação)em busca de uma paz social.

Alternativa correta: letra "a": segundo a Teoria Tridimensional do Direito, quando o valor social que "gerou" uma determinada norma se modifica, existem razões jurídicas para deixar de aplicar a norma como foi (pré)estabelecida e deve-se aplicá-la de outra maneira, conforme o atual valor social sobre o fato, em busca do bem comum. Esse seria, conforme Reale, "O bem comum". Assim, trata-se do bem da comunidade de pessoas, isto é, na harmonia de "valores de convivência", distintos e complementares, num processo histórico que tem como fulcro a pessoa: esta, valor-fonte de todos os valores.

Alternativa "b": alternativa incorreta (ver comentários);

Alternativa "c":alternativa incorreta (ver comentários);

Alternativa "d":alternativa incorreta (ver comentários);

Tópicos para revisão

a) Miguel Reale salienta que fato, valor e norma estão sempre presentes e correlacionados em qualquer expressão da vida jurídica, o que aponta no sentido de que os filósofos, (juristas, sociólogos etc.) não devem estudar nem analisar esses elementos de forma isolada, mas, sim, associados ao "mundo da vida", esta posição rejeita o denominado tridimensionalismo "genérico" ou "abstrato".

b) O Direito, segundo Reale, seria sempre fato, valor e norma, para quem quer que o estude, havendo apenas variação no enfoque de pesquisa (seja de natureza científico-jurídica, sociológica ou filosófica). Se observarmos a História do Direito, antes de surgir a Teoria Tridimensional do Direito, apresentava o Direito com certo reducionismo e muito abstrato.

c) Reale defende a necessidade do valor para superar a bidimensionalidade juríca – vendo nele o elemento mediador entre a norma e o fato. Contudo, exige-se para isso a visualização de uma unidade na realidade do direito.

d) A Teoria Tridimensional do Direito é a filosofia que entende o direito como um sistema em que fato, valor e norma estão sempre presentes e correlacionados em qualquer expressão da vida jurídica – o que aponta no sentido de que os filósofos, juristas e sociólogos não devem estudar nem analisar esses elementos de forma isolada, mas, sim, associados ao "mundo da vida". Isso significa que as investigações do filósofo, do jurista e do sociólogo passam a ter um sentido dialético.

Capítulo 22

O PENSAMENTO DA "NOVA ESQUERDA" – (SÉCULO XX)

O *core* do pensamento da Nova Esquerda[1] resume-se na seguinte silogismo: tendo em vista que o Poder é, na sua essência, opressor, e usurpado; extirpando-se o Poder haverá, como consequência, Justiça e libertação. De fato, concordando com suas ideias ou não, estes pensadores conseguiram mudanças estruturais na sociedade (e no Direito, naturalmente).

Tendo em vista a herança da Revolução Francesa, devemos ter em mente que o intelectual de esquerda possui fortes raízes jacobinas: em sua maioria, acreditam que o Mundo é deficiente tanto em sabedoria como em Justiça. A causa dessa deficiência, para eles, não reside na natureza humana, mas sim nos sistemas de Poder estabelecidos pelo Homem. Assim, há a necessidade deste intelectual se opor à este Poder estabelecido, tornando-se um defensor da "justiça social" e dos oprimidos.[2]

Assim, ele define com a missão libertária e emancipadora - não só para si como também para as massas. Para que se obtenha Justiça, há um requisito essencial: a emancipação de todo o sistema.

Como veremos adiante, estes autores possuem um vínculo marcante com a História[3] e com as ideias centrais do marxismo.

RONALD DWORKIN[4]

> *"Vivemos na lei e segundo o Direito. Ele faz de nós o que somos: cidadãos, empregados, médicos, cônjuges e proprietários. É espada, escudo e ameaça.*

---

1. Vale lembrar que o termo "esquerda" decorre da Assembleia dos Estados Gerais de 1789, onde a nobreza sentou à direita do Rei sendo que o Terceiro Estado sentou-se à sua esquerda. Desde então, a nomenclatura "esquerda" e "direita" foram ampliadas para uma gama maior de facções políticas.
2. É importante sublinhar que este conceito não é novo. Aristóteles já definia ser este o papel "libertário" dos Nobres.
3. Tendo em vista que a História, segundo eles, está direcionada ao socialismo.
4. Ronald Myles Dworkin – (11 de dezembro 1931 — 14 de fevereiro de 2013).

> *Lutamos por nosso salário, recusamo-nos a pagar o aluguel, somos obrigados a pagar nossas multas ou mandados para a cadeia, tudo em nome do que foi estabelecido por nosso soberano abstrato e etéreo, o Direito (...) Somos súditos do império do Direito, vassalos de seus métodos e ideais, subjugados em espírito enquanto discutimos o que devemos portanto fazer.*[5]

Trata-se de um dos maiores pensadores da esquerda estadunidense (com fortes raízes no socialismo europeu). Observamos que seu pensamento não questiona a propriedade em si[6] mas a sua degeneração, ou seja: as formas vulgares que ela pode se revelar, nomeadamente o consumismo, o consumo fútil e publicidade de massas. O consumismo não é democracia, mas sim uma democracia que se desvirtuou.

Este pensador abordava, principalmente, os princípios relacionados aos direitos fundamentais e individuais a partir de uma dimensão Moral e Política. A igualdade, assim, seria um dos princípios considerados mais relevantes em sua teoria e que também balizava muitos de seus posicionamentos com relação a questões sociais.

Suas reflexões sobre a Filosofia do Direito, o Direito Constitucional, a Filosofia Moral e a Filosofia Política fizeram de Ronald Dworkin um intelectual reconhecido por sua obra (complexa)

A obra de Dworkin traz a ideia de que os princípios têm peso de norma vinculante. Assim, o que ele chamava de "casos difíceis" - que não têm resposta explícita na legislação, nem na prática jurídica - podem ser resolvidos por meio de princípios.

Para este pensador, a lei distingue-se de padrões sociais tendo em vista sua adequação com determinada "regra mestra". Esta norma determina se uma dada norma é *lei* - se efetivamente possui requisitos para ser lei.

Segundo Dworkin, todas as dificuldades e indeterminações da lei são resolvidas pela discricionariedade judicial. Chegamos então à chave de sua reflexão do Direito:

O método interpretativo

Dworkin não nega as inúmeras controvérsias existentes tanto na jurisprudência bem como da doutrina. Ele destaca que os juízes divergem - ao

5. DWORKIN, Ronald. *O império do Direito*, São Paulo: Martins Fontes, 1999, p.XI.
6. Convém lembrar que a questão da propriedade na América é muito presente e estrutural do sistema político-econômico.

menos em boa parte dos casos – não apenas sobre questões fáticas, isto é, se algum fato ou evento relatado efetivamente ocorreu, com também sobre qual o efetivo sentido das normas jurídicas. Assim, em Direito grande parte das discussões seria teórica não empírica.

Ora, mesmo reconhecendo existir divergências quanto ao sentido das normas jurídicas, o jusfilósofo propõe que, ao se aplicar o método interpretativo, será possível conferir à norma jurídica um sentido mais consistente com a prática jurídica, analisada em uma perspectiva ampla.

Assim, ainda que os juízes divergissem sobre qual o melhor sentido a ser atribuído à norma – tendo em vista que podem ter concepções diversas a respeito de quais princípios informam nossa prática jurídica e, igualmente, em que medida devem ser levados em conta – porém, se aceitarem seu método, já não estariam livres para decidir os casos concretos como quiserem.

Observa-se então que a visão do *direito como integridade* – este o epicentro da teoria de Dworkin – introduz uma racionalidade na tomada de decisão judicial, capaz de impor ao juiz uma solução contrária àquela que seria adotada caso sua preferência prevalecesse. Ele parte do pressuposto de que o Direito é essencialmente interpretativo, de maneira que os juízes devem decidir o que é o direito, interpretando-o. Assim, teorias gerais do direito são, em essência, interpretações gerais de nossa própria prática judicial.

Entre as concepções interpretativas que o jusfilósofo elenca temos o "pragmatismo jurídico", o "convencionalismo" e o "direito como integridade" (Dworkin acaba por destacar o direito como integridade).

Assim, é a integridade que, para Dworkin, explica melhor o que é o Direito. Mas a integridade não se impõe por si mesma: ora, tanto as convicções a respeito da adequação, quanto aquelas sobre a equidade, a Justiça e o devido processo legal adjetivo, são, fundamentalmente, conflitantes entre si. Neste diapasão, o intérprete deve considerar esses conflitos e tentar tornar "o histórico legal da comunidade o melhor possível do ponto de vista da moral política".[7]

Neste sentido, o Direito como integridade teria o condão de oferecer uma melhor adequação e uma melhor justificação de nossa prática jurídica como um todo.

---

7. Dworkin, Ronald. *O Imério do Direito*, Martins Fontes, 1999, pág. 489.

Dworkin também analisou a solidez dos fundamentos do positivismo jurídico, e chegou à conclusão de que este se fundamenta nos seguintes postulados: a) o Direito de uma comunidade é um conjunto de normas especiais usadas direta ou indiretamente pela comunidade com o propósito de determinar que normas podem ser identificadas e distinguidas mediante critérios especiais, por provas que não se relacionam com o seu conteúdo, mas sim com a sua origem ou a maneira pela qual foram adotadas ou evoluíram; b) o conjunto dessas normas válidas esgota o conceito de Direito, de modo que se alguma de tais normas não cobre claramente um caso, o mesmo não pode ser decidido com apoio na lei. Deve ser decidido por algum funcionário, por exemplo ou um juiz, que exerça seu poder discricionário, o que significa ir além da lei, em busca de alguma outro Norte que a conduza.

MICHEL FOUCAULT[8]

O tema fundamental na obra de Foucault reside na busca pelas secretas estruturas de Poder. Seu objetivo consiste em desconstruir o Poder – tanto institucionalmente bem como na esfera da linguagem – ele próprio descreve seu método como "arqueologia do saber", sendo que o objeto de estudo está na verdade (considerada como o produto do discurso).

Sua obra mais relevante para o Direito é "Vigiar e Punir" publicada, em 1975, com o título original (em francês) de *Surveiller et Punir: Naissance de la prison*. Já na página 23 podemos ler o propósito da obra segundo seu autor: "*Objetivo deste livro: uma história correlativa da alma moderna e de um novo poder de julgar; uma genealogia do atual complexo científico-judiciário onde o poder de punir se apoia, recebe suas justificações e suas regras, estende seus efeitos e mascara sua exorbitante singularidade*".[9]

Assim, *Vigiar e Punir* revela-se num verdadeiro tratado histórico sobre a pena (enquanto meio de coerção e suplício, meio de disciplina e aprisionamento do ser humano). O filósofo se atenta para a face social e política de controle social aplicado ao Direito e às diferentes sociedades. A obra é dividida em quatro partes.[10] Longe de ser um romance, descreve,

---

8. Michel Foucault (1926-1984) foi um filósofo francês que, essencialmente, ficou conhecido por sua posição contrária ao sistema prisional tradicional.
9. FOUCAULT, Michel. *Vigiar e Punir: o Nascimento da Prisão*. 20ª ed. Petrópolis, RJ: Vozes, 1999, página 23;
10. Primeira Parte: Suplício, dividida em dois capítulos – O corpo dos condenados e A ostentação dos suplícios; Segunda Parte: Punição, dividida em dois capítulos – A punição generalizada e A

inicialmente, a punição de um parricida e todo o tipo de suplício aplicado a um criminoso da época. O procedimento adotado em cada etapa do ritual é descrito com riqueza de detalhes, vislumbrando ao leitor a percepção de todo o castigo imposto ao condenado.

Revela a forma de punição típica que perdurou até o fim do século XVII e princípio do século XVIII - predominantemente na Europa (onde o sistema de governo monárquico predominou). Destaca que o castigo da pena aplicado aos condenados travestia-se como um sofrimento físico incessante e brutal (aplicado, essencialmente, ao corpo humano). Narra, ainda, contextos históricos (principalmente os desenvolvidos na França com numerosas maneiras de aplicação de flagelo humano), onde o poder soberano do Estado mitigava qualquer forma de expressão dos direitos fundamentais inerentes a própria existência da pessoa enquanto sujeito de direitos.

Tendo em vista a exigência e a importância que esta obra ganha no cenário jurídico brasileiro, julgamos conveniente destacar trechos que elucidam melhor o pensamento de Foucault.[11]

1. *"Dentre tantas modificações, atenho-me a uma: o desaparecimento dos suplícios. [...] Punições menos diretamente físicas, uma certa discrição na arte de fazer sofrer, um arranjo de sofrimentos mais sutis, mais velados e despojados de ostentação."* (página 13);

2. *"A punição [...] deixa o campo da percepção quase diária e entra no da consciência abstrata [...] a certeza de ser punido é que deve desviar o homem do crime [...]."* (página 14);

3. "É a própria condenação que marcará o delinq*uente com sinal negativo e unívoco: publicidade, portanto, dos debates e da sentença; quanto à execução, ela é como uma vergonha suplementar que a justiça tem vergonha de impor ao condenado."* (página 15);

4. *"A execução da pena vai-se tornando um setor autônomo, em que um mecanismo administrativo desonera a justiça."* (página 15);

5. *"E acima dessa distribuição dos papéis se realiza a negação teórica: o essencial da pena que nós, juízes, infligimos, não creiais que consista em punir; o essencial é procurar corrigir, reeducar, 'curar'".* (página 15);

mitigação das penas; Terceira Parte: Disciplina, dividida em três capítulos – Os corpos dóceis, Os recursos para um bom adestramento e O panoptismo; Quarta Parte: Prisão, dividida em três capítulos – Instituições completas e austeras, Ilegalidade e delinquência e O carcerário.

11. Todos da seguinte edição: FOUCAULT, Michel. *Vigiar e Punir: o Nascimento da Prisão*. 20ª ed. Petrópolis, RJ: Vozes, 1999 – nossa edição.

6. *"Existe na justiça moderna e entre aqueles que a distribuem uma vergonha de punir, que nem sempre exclui o zelo: ela aumenta constantemente: sobre esta chaga pululam os psicólogos e o pequeno funcionário da ortopedia moral."* (página 15);

7. *"De modo geral, as práticas punitivas se tornaram públicas. Não tocar mais no corpo ou o mínimo possível, e para atingir nele algo que não é o corpo propriamente. [...] O sofrimento físico, a dor do corpo não são mais os elementos constitutivos da pena. O castigo passou de uma arte das sensações insuportáveis a uma economia dos direitos suspensos. [...] Um exército inteiro de técnicos veio substituir o carrasco, anatomista imediato do sofrimento: os guardas, os médicos, os capelães, os psiquiatras, os psicólogos os educadores."* (página 16);

8. *"O emprego da psicofarmacologia e de diversos 'desligadores' fisiológicos, ainda que provisório, corresponde perfeitamente ao sentido dessa penalidade 'incorpórea'".* (página 16);

9. *"Desaparece, destarte, em princípios do século XIX, o grande espetáculo da punição física: o corpo supliciado é escamoteado; exclui-se do castigo a encenação da dor. Penetramos na época da sobriedade punitiva."* (página 19);

10. *"A redução do suplício é uma tendência com raízes na grande transformação de 1760-1840. [...] Castigos como trabalhos forçados ou prisão – privação pura e simples da liberdade – nunca funcionaram sem certos complementos punitivos referentes ao corpo: redução alimentar, privação sexual, expiação física, masmorra."* (página 20);

11. *"O afrouxamento da severidade penal no decorrer dos últimos séculos é um fenômeno bem conhecido dos historiadores do direito. Entretanto, foi visto, durante muito tempo, de forma geral, como se fosse fenômeno quantitativo: menos sofrimento, mais suavidade, mais respeito e 'humanidade'. Na verdade, tais modificações se fazem concomitantes ao deslocamento do objeto da ação punitiva. [...] Se não é mais ao corpo que se dirige a punição, em suas formas mais duras, sobre o que então se exerce? A resposta dos teóricos [...] é simples, quase evidente. Dir-se-ia inscrita na própria indagação. Pois não é mais o corpo, é a alma. Marbly formulou o princípio fundamental: 'que o castigo, se assim possa exprimir, fira mais a alma do que o corpo'".* (página 21);

12. *"Momento importante. O corpo e o sangue, velhos partidários do fausto punitivo, são substituídos. Novo personagem entra em cena, mascarado. Terminada uma tragédia, começa a comédia, com sombrias silhuetas, vozes sem rosto, entidades impalpáveis. O aparato da justiça tem que se ater, agora, a esta nova realidade, realidade incorpórea."* (página 21);

13. *"Muitos crimes perderam tal conotação [de crime], uma vez que estavam objetivamente ligados a um exercício de autoridade religiosa*

ou a um tipo de vida econômica; a blasfêmia deixou de se constituir em crime; o contrabando e o furto doméstico perderam parte de sua gravidade." (página 21);

14. *"Sob o nome de crimes e delitos, são sempre julgados corretamente os objetos jurídicos definidos pelo código. Porém, julgam-se também as paixões, os instintos, as anomalias, as enfermidades, as inadaptações, os efeitos de meio ambiente e de hereditariedade. [...] são as sombras que se escondem por trás dos elementos da causa que são, na realidade, julgadas e punidas. [...] o conhecimento do criminoso, a apreciação que dele se faz, o que pode saber sobre suas relações entre ele, seu passado e o crime, e o que se pode esperar dele no futuro."* (página 22);

15. *"A alma do criminoso não é invocada no tribunal somente para explicar o crime e introduzi-la como um elemento na atribuição jurídica das responsabilidades; se ela é invocada com tanta ênfase, com tanto cuidado de compreensão e tão grande aplicação 'científica', é para julgá-la, ao mesmo tempo que o crime, e fazê-la participar da punição."* (página 22);

16. *"O laudo psiquiátrico, [...] a antropologia criminal e o discurso da [...] criminologia, introduzindo solenemente as infrações no campo dos objetos suscetíveis de um conhecimento científico, [dão] aos mecanismos da punição legal um poder justificável não mais simplesmente sobre as infrações, mas sobre os indivíduos; não mais sobre o que eles fizeram, mas sobre aquilo que eles são, serão ou possam ser. Não mais simplesmente: 'Quem é o autor [do crime]?" Mas "Como citar o processo causal que o produziu? Onde estará, no próprio autor, a origem do crime?".* (página 23);

17. *"Admitiram que era possível alguém ser culpado e louco; quanto mais louco, tanto menos culpado; culpado, sem dúvida, mas que deveria ser enclausurado e tratado e não punido; culpado, perigoso, pois manifestamente doente etc. E a sentença que condena ou absolve não é simplesmente um julgamento de culpa uma decisão legal que sanciona: ela implica uma apreciação de normalidade e uma prescrição técnica para uma normalização possível. O juiz de nossos dias – magistrado ou jurado – faz outra coisa bem diferente de julgar."* (página 23);

18. *"Ao longo do processo penal, e da execução da pena, prolifera toda uma série de instancias anexas: [...] peritos psiquiátricos ou psicológicos, magistrados da aplicação das penas, educadores, funcionários da administração penitenciária fracionam o poder legal de punir[...]. A partir do momento em que se deixa a pessoas que não são os juízes da infração o cuidado de decidir se o condenado 'merece ser posto em semiliberdade ou em liberdade condicional, se eles podem pôr um termo à sua tutela penal, são sem duvida mecanismos de punição legal que*

lhes são colocados entre as mãos e deixados à sua apreciação; juízes anexos, mas juízes de todo modo.” (páginas 24/25);

19. *“Resumindo: desde que funciona o novo sistema penal – o definido pelos grandes códigos dos séculos XVIII e XIX – um processo global levou os juízes a julgar coisa bem diversa do que crimes: foram levados em suas sentenças a fazer coisa diferente de julgar; e o poder de julgar foi, em parte, transferido a instâncias que não são as dos juízes da infração. A operação penal inteira se carregou de elementos e personagens extrajurídicos. Pode-se dizer que não há nisso nada de extraordinário, que é do destino do direito absorver pouco a pouco elementos que lhe são estranhos. Mas uma coisa é singular na justiça criminal moderna: se ela se carrega de tantos elementos extrajurídicos, não é para poder qualificá-los juridicamente e integrá-los pouco a pouco no estrito poder de punir; é, ao contrário, para poder fazê-los funcionar no interior da operação penal como elementos não jurídicos; é para evitar que essa operação seja pura e simplesmente uma punição legal; é para escusar o juiz de ser pura e simplesmente aquele que castiga.”* (página 25);

20. *“A relação entre os vários regimes punitivos e os sistemas de produção em que se efetuam: assim, numa economia servil, os mecanismos punitivos teriam como papel trazer mão de obra suplementar – e constituir uma escravidão “civil” ao lado da que é fornecida pelas guerras ou pelo comércio.”* (página 28);

21. *“Mas o corpo também está diretamente mergulhado num campo político; as relações de poder têm alcance imediato sobre ele; elas o investem [atacam], o marcam, o dirigem o supliciam, sujeitam-no a trabalhos, obrigam-no a cerimônias, exigem-lhe sinais. Este investimento político do corpo está ligado, segundo relações complexas e recíprocas à sua utilização econômica [...] [A constituição do corpo] como força de trabalho só é possível se ele está preso num sistema de sujeição; o corpo só se torna útil se é ao mesmo tempo corpo produtivo e corpo submisso. Essa sujeição não é obtida só pelos instrumentos da violência e da ideologia; [...] pode ser calculada, organizada, tecnicamente pensada, pode ser sutil, não fazer uso de armas nem do terror, e no entanto continuar a ser de ordem física.”* (páginas 28/29);

22. *“Não se deveria dizer que a alma é uma ilusão, ou um efeito ideológico, mas afirmar que ela existe, que tem uma realidade, que é produzida permanentemente, em torno, na superfície [e] no interior do corpo, pelo funcionamento de um poder que se exerce sobre os que são punidos – de uma maneira mais geral sobre os que são vigiados, treinados e corrigidos, sobre os loucos, as crianças, os escolares, os colonizados, sobre os que são fixados a um aparelho de produção e controlados durante toda a existência. Realidade histórica dessa alma que, diferentemente da alma representada pela teologia cristã, não*

nasce faltosa e merecedora de castigo, mas nasce antes de procedimentos de punição, de vigilância, de castigo e de coação." (páginas 31/32).

Enfim, para Foucault, a "disciplina" também se manifesta nas escolas, indústrias e Forças Armadas modernas, justamente como uma maneira de exercer o poder para produzir sujeitos capazes de funcionar como engrenagens da nova sociedade pós-absolutismo. Diante disso, o Estado tenta transmitir a imagem de que esse poder exercido sobre os indivíduos é benevolente – algo que supostamente pretende apenas "corrigir" e "reformar" a pessoa, nunca apenas puni-la.

Isso, porém, revela uma intolerância crescente contra qualquer desvio das "normas de comportamento". Ao mesmo tempo, certos delitos ligados ao funcionamento financeiro de grande escala desse tipo de sociedade ("crimes do colarinho branco", como desvios de dinheiro) tendem a ser punidos de forma menos direta (com multas e outros dispositivos) do que furtos, por exemplo.

LOUIS ALTHUSSER

Althusser[12] faz um resgate do potencial da teoria marxista, na medida em que mostra o que é o modo de produção que se manifesta dentro da infraestrutura. A partir da *mais-valia*[13] os capitalistas criam condições de reestruturar os meios de produção. O aparelho ideológico exerce função importantíssima para manter o *status quo* do modo de produção.

Contudo, o autor, analisando as obras de Marx e Engels, revela discordar acerca da concepção dada à ideologia como "falsa consciência" – que mascara as condições reais de existência e dominação de classe, defendendo para tanto o caráter do inconsciente na definição desse conceito. Segundo Althusser, a "ideologia" consiste num sistema dotado de uma lógica e de rigor próprios de representação (através de imagens, mitos, ideias, conceitos etc.) que possuem existência e um papel histórico no seio de determinada sociedade.

A ideologia se distingue da ciência justamente porque sua função prático-social é muito mais importante e relevante do que sua função teórica.

12. (1918-1990).

13. Lembrando que a acepção da "mais-valia" em Marx está associada à exploração da mão de obra assalariada, em que o capitalista recolhe o excedente da produção do trabalhador como lucro.

Destaca que é com a dominação dos aparelhos ideológicos de Estado que a elite burguesa reproduz sua lógica de dominação excludente e desigual. E o faz principalmente através da escola, sem deixar de lado, evidentemente, outros segmentos: tal como a igreja, a família, os sindicatos e o Direito. Age, portanto, de forma ideológica, reproduzindo um sistema excludente e desigual, através das próprias pessoas que por ele são exploradas e utilizadas como meio.

A essência do pensamento de Althusser reside no fato de que o Estado nada mais é do que o reflexo da classe dominante. É ele um meio de repressão onde a burguesia assegura sua dominação frente à classe operária, para submetê-la ao processo da extorsão da "mais valia", ao processo da exploração capitalista declarada. O Estado, portanto, é um aparelho repressivo - repressão esta, executada através de seus mais variados órgãos, como polícia, tribunais e presídios - todos, obviamente, a serviço das elites frente ao proletariado, tendo por função a reprodução do modo capitalista de produção.

JÜRGEN HABERMAS

Este filósofo social[14] revela-se num dos maiores acadêmicos da Nova Esquerda - lembre-se que sua influência em termos globais é enorme.

A Filosofia do Direito, como proposta em Kant (tema abordado em capítulo anterior) foi o ponto de partida para a análise da validade do ordenamento jurídico na obra de Jürgen Habermas.

Assim, Habermas ao fazer a cisão entre a moralidade e a legalidade, o Direito moderno levanta a questão acerca da necessidade de justificação prática das normas jurídicas. Se observarmos com atenção as Constituições modernas, já evidenciam esta preocupação quando reforçam em seus respectivos textos o "Princípio da Soberania Popular" e os "Direitos Fundamentais" - o que deixa evidente a necessidade de fundamentação de tais normas.

Na sua doutrina, o Direito se desvincula da esfera moral e passa a obter sua fundamentação na vontade e na opinião discursiva dos cidadãos - através de procedimentos democráticos garantidores da participação de todos os homens livres e iguais.

14. (Alemanha, 1929-).

Neste sentido, a *Teoria Discursiva do Direito*, de Habermas, apregoa que a legitimidade do ordenamento jurídico somente pode ser atingida mediante processos de validação discursiva com a participação de todos os afetados pelo ordenamento jurídico. Assim, a efetiva participação dos cidadãos nos processos de validação discursiva está em conformidade com a noção de Estado Democrático de Direito, pois autoriza a tomada de decisões considerando todos os interesses envolvidos.

QUESTÕES PARA REVISÃO

(FGV – Exame de Ordem 2014.1) Em seu livro *Levando os Direitos a Sério*, Ronald Dworkin cita o caso Riggs contra Palmer, em que um jovem matou o próprio avô para ficar com a herança. O Tribunal de Nova Iorque (em 1889) julga o caso considerando que a legislação do local e da época não previa o homicídio como causa de exclusão da sucessão. Para solucionar o caso, o Tribunal aplica o princípio, não legislado, do direito que diz que ninguém pode se beneficiar de sua própria iniquidade ou ilicitude. Assim, o assassino não recebeu sua herança.

Com esse exemplo podemos concluir que a jusfilosofia de Ronald Dworkin, dentre outras coisas, pretende

A) revelar que a responsabilidade sobre o maior ou menor grau de justiça de um ordenamento jurídico é responsabilidade exclusiva do legislador que deve se esforçar por produzir leis justas.

B) mostrar como as cortes podem ser ativistas quando decidem com base em princípios e não com base na lei e que decidir assim fere o estado de direito.

C) defender que regras e princípios são normas jurídicas que possuem as mesmas características e, por isso, ambos podem ser aplicados livremente pelos tribunais.

D) argumentar que regras e princípios são normas com características distintas e em certos casos os princípios poderão justificar de forma mais razoável a decisão judicial, pois a tornam também moralmente aceitável.

✪ **Nota do autor:** nesta obra, preocupado com a definição positivista do Direito, que o reduz a um modelo de regras e que autoriza o juiz a utilizar o poder discricionário ao se deparar com casos complexos, Dworkin propõe uma teoria da interpretação que auxilia os operadores do Direito a encontrar uma resposta correta mesmo para os casos complexos. O filósofo acredita que que os juízes, ao resolverem os casos difíceis, devem utilizar padrões determinados, para que a previsibilidade e justiça da resposta seja alcançada. No caso citado, o objetivo imediato de Dworkin foi distinguir "princípios" (no sentido genérico), das "regras". Assim ele analisou o caso "Riggs contra Palmer", onde em 1889 um tribunal de Nova Iorque teve que decidir se um herdeiro nomeado no testamento de seu avô poderia herdar o disposto naquele testamento, tendo em vista que ele próprio tivesse assassinado seu avô com esse objetivo específico. Deste modo, o tribunal, levando em conta que as leis e os contratos podem ser limitados por máximas gerais e fundamentais do direito costumeiro, (como a que dispõe que "ninguém será permitido lucrar com sua própria fraude, beneficiar-se com seus próprios atos ilícitos, basear qualquer reivindicação na sua própria iniquidade ou adquirir bens em decorrência de seu próprio crime"), não deu ao assassino o direito à herança. O tribunal não aplicou uma regra, porém, aplicou princípios. Constata-se que, para Dworkin, os princípios jurídicos atuam de maneira mais vigorosa nas questões judiciais difíceis. Todavia, quando aplicados, os princípios dão origem a regras. No caso "Riggs contra Palmer" a aplicação do princípio deu origem à uma nova regra: nomeadamente a que estabelece que "um assassino não pode beneficiar-se do testamento de sua vítima".

Alternativa correta: letra "d": para Dworkin, princípio, de maneira genérica, é todo padrão que não é regra. Princípio, assim, pode ser entendido como um padrão que deve ser observado por ser uma exigência da justiça ou equidade. Sua repercussão não será, necessariamente, uma melhoria social.

Alternativa "a": alternativa incorreta;

Alternativa "b": alternativa incorreta;

Alternativa "c": alternativa incorreta;

(UFPR – Defensor Público – PR/2014)

> "Deveríamos então supor que a prisão e de uma maneira geral, sem dúvida, os castigos, não se destinam a suprimir as infrações; mas antes a distingui-las, a distribuí-las, a utilizá-las; que visam, não tanto tornar dóceis os que estão prontos a transgredir as leis, mas que tendem a

organizar a transgressão das leis numa tática geral de sujeições [...] Em resumo, a penalidade não reprimiria pura e simplesmente as ilegalidades; ela as diferenciaria, faria sua economia geral". (FOUCAULT, Michel, *Vigiar e punir*).

Pode-se afirmar que, de modo coerente com o pensamento foucaultiano, o tema central em Vigiar e punir é

a) a descrição de uma alteração nas práticas históricas que culminaria na construção histórica das ciências humanas e de um novo sujeito, sob a égide de uma tecnologia de exame constante e estudo de "casos".

b) a afirmação da liberdade fundamental do ser humano, inerente à própria natureza humana.

c) a celebração da progressiva humanização das penas, indo das penas corporais às privativas de liberdade, menos invasivas quanto ao âmbito de autonomia individual.

d) a apresentação da essência do conceito de poder, que consiste na dominação exercida por um grupo de pessoas sobre determinada pessoa, sob a forma de uma vigilância constante, atualizando o conceito marxista de luta de classes.

e) a evolução da ideia de justiça penal, antes marcada pela justiça divina e cada vez mais centrada no ser humano, e, portanto, mais justa.

✪ **Nota do autor**: Foucault na sua obra *Vigiar e Punir*, teve como intuito *descrever a história do poder de punir como história da prisão, cuja instituição muda o estilo penal, do suplício do corpo da época medieval para a utilização do tempo no arquipélago carcerário do capitalismo moderno.* Este é epicentro da obra.

Deste modo, em apertada síntese, buscou demonstrar a natureza política do poder de punir, o suplício do corpo no medievo (toda sorte de tortura: roda, fogueira etc.) é um ritual público de dominação pelo terror. Assim, o objeto da pena criminal é o corpo do condenado, mas o objetivo da pena criminal é a massa do povo, convocado para testemunhar a vitória do soberano sobre o criminoso, o rebelde/subversivo que ousou desafiar o poder.

Para Foucault, o processo medieval era essencialmente inquisitorial e secreto. Traduzia uma sucessão de interrogatórios dirigidos exclusivamente para a confissão, (sob juramento ou sob tortura e em completa ignorância da acusação e das provas). Contudo, a execução penal é pública, porque o sofrimento do condenado, mensurado para reproduzir a atrocidade do crime, é um ritual político (visando o controle social pelo medo).

Sua reflexão sobre a prisão é bastante original, pois consiste em abandonar o critério tradicional dos efeitos negativos de repressão da criminalidade, definido pelas formas jurídicas e delimitado pelas consequências da aplicação da lei penal, para pesquisar os efeitos positivos da prisão, como tática política de dominação orientada pelo saber científico, que define a moderna tecnologia do poder de punir, caracterizada pelo investimento do corpo por relações de poder, a matriz comum das ciências sociais contemporâneas.

Convém destacar que há uma clara distinção entre lei e normalização em Foucault. Estes conceitos distintos se encontram num plano de análise conceitual. Assim, conceitualmente seria possível, para Foucault, mostrar a especificidade da lei em face de um mecanismo de normalização.

Alternativa correta: letra "a": alternativa correta tendo em vista que, Foucault na sua obra *Vigiar e Punir*, teve como intuito *descrever a história do poder de punir como história da prisão, cuja instituição muda o estilo penal, do suplício do corpo da época medieval para a utilização do tempo no arquipélago carcerário do capitalismo moderno*. Este é epicentro da obra. De fato, basta observarmos a obra que perceberemos que existe uma preocupação com o estudo de "casos":

neste sentido, o livro *Vigiar e Punir* começa de plano, com uma narrativa de um caso. O ano é 1757, e as ruas do centro de Paris se enchem com os gritos de Robert-François Damiens, condenado por parricídio.

Alternativa "b": alternativa incorreta;

Alternativa "c": alternativa incorreta;

Alternativa "d": alternativa incorreta na medida em que o examinador mistura conceitos, divorciando-se do verdadeiro conceito de "luta de classes" marxista;

Alternativa "e": alternativa incorreta, na medida em que remete à teses contrárias àquelas defendidas por Foucault, nomeadamente medievais;

(FCC – Defensor Público – SP/2013) Para Michel Foucault, em *Vigiar e punir*, as razões de ser essenciais da reforma penal no século XVIII, também denominada Reforma Humanista do Direito penal, são constituir uma nova economia e uma nova tecnologia do poder de

(A) recuperar.

(B) ressocializar.

(C) humanizar.

(D) punir.

(E) descriminalizar.

✪ **Nota do autor**: em sua obra, Foucault destacou que é preciso que o castigo seja achado não só natural, mas interessante; destacou ainda que os castigos devam ser vistos como uma retribuição que o culpado faz a cada um de seus concidadãos pelo crime com que lesou a todos. No antigo sistema, o corpo de condenado tornava-se coisa do rei, sobre o qual o soberano "imprimia sua marca e deixava cair os efeitos de se poder". Com essa relação simbólica fortalecida durante o século XVIII, o condenado revelou-se num bem social, "objeto de uma apropriação coletiva e útil".

Alternativa correta: letra "d": para Foucault, no século XVIII, o projeto reformador (Reforma Humanista) estabeleceu a punição como um processo para requalificar os indivíduos como sujeitos de direito, integrantes do pacto social;

Alternativa "a": alternativa incorreta;

Alternativa "b": alternativa incorreta;

Alternativa "c": alternativa incorreta;

Alternativa "e": alternativa incorreta;

(FCC - Defensor Público - SP/2013)

> "Levado pela onipresença dos dispositivos de disciplina, apoiando-se em todas as aparelhagens carcerárias, este poder se tornou uma das funções mais importantes de nossa sociedade. Nela há juízes da normalidade em toda parte. Estamos na sociedade do professor-juiz, do médico-juiz, do educador-juiz, do 'assistente social'-juiz; todos fazem reinar a universalidade do normativo; e cada um no ponto em que se encontra, aí submete o corpo, os gestos, os comportamentos, as condutas, as aptidões, os desempenhos".

No trecho acima, extraído da obra *Vigiar e Punir*, Michel Foucault refere-se ao tipo de poder cujo grande apoio, na sociedade moderna, foi a rede carcerária, em suas formas concentradas ou disseminadas, com seus sistemas de inserção, distribuição, vigilância, observação. Este poder é denominado pelo filósofo de poder

(A) totalitário.

(B) total.

(C) judiciário.

(D) massificador.

(E) normalizador.

✪ **Nota do autor**: Foucault na sua obra *Vigiar e Punir*, teve como intuito *descrever a história do poder de punir como história da prisão, cuja instituição muda o estilo penal, do suplício do corpo da época medieval para a utilização do tempo no arquipélago carcerário do capitalismo moderno*. Este é epicentro da obra.

Deste modo, em apertada síntese, buscou demonstrar a natureza política do poder de punir, o suplício do corpo no medievo (toda sorte de tortura: roda, fogueira etc.) é um ritual público de dominação pelo terror. Assim, o objeto da pena criminal é o corpo do condenado, mas o objetivo da pena criminal é a massa do povo, convocado para testemunhar a vitória do soberano sobre o criminoso, o rebelde/subversivo que ousou desafiar o poder.

Para Foucault, o processo medieval era essencialmente inquisitorial e secreto. Traduzia uma sucessão de interrogatórios dirigidos exclusivamente para a confissão, (sob juramento ou sob tortura e em completa ignorância da acusação e das provas). Contudo, a execução penal é pública, porque o sofrimento do condenado, mensurado para reproduzir a atrocidade do crime, é um ritual político (visando o controle social pelo medo).

Sua reflexão sobre a prisão é bastante original, pois consiste em abandonar o critério tradicional dos efeitos negativos de repressão da criminalidade, definido pelas formas jurídicas e delimitado pelas consequências da aplicação da lei penal, para pesquisar os efeitos positivos da prisão, como tática política de dominação orientada pelo saber científico, que define a moderna tecnologia do poder de punir, caracterizada pelo investimento do corpo por relações de poder, a matriz comum das ciências sociais contemporâneas.

Convém destacar que há uma clara distinção entre lei e normalização em Foucault. Estes conceitos distintos se encontram num plano de análise conceitual. Assim, conceitualmente seria possível, para Foucault, mostrar a especificidade da lei em face de um mecanismo de normalização.

Alternativa correta: letra "e": em Foucault, as implicações entre o Direito e a Norma podem ser analisadas através de três perspectivas:

a) a perspectiva de uma primeira oposição entre o direito e normalização;

b) a perspectiva de uma implicação entre direito e normalização;

c) a perspectiva de uma nova oposição (não conceitual) entre direito e normalização.

Alternativa "a": alternativa incorreta, pois não se refere ao trecho apresentado pelo examinador;

Alternativa "b":alternativa incorreta, pois não se refere ao trecho apresentado pelo examinador;

Alternativa "c": alternativa incorreta, pois não se refere ao trecho apresentado pelo examinador;

Alternativa "d": alternativa incorreta, pois não se refere ao trecho apresentado pelo examinador;

Capítulo 23

SIMONE GOYARD-FABRE

Esta autora e professora francesa[1] revela influências da fenomenologia e do neokantianismo. Busca fazer uma ponte entre a Filosofia Política e a Filosofia do Direito. Caracteriza-se, no campo político, por defender o modelo de Estado de Direito como a nova bandeira do republicanismo francês.

Em sua vasta obra, destacamos como principais: *Os fundamentos da ordem jurídica, O que é democracia?* e *Filosofia Crítica e Razão Jurídica* (todos publicados no Brasil).

O primeiro livro mencionado, revela-se num marco em termos de publicações jurídicas nas áreas de Teoria e Filosofia do Direito em virtude da amplitude, sistematização e profundidade apresentadas pela autora em busca da natureza, especificidade ou identidade do "conceito de Direito".

Nesta obra, encontramos a discussão em torno do jusnaturalismo clássico e antropológico. A autora aponta, ainda, que o conceito do Direito – tendo em vista a "luta" entre positivistas e jusnaturalistas oscila. Eis a razão que ela pretende, na obra em comento, (re)pensar suas fundações. Traz como perguntas-chave: Qual a essência do Direito? e O que explica a juricidade em geral? Com essas perguntas faz uma digressão na História do Pensamento jurídico.

Assim, Simone diferencia o jusnaturalismo dos antigos (Sócrates, Platão e Aristóteles) – como vimos em capítulo próprio, fundado em uma cosmovisão do Direito. Demonstra que esta visão, de fato, influenciou o pensamento cristão de Santo Agostinho e Santo Tomás de Aquino chegando ao denominado "jusnaturalismo antropológico" – cujos primórdios retrocedem ao período renascentista, mas cujo desenvolvimento se deu a partir do século XVI, com a filosofia cartesiana, alcançando, assim, seu auge

1. A autora em comente é Professora Catedrática Emérita de Filosofia do Direito da Universidade de Caen, na Baixa Normandia, tendo, em seu percurso acadêmico, sido ainda especialista em Filosofia Política, Direito Político e Direito Constitucional.

nos séculos seguintes (XVII, XVIII e XIX), com os autores contratualistas (Hobbes, Locke e Rousseau).

Trata-se de uma tentativa de transcender as discussões doutrinárias sobre o Direito – tendo em vista que são discussões eternas entre jusnaturalistas e positivistas e não resolvem a crise do universo jurídico moderno.

Contudo, ao abordar este "embate", ela deixa patente que o direito natural, longe de ser sua fraqueza, essa é sua inesgotável força: propõe ao direito dos homens um "modelo" que tem a permanência do inteligível. O importante é que a ideia do direito natural deixa o espírito ver as exigências a que deve atender o direito positivo de que as cidades necessitam. Para ela, a Natureza fornece à política um paradigma/modelo que nem o legislador nem o magistrado podem perder de vista sob o risco de atentarem, simultâneamente, contra a essência do político e contra a essência do Direito.

O Direito é – na visão de Goyard-Fabre – mais do que um instrumento ou ameaça de autodestruição,*"uma doutrina transcendental, isto é, uma 'ciência' no sentido filosófico do termo, à qual a arquitetônica da razão pura confere a priori uma unidade sob o 'conceito racional da forma de um todo'"*.[2]

QUESTÃO PARA REVISÃO

(UFPR – Defensor Público – PR/2014) De acordo com a jurista francesa Simone Goyard-Fabre, a questão central da filosofia jurídica é a discussão acerca do fundamento para o ordenamento jurídico, que historicamente foi tomada pelo debate entre naturalismo e positivismo. Acerca do tema, é correto afirmar:

1. Na filosofia hegeliana, a realização da razão no direito prescinde do Estado, eis que o direito positivo é arbitrário e naturalmente tendente à alienação, e a verdadeira cidadania só pode aflorar de uma sociedade autônoma face ao poder estatal.

2. GOYARD-FABRE, Simone. *Os Fundamentos da Ordem Jurídica*, Martins Fontes, São Paulo, 2007, página 324.

2. A teoria autopoiética de Luhmann necessita da referência a um sistema jurídico "aberto", cuja redefinição dos elementos é possível somente por meio de um referencial externo social, político ou cultural.
3. O advento do constitucionalismo anda lado a lado com o triunfo do racionalismo moderno, eis que possibilitou a interpretação racional do ordenamento jurídico enquanto "sistema" hierarquizado.

Assinale a alternativa correta.

a) Somente a afirmativa 1 é verdadeira.

b) Somente a afirmativa 3 é verdadeira.

c) Somente as afirmativas 2 e 3 são verdadeiras.

d) Somente as afirmativas 1 e 2 são verdadeiras.

e) As afirmativas 1, 2 e 3 são verdadeiras.

✪ **Nota do autor**: nesta pergunta o examinador misturou conceitos distintos. Acreditamos que não é bem formulada, pois visa confundir o candidato. Pouco lida no Brasil, convém destacar ao candidato que Simone Goyard-Fabre é Professora Catedrática Emérita de Filosofia do Direito da Universidade de Caen (na Baixa Normandia), especialista em Filosofia Política, Direito Político e Direito Constitucional. É autora de uma produção extensa e profícua, teve outras obras publicadas em língua portuguesa, como *Princípios filosóficos do Direito Público moderno, O que é a democracia?, Filosofia crítica e razão jurídica* e *Os Fundamentos da Ordem Jurídica*. Nesta questão que versa sobre *Os Fundamentos da Ordem Jurídica*, autora no capítulo I menciona as tradições jusnaturalistas e suas ambivalências; no capítulo II aborda as teorias positivistas e suas conquistas e pretensões científicas. Para esta pensadora, a influência da racionalidade (cuja lógica intrínseca) tende para a sistematização da ordem jurídica.

Alternativa correta: letra "b": a alternativa é correta na medida em que a influência da racionalidade, nomeadamente a racionalidade moderna, (cuja lógica intrínseca) tende para a sistematização da ordem jurídica.

Alternativa "a": alternativa incorreta;

Alternativa "c": alternativa incorreta;

Alternativa "d": alternativa incorreta;

Alternativa "e": alternativa incorreta;

Capítulo 24
JOHN RAWLS

Este filósofo norte-americano[1] é o grande pilar da democracia liberal contemporânea. Os principais livros publicados por Rawls são: *Uma Teoria da Justiça, A Justiça como Equidade, A Justiça como Imparcialidade, Sobre a Liberdade, Liberalismo Político, O Direito dos Povos.*

Rawls desenvolveu uma teoria da justiça própria, fundada no conceito geral de equidade. Assim, todos os bens sociais primários - tal como a liberdade, renda, riqueza - devem ser distribuídos equitativamente (a não ser que uma distribuição desigual destes bens sociais primários traga vantagem para os mais fracos). Aqui, o fato é que tratar as pessoas como iguais não implica, de modo algum, remover todas as desigualdades, mas apenas aquelas que trazem desvantagens para alguém.

Neste sentido, sua obra *Uma Teoria da Justiça*, publicada em 1971, revela-se no eixo deste pensamento. Esta obra é considerada por diversos autores como uma das mais importantes realizações da Filosofia Política do século XX, já que trouxe contribuições novas para o debate de um tema polêmico: a Justiça e o Justo.

Rawls, com forte influência de Locke[2] começa com a suposição de um contrato social hipotético e (a)histórico - onde as pessoas seriam reunidas numa situação inicial, por ele chamada de "posição original", com a finalidade de deliberar uma série de princípios que seriam responsáveis por embasar as regras do Justo - os princípios da justiça nas instituições, uma vez que seriam as próprias instituições as intermediadoras entre as pessoas no convívio social. Deste modo, para Rawls a justiça é a primeira virtude das instituições sociais, tal como a verdade o é nos sistemas

1. (1921-2002)
2. Devido ao seu contexto histórico-cultural, Rawls está incluído dentro do liberalismo clássico e do utilitarismo. Mas, também se encontra nas suas obras, influencias do existencialismo, marxismo e da filosofia analítica.

de pensamento organizados. Assim, o conceito de justiça se evidencia através de dois pontos: o primeiro é a equidade; o segundo ponto é o contratualismo.

Ponto central de seu pensamento é o fato de que Rawls preocupa-se muito com a tirania de grupos majoritários e o eventual poder que ele possa ter de oprimir grupos de minorias. Neste sentido, para buscar uma solução para esses casos, o filósofo americano parte do princípio do contrato social – onde todos entram em acordo sobre as regras do jogo antes do início. Parte-se, *ab initio*, de uma situação de igualdade e todos aceitam que um grupo não pode dominar o outro.

Observando-se a concepção geral de justiça de Rawls, constataremos que ele a divide em três princípios essenciais:

a) Princípio da liberdade igual: a sociedade deve assegurar a máxima liberdade para cada pessoa compatível com uma liberdade igual para todos os outros;

b) Princípio da diferença: a sociedade deve promover a distribuição igual da riqueza, exceto se a existência de desigualdades econômicas e sociais gerar o maior benefício para os menos favorecidos;

c) Princípio da oportunidade justa: as desigualdades econômicas e sociais devem estar ligadas a postos e posições acessíveis a todos em condições de justa igualdade de oportunidades.

Assim, observamos que em cada um dos princípios mantém-se a ideia de distribuição justa.

Com relação ao livro *O Direito dos Povos*, Rawls busca validar um padrão de equidade entre os povos (a partir de um sistema de cooperação mútua), que permita que eles alcancem um nível de qualidade de vida para os seus cidadãos, de acordo com uma concepção de justiça política razoável e com o pluralismo.

Notamos que esta Sociedade dos Povos apresentada por Rawls remonta a teoria da paz perpétua de Kant, (vale destacar que o filósofo alemão já imaginava no século XVIII, ser possível verificar um ambiente internacional de paz entre os Estados constituídos por uma confederação de repúblicas). É bom lembrar que as repúblicas kantianas são agora as atuais democracias constitucionais liberais rawlsianas. Rawls, também buscou subsídios na ideia kantiana de *foedus pacificum* (federação pacífica).

Os Direitos Humanos, no pensamento do filósofo americano, expressam-se, portanto, através de normas jurídicas e políticas, que se referem ao mundo das relações entre as nações, expressando compromissos nacionais com valores, destinados a estabelecer uma ordem internacional politicamente justa.

Utilizando o modelo da justiça como equidade desenvolvida em seu livro *Uma Teoria da Justiça*, Rawls classifica cinco tipos de sociedades nacionais, incluídos em duas categorias de povos:

a) Povos bem ordenados:

   a1) Povos liberais razoáveis; e,

   a2) Povos decentes;

b) Povos não bem ordenados:

   b1) Estados fora da lei,

   b2) Sociedades sob o ônus de condições desfavoráveis e,

   b3) Sociedades denominadas Absolutismos benevolentes.

No seu livro Liberalismo Político, Rawls especula sobre as formas de proteger liberdades básicas, numa sociedade pluralista. Esta questão, nos dias atuais, é o centro dos debates entre liberais, comunitaristas e conservadores, no Ocidente. Os argumentos desta obra (já esboçadas em *Uma Teoria da Justiça*) sustentam que as Instituições do Estado (que visa ser Justo) precisam ser essencialmente neutras, no resguardo de qualquer "teoria do bem" que o cidadão, em particular, deve perseguir. O Estado deve permanecer num *status* neutro.

QUESTÃO PARA REVISÃO

(Cespe – Defensor Público – DPU/ 2015) Com relação à Filosofia do Direito, julgue os próximos itens. (adaptada para este capítulo)

Segundo Rawls, idealizador do liberalismo-igualitário — proposta que relaciona os conceitos de justiça e de equidade —, cada pessoa deve ter um direito igual ao sistema total mais extenso de liberdades básicas compatíveis com um sistema de liberdade similar para todos, o que ele considera o primeiro princípio da justiça. CERTO

✪ **Nota do autor:** nesta questão os examinadores focaram na Teoria da Justiça e da Equidade.

Item 1: Correto: acreditamos que a obra de Rawls – *Uma Teoria da Justiça*, publicada em 1971, é o eixo do enunciado em comento. Nesta obra, Rawls apresenta uma suposição de um contrato social hipotético e (a)histórico, no qual as pessoas seriam reunidas numa situação inicial – por ele chamada de posição original – a fim de deliberar uma série de princípios que seriam responsáveis por embasar as regras do Justo (os princípios da justiça) nas instituições, uma vez que seriam as próprias instituições as intermediadoras entre as pessoas no convívio social. Segundo Rawls: A justiça é a primeira virtude das instituições sociais. A ideia de Justiça para Rawls deveria ser pactuada anteriormente às instituições. Para que isso ocorresse, porém, os integrantes deveriam estar num estado de igualdade, cobertos pelo denominado véu da ignorância. Nesse estágio ninguém definiria valores de justiça os quais propusessem vantagens para certos indivíduos em detrimento dos outros, visto que por ninguém saber o porvir, a escolha de valores genéricos determinaria um estágio inicial onde todos adquiririam o bem-estar. Assim, a justiça (no pensamento de Rawls) procura resolver o conflito pela distribuição de bens sociais entre as pessoas. Um primeiro ponto de superação deste conflito como pensado por Rawls é considerar a sociedade como um sistema equitativo de cooperação.

Capítulo 25

HERMENÊUTICA: A INTERPRETAÇÃO DO DIREITO

Por "hermenêutica" entendemos, essencialmente, a busca de um significado primeiro de determinada palavra. Assim, "Hermenêutica" é uma palavra com origem grega e significa a *arte ou técnica de interpretar e explicar um texto ou discurso.*[1]

Obviamente que a interpretação jurídica é um dos problemas abordados pela Filosofia do Direito – lembre-se que cada teoria traduz uma maneira de se enxergar o Mundo, a lei, a relação entre o Direito e a lógica, a metodologia etc. É coma Filosofia do Direito que se observa as mais diferentes concepções de interpretações jurídicas e seus respectivos vínculos com as diferentes correntes e a ordem filosófica.

BREVE HISTÓRICO

Como vimos, o termo surge na Grécia Antiga. Deste modo, o termo revela-se presente nas obras de Platão e seu discípulo Aristóteles. O conceito grego de hermenêutica está associado à elucidação, isto é: tornar compreensível algo que está obscuro, que não está claro.

Platão deixa evidente que a hermenêutica está em segundo plano sendo que as palavras – pertencentes ao mundo real – estavam num plano abaixo do mundo das ideias – onde as coisas existiriam em si – e somente, as ideias dariam o verdadeiro conhecimento das coisas.

Em Aristóteles, o Direito, tem o cunho de filosofia prática ou prudência (*phronesis*) – assim, na acepção aristotélica de razão prática encontra-se o germe que possibilita um pensamento científico. A hermenêutica é, pois, algo mais que um método das ciências ou o distintivo de um determinado

1. Sua raiz remonta ao verbo *hermeneuein* que significa interpretar. Há quem sustente que a origem deve-se ao deus Hermes (filho de Zeus) que tinha a missão de transformar o incompreensível em algo que o homem pudesse efetivamente compreender – traduzi mensagens do mundo dos deuses ao mundo humano.

grupo de ciências. Designa sobretudo uma capacidade natural do ser humano. No pensamento aristotélico, há oscilação do conceito de "hermenêutica" – entre um significado prático e um significado teórico. Em sua obra *Peri hermeneias* (acerca da Interpretação) traça um liame entre conceitos e realidade – tendo em vista que entendia que o conhecimento é feito por abstrações mentais – oriundo daquilo que é adquirido por meio da experiência sensível. Podemos observar que a hermenêutica deriva da lógica, que cuida da relação linguagem e pensamento.

No Direito Romano – essencialmente religioso e bem mais prático que os gregos – podemos detectar os sacerdotes interpretando normas jurídicas. Com o passar do tempo essa missão sacerdotal foi delegada aos juristas leigos: os prudentes. Nesta fase observa-se que não só ocorria a adaptação das normas ao momento histórico, como também na criação de novas regras jurídicas para dirimir conflitos.

Os romanos transformam a hermenêutica grega em *interpretatio*, revelando o trabalho dos juristas em busca da *prudentia* na solução dos casos concretos. Constata-se que não buscavam apenas o significado da lei, mas sua repercussão na vida dos cidadãos, formando assim a *juris prudente* (jurisprudência). Neste sentido, seus pareceres (*responsa*) não só evidenciavam a aplicação das normas jurídicas aos diferentes casos, como também criavam princípios (saliente-se que normas e princípios foram compilados por Justiniano em seu *Corpus Iuris Civilis*).

Na Idade Média constata-se um retorno aos Costumes como fonte essencial do Direito no continente europeu. Nesta fase, a exegese implicava, basicamente, numa teoria do signo e da significação – como se pode notar n'*A Doutrina Cristã*, de Santo Agostinho, por exemplo.

Somente no século XII há um "resgate" do *Corpus Iuris Civilis* de Justiniano com a *Escola dos Glosadores*. A Escola dos Glosadores foi iniciada por Irnério[2], constituiu um marco importante na História do Direito – tanto na parte relacionada ao conhecimento do pensamento jurídico como no campo da teoria e prática. Aqui, o Direito assumiu uma posição autônoma no conhecimento.

O trabalho dos glosadores não se restringiu à simples exegese da *littera*, emergiram, através da oralidade da exposição do *Corpus Iuris Civilis*, significativos esquemas interpretativos tais como: *oapparatus*, as *distinctiones*, as *quaestiones*, a *regulae iuris*, as *dissensiones dominorum*,

2. Outro importante glosador foi Acúrsio que elaborou uma obra chamada de *Glosa ordinaria*, marco do pensamento jurídico da época.

oscasus e a *summae*. Assim, tendo em vista a influência pioneira dos glosadores surgem as primeiras Universidades Ocidentais (a primeira nascida em Bolonha: a *alma mater*, dos Glosadores, que serviu como modelo de ensino para as demais instituições).

A INTERPRETAÇÃO FILOSÓFICA

Neste ponto convém destacar o pensamento de quatro alemães: Friedrich Schleiermacher (1768-1834), Wilhelm Dilthey (1833-1911), Martin Heidegger (1889-1970) e Hans-Georg Gadamer (1900-2002).

FRIEDRICH DANIEL ERNST SCHLEIERMACHER

Com este pensador, as ciências humanas ganharam inteligibilidade compreensiva, objetivando a apreensão do sentido na interpretação de textos, de maneira distinta da característica explicativa das ciências naturais (que buscavam determinar as causas de um fenômeno através da observação e da quantificação). Neste sentido, a compreensão hermenêutica proposta por Schleiermacher, põe à prova a objetividade científica das ciências naturais ao enunciar a inseparabilidade de sujeito e objeto. Foi através de seu pensamento que a hermenêutica se desvincula da Teologia, da Literatura ou do Direito, passando a ser encarada como a arte de compreender uma expressão através da *linguística*.[3]

Schleiermacher utiliza-se da dialética para demonstrar a relatividade do saber (diante da inseparabilidade de pensamento e linguagem) e a inexistência de uma linguagem universal (tal como concebida por Platão, por exemplo), pois a linguagem tem uma referência na História. Este pensador consagra toda a sua maturidade à elaboração de uma teoria da hermenêutica que está na base da própria hermenêutica contemporânea: uma teoria da compreensão.

WILHELM DILTHEY

Este pensador foi historiador notável e desenvolveu uma epistemologia para servir de base à compreensão histórica e às ciências humanas em geral. Dando seguimento à hermenêutica de Schleiermacher, enfatizou o

3. Ele desloca a hermenêutica do domínio técnico e científico para o domínio filosófico, sob o argumento de que aquela está ligada à arte de falar e à arte de pensar.

aspecto psicológico da compreensão das expressões e criações culturais enquanto compreensão da vida mental nelas expressa.[4]

Ao contrário do ideal positivista buscando uma ciência unificada, o objetivo de Dilthey era fornecer às ciências do espírito (*Geisteswissenschaft*) uma metodologia e uma epistemologia adequadas às suas peculiaridades e, ao mesmo tempo, tão rigorosas e respeitáveis quanto aquelas das ciências naturais (*Naturwissenschaft*).

Segundo este pensador, constata-se diferenças basilares entre as metodologias próprias a cada um desses campos. Assim, a explicação (*Eklärung*) é operação específica das ciências naturais, enquanto o procedimento básico das ciências humanas é a compreensão (*Verstehen*) das manifestações da vida.

A compreensão é colocada, então, na base do fundamento do método histórico – no tempo em que a História constituía-se como campo autônomo do Saber. Assim, ele situa a hermenêutica no horizonte da historicidade. Para ele, a vida só poderia ser compreendida a partir dela mesma, e o objeto da ciência deveria ser estudado a partir de um processo que não apartasse a expressão, a experiência e a compreensão.

MARTIN HEIDEGGER

Esse filósofo fez uma leitura fenomenológica da hermenêutica. Como veremos adiante, essa (re)interpretação influenciou em muitos aspectos o filósofo Gadamer na construção de sua teoria sobre a hermenêutica.

Ora, para Heidegger, a interpretação não é originalmente um método; ela representa o próprio comportamento da existência humana.

Este pensador afirma que a Filosofia é a hermenêutica, (ou ao menos devia ser). A hermenêutica, para o filósofo, refere-se à explicação fenomenológica da existência humana, (a hermenêutica é ligada com as dimensões ontológicas da compreensão e com a fenomenologia).

Heidegger acreditava que o intérprete tem sempre uma (pré)compreensão sobre aquilo que visa compreender. Deste modo, não há interpretações inalteradas – antes de tudo, o homem tem em mente a pré-compreensão, que lhe abre um novo sentido, uma nova possibilidade de interpretação.

4. Lembre-se que Heidegger e Gadamer teceram críticas ao trabalho de Dilthey e a hermenêutica avançou em outras direções depois dele.

Toda vez que o homem realiza uma interpretação, ele se projeta para uma possibilidade, que lhe antecipa algo que está por vir (quando se compreende algo, já se possui uma pré-compreensão, um conceito prévio).[5]

Este filósofo destaca que toda compreensão está embasada no caráter histórico da compreensão existencial - abrindo caminho para o pensador que estudaremos a seguir.

HANS-GEORG GADAMER

Segundo Gadamer, a hermenêutica principiou por se separar de todos os enquadramentos dogmáticos, se liberando para se elevar ao significado universal de um organon histórico - a compreensão a partir do contexto do todo (postulada já em Lutero, pois é o conjunto das Escrituras que deveria guiar a compreensão do individual). Assim, afirmou que, para se compreender um texto, é necessário compreender sua linguagem bem como a intenção de um autor, (pois para ele a compreensão é como a expressão dos procedimentos mentais do autor do texto). Ele se utiliza do conceito de "círculo hermenêutico" para definir que a compreensão é circular.

Para Gadamer, a pré-compreensão é uma condição essencial que possibilita a compreensão real, adequada de um determinado texto. Ora, o filósofo também se propôs a investigar o comportamento do jurista e do historiador: o jurista tende a dar o sentido da lei em decorrência de um caso concreto fornecido. O historiador, por seu turno, procura descobrir o sentido da lei.

Neste sentido, para o jurista adaptar corretamente uma lei, deve-se ter conhecimento de seu conteúdo de sentido originário, considerando os termos histórico-jurídicos.

Deste modo, para Gadamer, a aplicação de uma lei no caso concreto é a real compreensão do próprio comum que o texto significa para nós.

Assim, Heidegger e Gadamer, nos levam a conceber que a hermenêua tica se refere ao mundo da experiência, da pré-compreensão, em que nos compreendemos como seres partindo de uma estrutura prévia de sentido.

HERMENÊUTICA, INTERPRETAÇÃO E APLICAÇÃO

Neste ponto, seguindo a tradição, devemos diferenciar este s conceitos propostos. Assim:

5. Para este pensador é impossível ocorrer uma interpretação destituída de pressupostos.

a) Hermenêutica – tem por objeto investigar e coordenar – através de um método sistemático – os princípios científicos que disciplinam a apuração do conteúdo, do sentido e dos fins das normas jurídicas e a restauração do conceito orgânico de Direito, para efeito de sua aplicação;

b) Interpretação – por meio de regras e processos especiais, procura realizar esses princípios e leis científicas;

c) Aplicação – consiste na técnica de adaptação dos preceitos nelas contidos e interpretados às situações de fato que se lhes subordinam.

O que comumente se distingue a hermenêutica da interpretação e da aplicação é justamente a diferença que vai da teoria científica à sua prática, isto é, a primeira é a ciência, as outras duas constituem a técnica.

MÉTODOS INTERPRETATIVOS

Primeiramente cumpre salientar que a função do intérprete reside na função de preencher o vazio que surge a partir da defasagem existente entre a norma e o caso concreto a que ela se submete. Assim, o intérprete tem a função de extrair sentido das normas jurídicas, determinando-lhes conteúdo (por meio de regras).

Neste sentido, os critérios e métodos reconhecidos pelo Direito, estão à disposição do intérprete para que possa dotar de conteúdo.

O vocábulo método, do grego *méthodos* (método/caminho), em função de sua raiz etimológica mantém o caráter de significar perseguição de algo. Assim, os métodos comuns são:

a) Gramatical: a interpretação gramatical também é chamada de **"interpretação filológica"** ou **"literal"**, uma vez que visa estabelecer o sentido jurídico (compreender) da norma com base nas próprias palavras que a expressam. Objetiva, portanto, estabelecer a coerência entre o sentido da lei e os usos linguísticos, que muitas vezes se modificam com o decurso do tempo;

b) Lógica: a interpretação lógica também é utilizada para solucionar problemas sintáticos com os quais se depara o interprete da norma jurídica, procurando descobrir o sentido da lei mediante a aplicação dos princípios científicos da lógica, enfrentando, portanto, questões lógicas da interpretação.

Ora, no contexto da hermenêutica clássica, a aplicação da interpretação lógica pode ocorrer tanto no plano da lógica formal bem como da lógica material. Vejamos a diferença:

b.1.) Lógica Formal

No que tange à lógica formal, alguns são os princípios que podem ser utilizados para interpretar uma norma jurídica, dentre os quais:

(i) Princípio da identidade – segundo o qual "o que é, é, o que não é, não é". (isto significa que uma coisa é idêntica a si mesma e não ao seu contrário);

(ii) Princípio da contradição – formulado a contrario sensu do princípio anterior, enuncia que "o contrario do que é verdadeiro é falso"; "a mesma coisa não pode ser e não ser ao mesmo tempo";

(iii) Princípio do terceiro excluído – também formulado a partir do princípio da identidade, pode ser chamado de princípio da exclusão do meio, enunciando: "duas coisas contraditórias: uma deve ser verdadeira, a outra falsa". De acordo com esse princípio lógico formal, "não há outra opção entre a verdadeira e a falsa";

(iv) Princípio da razão suficiente – segundo a qual "nada ocorre sem que haja uma causa determinante, isto é, tudo o que é tem sua razão de ser, todo o real é racional". Este princípio, por sua vez, fundamenta os princípios da metodologia científica: (a) princípio da causalidade, segundo o qual toda mudança pressupõe uma causa; (b) princípio do determinismo natural, enunciando que sob idênticas circunstâncias, as mesmas causas produzem os mesmos efeitos; (c) princípio da finalidade, que pressupõe que toda atividade se dirige a um fim;

(v) Princípio do silogismo ou da tríplice identidade – incluído na lógica formal por Lalande, em substituição ao princípio da razão suficiente. Aplicando o princípio do silogismo temos que: "se A é B e B é C, então C é A". Neste contexto temos uma premissa maior, uma premissa menor e a solução do silogismo.

Como demonstra a doutrina, estes princípios lógicos formais constroem a base da interpretação realizada por meio dos seguintes argumentos:

(i) A *fortiori ratione* (com maior razão) – argumento baseado nos princípios da identidade e da contradição. Pode ser empregado de dois modos: (1) a *maiori ad minus* (quem pode mais pode menos) – que autorizada interpretar norma jurídica, que tem abrangência sobre coisas menos importantes, no sentido de que ela se refere àquelas coisas que o interprete reputa como menos importantes que estão implícitas. Segundo esse argumento, quem pode doar, pode vender; quem pode vender, pode hipotecar; (2) a *minori ad maius* – segundo o qual se a lei proíbe uma conduta, estão implícitas nesta proibição as condutas menos importantes que a que foi expressamente proibida. Este argumento, contudo, encontra limites no princípio da legalidade, que exige a tipificação das condutas ilícitas. Em outras palavras: "não há crime sem lei anterior que o defina".

(ii) A *contrario sensu* – "tudo o que não está expressamente proibido pelo direito está juridicamente permitido". Este argumento deriva da suposição de que há uma plenitude hermética no ordenamento jurídico, também podendo expressar que "a inclusão de um no texto da lei implica a exclusão dos demais".

(iii) A *simili* – refere-se ao raciocínio analógico, pelo qual se aplica a lei a situações não previstas, tendo em vista a semelhança delas com as situações expressamente previstas.

Além dos argumentos derivados da lógica formal, o interprete também faz uso de procedimentos argumentativos paralógicos, que não possuem o caráter inquestionável dos argumentos lógicos, dentre os quais destacamos:

(i) A *rubrica* – através do qual se utiliza o título ou súmula de norma para investigar o sentido da lei;

(ii) *Ab auctoritate* – aqui o interprete faz referência à doutrina, à decisões de juízes e Tribunais, para enfatizar o significado que se atribui à norma interpretada;

(iii) *Pro subjecta materia* – tem estreita correlação com a interpretação sistemática, uma vez que consiste em enfatizar qual seria a vontade do legislador, investigada nos trabalhos preparatórios à elaboração da norma. Sendo também utilizado para revelar o sentido oculto da lei no contexto da lei maior em que se insere ou do sistema como um todo;

(iv) *Ratio legis stricta* – que significa: "em razão exclusiva da lei", enfatiza o princípio segundo o qual, na clareza da lei, não haveria necessidade de interpretação;

(v) A *generali sensu* – é um argumento que amplia a extensão da lei, possibilitando uma interpretação extensiva desta.

b.2.) Lógica Material

Diferentemente da lógica formal, que se baseia em princípios tidos por universais, a lógica material preocupa-se com o *conteúdo da norma*, utilizando-se de um processo científico para buscar meios extralógicos, como, por exemplo, o sentido social e humano do Direito.

c) sistemática: trata-se de uma técnica que consiste em comparar o dispositivo sujeito à interpretação, com outros do mesmo ordenamento ou de leis diversas, mas referentes ao mesmo objeto. Na técnica de interpretação sistemática o interprete não pode desconsiderar que os dispositivos legais se interdependem e se inter-relacionam, vez que as fontes formais (no caso a lei) do direito devem ser analisadas em conexão e, de forma nenhuma, tal análise pode ser efetivada de modo isolado.

d) histórica: baseia-se na investigação dos antecedentes da lei, seja referente ao histórico do processo legislativo, seja às conjunturas socioculturais, políticas e econômicas subjacentes à elaboração da lei.[6]

e) interpretação sociológica: o intérprete deve primar pelo fim da Lei, (assentando que este bem como a razão da mesma são indicados pelas exigências sociais), conduzindo à compreensão de que o fim prático da norma jurídica coincide com o fim apontado pelas exigências sociais – levando-se em conta sempre o bem comum. Disso resulta que a interpretação tem que se basear no sentido da Lei e das mudanças sociais.

f) interpretação teleológica: consiste esse método na busca da finalidade das normas jurídicas tentando adequá-las aos critérios atuais, pois o Direito por ser uma ciência primariamente normativa ou finalística sua interpretação há de ser na essência teleológica. O interprete ou aplicador da norma jurídica, desse modo sempre terá em vista o fim da lei, ou seja, o resultado que a mesma precisa atingir em sua atuação prática.

g) interpretação axiológica: busca explicitar os valores que serão concretizados pela norma. Leva em consideração valores que estão presentes

6. Convém sublinhar que o método histórico não se restringe apenas à análise do contexto socioeconômico da época da elaboração da lei. Deve-se levar em conta qual seria o intuito da lei diante do contexto atual.

na sociedade (lembrando que os valores podem sofrer alterações devido ao tempo, à sociedade e ao momento histórico que são analisados).

EFEITOS DA INTERPRETAÇÃO:

a) **interpretação declarativa ou especificadora**: é aquela interpretação que chega ao mesmo resultado da lei, ou seja, aquilo que está escrito na norma.

b) **interpretação restritiva**: esta interpretação restringe o sentido da norma jurídica – isso quer dizer que a norma jurídica disse mais do que ela efetivamente queria dizer. Ocorre aqui uma superabundância normativa. Nesse sentido, vem o interprete e faz uma interpretação para restringir o alcance da norma jurídica – com a finalidade de efetuar uma interpretação menos ampla àquela norma jurídica.

c) **interpretação extensiva**: ao contrário da anterior, esta amplia o sentido da norma, pois, a norma disse menos do que ela queria, por isso o interprete deve ampliar o sentido ou alcance delas.

INTEGRAÇÃO DO DIREITO E INTERPRETAÇÃO: DIFERENÇAS

Primeiro deve-se ressaltar que a interpretação se dá dentro do campo normativo, ao passo que a integração tem a finalidade de trazer o caso concreto (adequar) para o campo de incidência da norma.

Sendo assim, destacamos três conceitos que reputamos essenciais para a delimitação do tema:

i) a interpretação serve para tornar a integração possível;

ii) a interpretação é sempre necessária, já a integração só tem necessidade de ocorrer quando se está diante de um vazio normativo;

iii) como vimos, a interpretação ocorre dentro do campo normativo. A integração tem a finalidade de encontrar uma solução normativa para o caso concreto (hipótese), não regulado (previsto) em lei.

INTERPRETAÇÃO CONSTITUCIONAL E A TEORIA DE PETER HÄBERLE

O alemão Peter Häberle[7] é certamente um dos maiores constitucionalistas de nosso tempo.

---

7. (1934-)

Primeiramente cumpre destacar que a Teoria da Interpretação Constitucional visa duas funções: tarefa e objetivo bem como os métodos e o processo de interpretação. Historicamente, o processo de interpretação se mostrou difuso e vinculado a uma "sociedade fechada" (intérpretes vinculados às corporações).

Assim, as ciências sociais e as teorias jurídico-funcionais alertam para a necessidade de que a interpretação seja feita por uma "sociedade aberta", que terá critérios abertos tanto quanto mais pluralista for a sociedade.

Neste sentido, a Hermenêutica Constitucional Jurídica revela que o Juiz constitucional já não interpreta de forma isolada, pois há uma interpretação anterior (realizada pelas forças pluralistas públicas), levando a Corte Constitucional a interpretar a Constituição em consonância com a atualização pública e com a possibilidade de alternativas (elaborada pela mesma sociedade livre e aberta), principalmente quando questões materiais não são abordadas pela Corte Constitucional.

Peter Häberle destaca que: pelo controle de participação leal dos diferentes grupos, pelo aperfeiçoamento dos instrumentos de informação dos Juízes Constitucionais, através de uma ótima conformação legislativa e consequente refinamento interpretativo do Direito Constitucional Processual, assegurar-se-á a pretendida legitimação da jurisdição constitucional na Teoria da Democracia.

O que se depreende é que Häberle deseja operar uma síntese entre a Constituição e a realidade constitucional, destacando o papel fundamental exercido pelos agentes que conformam esta realidade.

Na prática essa teoria traz mudanças estruturais importantes. Ora, no Brasil, o Supremo Tribunal Federal tem aperfeiçoado os mecanismos de abertura do processo constitucional a uma cada vez maior pluralidade de sujeitos. Se nos atentarmos para a Lei 9.868/99, nomeadamente em seu artigo 7º, parágrafo 2º, permite que a Corte Constitucional admita a intervenção no processo de órgãos ou entidades, (denominados ali de *amici curiae*) para que estes possam se manifestar sobre a questão constitucional em debate.

Evidente que este modelo pressupõe não só a possibilidade de o tribunal se valer de todos os elementos técnicos disponíveis para a apreciação da legitimidade do ato questionado, como também possibilita um amplo direito de participação por parte de terceiros interessados. Neste sentido, os denominados *amici curiae* possuem, em nosso ordenamento jurídico, ampla participação nas ações do controle abstrato de constitucionalidade e se revelam peças fundamentais do processo de interpretação da Constituição diante de nosso Supremo Tribunal Federal.

Sendo assim, é possível afirmar com segurança que a jurisdição Constitucional no Brasil adota, atualmente, um modelo procedimental que oferece alternativas e condições que legitimam, de modo cada vez mais intenso, a interferência de uma pluralidade de sujeitos, argumentos e visões no processo constitucional.

Capítulo 26

SOCIOLOGIA: BREVE INCURSÃO NOS CLÁSSICOS DO PENSAMENTO SOCIAL

Num primeiro plano cumpre salientar que a Sociologia Jurídica tem por finalidade examinar a influência dos fatores sociais sobre o Direito e o resultado deste último na sociedade, ou seja: os elementos de interdependência entre o social e o jurídico. Sendo assim, a Sociologia Jurídica se debruça sobre as causas e os efeitos (sociais) das normas jurídicas (essenciais para vida em sociedade). Como objeto de análise, tem a "realidade jurídica". Essencialmente busca de responder as seguintes questões fundamentais:

a) Por que se cria uma norma ou um inteiro sistema jurídico?

b) Quais são as consequências do Direito na vida social?

c) Quais são as (eventuais) causas sociais da "decadência" do Direito, que se manifesta por meio do desuso e da abolição de certas normas ou mesmo mediante a extinção de determinado sistema jurídico?

d) O "discurso" do Direito é legítimo?

Assim, o sociólogo passa a examinar as relações entre o Direito e a Sociedade em três momentos distintos: a produção, a aplicação e a decadência da norma.

O que se constata é que o sociólogo observa o Direito "de fora", isto é: elabora uma leitura externa; busca delinear as relações entre direito e sociedade. Seu objeto de análise é o modo de atuação do direito na sociedade, ou seja: o estudo das relações recíprocas entre o sistema social global e o subsistema jurídico.

Contudo cabe reter um conceito importante: o fato de o sociólogo lançar seus olhos para o Direito "de fora" não significa de modo algum que o pesquisador seja livre ou neutro e que se encontre desvinculado de qualquer instituição e sistema teórico.

Neste diapasão, quando se diz que a abordagem sociológica observa o direito "de fora", quer dizer fundamentalmente que o pesquisador procura olhar o Direito, desvinculando-se das "amarras", da ótica do jurista. Coloca-se, assim, numa perspectiva diversa: que pode ser a política, a econômica, a social, etc.

O que se nota é que o jurista-sociólogo se desvincula da dogmática jurídica (embora permaneça atrelado ao Direito). A principal diferença reside no fato que a Sociologia do Direito utiliza, como é óbvio, conceitos próprios da Sociologia, fazendo uma abordagem mais rica do sistema jurídico - interpretando as relações das normas jurídicas com a estrutura social.

A FUNÇÃO SOCIAL DO DIREITO

Aqui o sociólogo busca esclarecer as seguintes indagações: quais são as tarefas que o Direito executa para a sociedade? Para que serve o direito? Que funções o direito cumpre na sociedade?

Ora, isto nos remete a uma análise funcional do Direito que se traduz numa forma ou um método de conhecimento do próprio Direito - que consiste no estudo de suas respectivas instituições, das funções que elas cumprem (ou que deveriam cumprir) com relação à sociedade. Deste modo, podemos Identificar e analisar algumas funções sociais básicas do Direito: as de regulação social, de controle social, de legitimação social, de transformação social e de composição de conflitos.

O DIREITO E COMPOSIÇÃO DE CONFLITOS

O conflito, como é notório gera o litígio. Este, por seu turno, quebra o equilíbrio e a paz social. A sociedade não tolera (e não sobrevive) o embate, o litígio porque necessita de um elemento crucial para sua sobrevivência: a ordem. Deste modo cria mecanismos para evitar ou prevenir o conflito. O Direito assume (ou deveria assumir) a função social de prevenir conflitos: efetuando, tanto quanto possível, uma composição dos interesses conflitantes. Assim, o Direito identifica, organiza e resolve os conflitos que poderiam perturbar o equilíbrio e a ordem social. O Direito oferece ou impõe regras, isto é, modelos de comportamento inerentes à decisão que o conflito sugere e às modalidades segundo as quais essa decisão pode ser adotada.

O que se depreende é que o Direito na sua função de composição de conflitos age, então, quando a capacidade persuasiva de suas normas reguladoras de comportamento (sua função reguladora) não produz os efeitos esperados.

Tendo em vista que é impossível evitar o conflito, por mais que se procure preveni-lo, a maneira de solucioná-lo reside em colocar os dois interesses em antagonismo na balança, e, com isso determinar qual o que deve prevalecer e qual, consequentemente, deve ser reprimido. Esse é o fundamento de toda composição. Podemos destacar as seguintes modalidades:

a) composição voluntária: é aquela que se estabelece pelo mútuo acordo das partes. Assim, surgindo o conflito, as partes discutem entre si e o resolvem da melhor maneira possível.

b) composição autoritária: é aquela que cabe ao chefe do grupo (Rei, Cacique, Senhor) o poder de compor os conflitos de interesses que ocorrem entre os indivíduos que se encontram sob sua autoridade (muito difundido nas sociedades antigas) – na sociedade de hoje o critério autoritário é ainda utilizado no meio familiar.

c) composição jurídica: é sempre feita mediante um critério elaborado e enunciado anteriormente – são características do critério jurídico a anterioridade, a publicidade e a universalidade.

Neste passo convém analisar o pensamento de alguns autores clássicos da Sociologia:

I. Auguste Comte (1798-1857)

Isidore Marie Auguste François Xavier Comte, autor estritamente ligado ao socialismo utópico, e às grandes escolas científicas criadas pela Revolução Francesa fundou uma das correntes de pensamento mais importantes do século XX: o positivismo (lembre-se que palavra "positivismo" teve seu sentido mudado radicalmente ao longo desses anos, incorporando diferentes sentidos, sendo muitos deles opostos e contraditórios entre si).[1]

Contudo, destaca-se que o positivismo defende a ideia de que o conhecimento científico é a única forma de conhecimento verdadeiro. De acordo

---

1. Vale destacar que, no Brasil, os positivistas participaram do movimento pela proclamação da República no ano de 1889 e na Constituição de 1891, por isso, a bandeira brasileira acabou expressando o lema "Ordem e Progresso" extraído da fórmula máxima do Positivismo: "O amor por princípio, a ordem por base, o progresso por fim".

com os positivistas somente pode-se afirmar que uma teoria é correta se ela foi comprovada através de métodos científicos válidos.

Para Auguste Comte, o Positivismo era uma doutrina de característica sociofilosófica que surgiu como vertente sociológica resultante do Iluminismo, das crises sociais e morais do fim da Idade Média e do surgimento da sociedade da indústria. O Positivismo de Comte consistia na observação dos fenômenos, (se opondo deste modo, ao racionalismo e idealismo), através da promoção do primado da experiência sensível.

É bom reter que a doutrina negava à ciência qualquer possibilidade de investigação das causas dos fenômenos naturais e sociais – pois considerava esse tipo de pesquisa inacessível e sem utilidade, (era mais válido se voltar para o estudo e descoberta das leis). Comte pontuou a palavra "positivo" na sua obra "Apelo Aos Conservadores" de 1855 com sete significados: real, certo, útil, relativo, preciso, simpático e orgânico. O ponto central do Positivismo de Comte reside na Lei dos Três Estados – onde destaca que o homem passou e passa por três estágios (ou estados) distintos:

a) Teológico: estágio que o Homem explicava a realidade por meio de entidades sobrenaturais. É o estágio que a imaginação se sobrepunha à razão.

b) Metafísico ou Abstrato: este estágio pode ser considerado como um meio-termo entra a teologia e a positividade. Aqui, o Homem continua a procura de respostas para as mesmas questões do Teológico, sempre buscando o absoluto através da busca da razão e do destino das coisas.

c) Estágio Positivo: aqui temos a última e definitiva etapa. Não já se buscava mais o porquê das coisas, porém o como as coisas aconteciam. A imaginação vira subordinada à observação e busca-se somente o visível e concreto. Relega-se a subjetividade em nome da Ciência.

Assim, os positivistas não consideram os conhecimentos ligados a crenças, superstição ou qualquer outro que não possa ser comprovado cientificamente. Para eles, o progresso da humanidade depende exclusivamente dos avanços científicos.

II. Karl Marx (1818-1883)

Karl Heinrich Marx revela-se num dos autores mais complexos e polêmicos que podemos estudar. Não possui uma obra específica destinada à questão do Direito. O tema em sua obra é vago e esparso. Assim, Marx foi um filósofo, cientista político, e socialista revolucionário, muito conhecido por seus estudos sobre as causas sociais. Teve enorme importância para a política europeia, ao escrever o *Manifesto Comunista*, (em conjunto com Friedrich Engels), que deu origem ao "Marxismo".[2] Foi um ativista do movimento operário europeu, no chamado *International Workingmen's Association* (IWA), também conhecido como *First International*.

Obviamente que alguns pensadores influenciaram Karl Marx em suas concepções e, consequentemente, em sua obra. Os principais filósofos que o fizeram são Georg Hegel – que foi professor e reitor da Universidade de Berlim na qual Marx estudou – e Ludwig Feuerbach – de quem aderiu os conceitos materialistas nos quais acreditava. Além deles, também exerceram influência sobre os pensamentos do alemão os socialistas utópicos franceses e os economistas britânicos Adam Smith e David Ricardo, principalmente.[3]

Após a Segunda Guerra Mundial, o marxismo teve um crescimento considerável, principalmente em países do terceiro mundo, onde se constituiu como ponto de referência para os movimentos de libertação nacional.

Segundo Marx, cabe à classe social – que possui um caráter revolucionário – intervir por meio de ações concretas, práticas, para que essas transformações ocorram. Ora, segundo ele, foi o que aconteceu na passagem do Feudalismo ao Capitalismo, com as Revoluções Burguesas. O pensador sintetiza essa análise na afirmação de que *a luta de classes é o motor da história*, ou seja, a luta de classes faz a história se mover. O capitalismo criou uma classe revolucionária que, em virtude suas condições de existência, deve se organizar para, no momento oportuno, fazer a revolução social rumo ao Socialismo.

---

2. O marxismo se baseia no materialismo e o socialismo científico, constituindo ao mesmo tempo uma teoria geral e o programa dos movimentos operários. Em razão disso, o marxismo forma uma base de ação para estes movimentos, porque eles unem a teoria com a prática. Para os marxistas, o materialismo é a arma pela qual é possível abolir a filosofia como instrumento especulativo da burguesia (o Idealismo) e fazer dela um instrumento de transformação do mundo a serviço do proletariado (força de trabalho). Este conceito tem duas bases: o materialismo dialético e o materialismo histórico. O primeiro coloca a simultaneidade da matéria e do espírito, e a constituição do concreto por uma evolução concebida como "desenvolvimento por saltos, catástrofes e revoluções", causando uma evolução em um grau mais alto, graças a "negação da negação" (dialética).
3. sua obra também influenciou, muitos outros – não somente pensadores como também pessoas do povo que, acreditando em suas ideias – apoiaram revoluções por todo o Mundo. Mikhail Bakunin, Leon Trotsky, Vladimir Lenin, Eric John Hobsbawm, Theodor Adorno e Jean Paul Sartre são alguns exemplos de pensadores e revolucionários que foram influenciados pelo pensamento de Karl Marx.

Para Marx, as relações de produção são consideradas as mais importantes e consistentes relações sociais. Os valores sociais e culturais, os modelos de família, as leis, a religião, as ideias políticas são aspectos cuja explicação está no colapso de diferentes modos de produção. Marx parte do princípio de que a estrutura de uma sociedade qualquer reflete a forma como os homens organizam a produção social de bens, que engloba dois fatores básicos: as forças produtivas e as relações de produção. As forças produtivas constituem as condições materiais de toda a produção. As relações de produção são as formas pelas quais os homens se organizam para executar a atividade produtiva. Essas relações se referem às diversas maneiras pelas quais são apropriados e distribuídos os elementos envolvidos no processo de trabalho: os trabalhadores, as matérias primas, os instrumentos e as técnicas de trabalho e o produto final. Neste sentido, podemos entender que a sociedade para Marx, é impreterivelmente condicionada pelas relações sociais de produção.

Deste modo, contatamos que sua teoria é essencialmente uma ferrenha crítica às sociedades capitalistas e seus moldes de organização e divisões sociais. O marxismo enquanto corrente de pensamento constituiu-se enquanto concepção materialista da historia, (afastando-se de qualquer tipo de determinismo), buscando compreender as coisas através de seus movimentos, através da dialética. Assim torna-se impossível, compreender as teorias e os conceitos do marxismo sem que se leve em conta previamente um elemento conceitual básico: o processo histórico.

Marx em seu pensamento sociológico nos transmite uma mensagem de que as relações sociais entre os homens se dão por meio das relações de oposição, antagonismo e exploração, sendo esta o principal mecanismo de sustentação do capitalismo. Opondo-se às ideias liberalistas, que consideravam os homens, por natureza, iguais política e juridicamente, Marx negava a existência de tal igualdade natural.

Este pensador também desenvolveu o conceito de "alienação" mostrando que o processo de industrialização, a propriedade privada e o assalariamento separam os trabalhadores dos meios de produção, ou seja, os trabalhadores, juntamente com as ferramentas, a matéria prima, a terra e as máquinas tornaram propriedade privada do sistema capitalista. Vale lembrar que, além da alienação econômica, o Homem sofre também a alienação política, pois o princípio da representatividade, que é a base do liberalismo, criou a ideia de Estado como um órgão político imparcial, responsável por representar toda sociedade e dirigi-la por meio do poder delegado pelos indivíduos dessa sociedade.

Outro conceito extremamente importante no pensamento de Marx é a "mais-valia" - que seria o valor que o capitalista vende a mercadoria menos o valor gasto para produzi-la. Para melhor elucidar este conceito convém exemplificarmos do seguinte modo: suponhamos que um operário tenha uma jornada diária de nove horas e confeccione um determinado item em apenas três horas desta jornada. Assim, nestas três horas, ele cria uma quantidade de valor correspondente ao seu salário, que é nada mais do que aquilo que ele necessita para a sua subsistência, ou seja: o mínimo que ele necessita para sobreviver. Como o capitalismo lhe paga o valor de um dia de força de trabalho, o restante do tempo, (as seis horas remanescentes), o operário produz mais mercadorias, que geram um valor três vezes mais do que o que lhe foi pago na forma de salário. Esse valor corresponde às duas partes restantes é a mais-valia.

Quanto ao Direito, embora não tenha uma obra específica para o tema, na concepção de Marx, a sociedade é uma sociedade predominantemente capitalista, caracterizada por profundas desigualdades, pois a produção capitalista está baseada na desigualdade entre proprietários e proletariados.

Ora, os proprietários, para exercer sua dominação, apropriam das propriedades comuns e deixam os proletariados praticamente sem nada para sobreviver, a não ser sua força de trabalho, que é vendida para os proprietários dos meios de produção. Assim, com a finalidade de garantir a supremacia e dominação da classe dos proprietários dos meios de produção, surge o Direito, que é respaldado e fundamentado pelo Estado (até mesmo uma "arma" deste). Para Marx, o Estado - enquanto aparato gerido pelas classes dominantes - transformaria os interesses particulares dessa classe em uma forma de vontade geral ou universal, no sentido de ideologia, ou seja: o Estado desenvolveu nas pessoas de um modo geral, uma ideologia de que o Direito é caracterizado por sua forma universal de operação, onde todos os indivíduos seriam considerados iguais.

O Direito para Marx protegeria a propriedade de todos para dissimular as reais relações existentes entre as classes. Para Marx, além do aspecto propriamente ideológico, o Direito cumpre funções fundamentalmente repressivas, sobretudo contra as classes dos expropriados.

O crime, para Marx, nasceria das condições sociais em que as pessoas eram submetidas na sociedade moderna, ou seja, na sociedade capitalista. O processo de brutalização das relações sociais, iniciado pelo capitalismo industrial, desmoralizou o homem da classe operária; esse processo teria degradado e brutalizado tanto os homens que o crime passaria a ser uma prova cabal deste processo.

III. Max Weber (1864-1920)

Weber é o principal representante da Sociologia alemã e profundo questionador dos modos positivistas de formulação de leis sociais. Defendia a ideia de que uma Ciência Social não poderia reduzir a realidade empírica à leis – pois, tanto na escolha do tema a ser trabalhado quanto na explicação do acontecimento concreto, o cientista se vale de diversos fatores ligados à realidade dos fatos assim como a seus próprios valores, para dar sentido à realidade particular.

Entretanto, acreditava que se faz necessário o uso de uma metodologia de estudo, e o método proposto pelo pensador se baseia no estado de desenvolvimento dos conhecimentos, nas estruturas conceituais de que se dispõe e nas normas de pensamentos vigentes, o que irá permitir a obtenção de resultados válidos não apenas para si próprio.

Convém analisarmos alguns tópicos e conceitos fundamentais deste pensador:

a) Ação Social: toda conduta humana dotada de um significado subjetivo (sentido) dado por quem a executa e que orienta essa ação. A explicação sociológica busca compreender e interpretar o sentido da ação social, não se propondo a julgar a validade de tais atos nem a compreender o agente enquanto pessoa. Assim, compreender uma ação é essencialmente captar e interpretar sua conexão de sentido – somente a ação com sentido pode ser compreendida pela Sociologia.

b) Tipos puros de ação:

b.1) Ação racional com relação a fins: trata-se da ação que visa atingir um objetivo previamente definido. Lança mão dos meios necessários ou adequados – ambos avaliados e combinados tão claramente quanto possível de seu próprio ponto de vista.

b.2) Ação racional com relação a valores: trata-se da ação orientada por princípios, agindo de acordo com ou a serviço de suas próprias convicções e levando em conta somente sua fidelidade a tais valores.

b.3) Ação tradicional: quando hábitos e costumes arraigados levam a que se aja em função deles.

b.4) Ação afetiva: quando a ação é orientada por suas emoções imediata, como por exemplo, o ciúme, a raiva ou por diversas outras paixões.

c) Relação Social: trata-se de uma conduta plural, reciprocamente orientada, dotada de conteúdo significativos que descansam na probabilidade de que se agirá socialmente de um certo modo, – constitui o que Weber denomina de relação social. Quando, ao agir, cada um (de dois ou mais indivíduos) orienta sua conduta levando em conta a probabilidade de que o outro (ou os outros) agirá socialmente de um modo que corresponde às expectativas do primeiro agente, estamos diante de uma relação social. Citamos como exemplo de relação social, as trocas comerciais, a concorrência econômica, as relações políticas.

d) Estratificação Social: a concepção de sociedade construída por Weber implica numa separação de esferas – como a econômica, a religiosa, a política, a jurídica, a social, a cultural – cada uma delas com lógicas particulares de funcionamento.

Partindo, do princípio geral de que só as consciências individuais são capazes de dar sentido à ação social e que tal sentido pode ser partilhado por uma multiplicidade de indivíduos, Weber estabeleceu conceitos referentes ao plano coletivo – a) classes, b) estamentos ou grupos de *status* e c) partidos – que nos permitem entender os mecanismos diferenciados de distribuição de poder, o qual pode assumir a forma de riqueza, de distinção ou do próprio poder político, num sentido estrito.

Deste modo, as classes se organizam segundo as relações de produção e aquisição de bens; os estamentos, segundo princípios de seu consumo de bens nas diversas formas específicas de sua maneira de viver; as castas seriam, por fim, aqueles grupos de status fechados cujos privilégios e distinções estão desigualmente garantidos por meio de leis, convenções e rituais.

As diferenças que correspondem, no interior da ordem econômica, às classes e, no da ordem social ou da distribuição da honra, aos estamentos, geram na esfera do poder social os partidos, cuja ação é tipicamente racional: buscar influir sobre a direção que toma uma associação ou uma comunidade. O partido é uma organização que luta especificamente pelo domínio embora só adquira caráter político se puder lançar mão da coação física ou de sua ameaça.

e) Poder e Dominação

O conceito de poder é amorfo já que significa a probabilidade de impor a própria vontade dentro de uma relação social, mesmo contra toda a resistência e qualquer que seja o fundamento dessa probabilidade.

Dominação é a probabilidade de encontrar obediência dentro de um grupo a um certo mandato.

Poder + Legitimidade = Dominação.

Tipos Puros de Dominação Legítima

e.1) Dominação Legal: obedece-se não à pessoa em virtude de seu direito próprio, mas à regra estatuída, que estabelece ao mesmo tempo a quem e em que medida deve obedecer. Seu tipo mais puro é a burocracia.

e.2) Dominação Tradicional: se estabelece em virtude da crença na santidade das ordenações e dos poderes senhoriais de há muito existentes. Seu tipo mais puro é o da dominação patriarcal.

e.3) Dominação Carismática: se dá em virtude de devoção afetiva à pessoa do senhor e a seus dotes sobrenaturais (carisma) e, particularmente: a faculdades mágicas, revelações ou heroísmo, poder intelectual ou de oratória. Seu tipo mais puro é a dominação do profeta, do herói guerreiro e do grande demagogo.

f) Desencantamento do mundo

A humanidade partiu de um universo habitado pelo sagrado, pelo mágico, excepcional e chegou a um mundo racionalizado, material, manipulado pela técnica e pela ciência. O mundo de deuses e mitos foi despovoado, sua magia substituída pelo conhecimento científico e pelo desenvolvimento de formas de organização racionais e burocratizadas.

g) *Ética Protestante e Espírito do Capitalismo*

Neste livro, Weber se debruça sobre o objeto de estudo (a ética protestante) buscando compreender como essa ética propiciou condições para que o capitalismo (o seu espírito) viesse a se desenvolver em países protestantes. Constatamos ali que o trabalho torna-se um valor em si mesmo, e o operário (ou capitalista) puritanos passam a viver em função de sua atividade ou negócio e só assim têm a sensação da tarefa cumprida. O puritanismo condenava o ócio, o luxo, a perda de tempo, preguiça.

Para estarem seguros quanto à sua salvação, ricos e pobres deveriam trabalhar sem descanso, o dia todo em favor do que lhes foi destinado pela vontade de Deus, e glorificá-lo por meio de suas atividades produtivas.

A essa dedicação verdadeiramente religiosa ao trabalho, Weber chamou de vocação. Essa ética teve consequências marcantes sobre a vida econômica e, ao combinar a restrição do consumo com essa liberação da procura da riqueza, é obvio o resultado que daí decorre: a acumulação capitalista através da compulsão ascética da poupança. Mas este foi apenas um impulso inicial. A partir dele o capitalismo libertou-se do abrigo de um espírito religioso.

h) Estado

O Estado é um instrumento de dominação do homem pelo homem, para ele só o Estado pode fazer uso da força da violência, e essa violência é legítima (monopólio do uso legítimo da força física), pois se apoia num conjunto de normas (constituição).

i) *Ciência e política: duas vocações*

Os dois ensaios, a *Ciência como Vocação* e a *Política como Vocação*, reunidos em um único volume foram escritos um ano antes da morte de Weber, em 1920. Nesta obra, ele apresenta dois ensaios que estuda a maneira pela qual a prática científica contribui para o desenvolvimento da racionalidade humana e analisa as condições de funcionamento do Estado moderno.

Assim, na "Ciência como Vocação", Weber analisa como a prática científica pode ser exercida como vocação, indicando as diferenças estruturais, organizacionais e de funcionamento dos sistemas acadêmicos da América do Norte e da Alemanha. Considera que a vocação científica é condicionada pela especialização crescente do conhecimento e a paixão para perseguir a "experiência viva da ciência", produzindo algo que encerre valor. A intuição científica surge como resultado do trabalho pertinaz e da paixão em busca de resposta, que serão úteis para o avanço do conhecimento e deverão, infalivelmente, ser superadas.

Deixa patentes conceitos sobre os pressupostos da ciência e a postura do cientista: o qual deve apresentar um padrão moral e ético, decorrente de sua visão de mundo. A tarefa de dar sentido à vida ou a ordenação dos fatos contraditórios pertence ao demagogo e ao profeta.

No segundo ensaio, "A Política como vocação", considera como política a direção do agrupamento humano que denomina de Estado, (anunciando-o como comunidade humana que dentro de um território reivindica o uso da violência física). Constitui-se na dominação de homens sobre seus semelhantes. Para ele, tendo em vista que o Estado moderno retirou das mãos dos particulares os meios para manutenção de sua autoridade. Aos homens políticos, representantes do poder, cabe a administração dos meios materiais de gestão e o controle da máquina administrativa. Os políticos exercem suas atividades de duas formas – ou se vive para a política ou se vive da política, diferenciando-se assim os que possuem uma vocação real (do oportunista).

Observamos que Weber indica a condição ética da política, determinada pela ideia de mundo, tal como a ética da ciência. Afirma a importância daquela, ser precedida da qualidade inerente ao homem público: de responsabilidade pelo futuro.

IV. Émile Durkheim (1858-1917)

Os principais conceitos do pensamento deste sociólogo francês são:

a) os fatos sociais: "fato social" é um dos pilares do pensamento de Durkheim. Consiste em maneiras de agir, de pensar, de sentir que exercem determinada força sobre os indivíduos – obrigando-os a se adaptar às regras da sociedade em que vivem. Nem toda ação do Homem pode ser considerado "fato social". Há que preencher três requisitos – generalidade, exterioridade e coercitividade.

a.1) Coercitividade: característica relacionada com o poder, ou a força, com a qual os padrões culturais de uma sociedade se impõem aos indivíduos que a integram, obrigando esses indivíduos a cumpri-los.

a.2) Exterioridade: quando o indivíduo nasce, a sociedade já está organizada, com suas leis, seus padrões, seu sistema financeiro, etc. Deste modo, cabe ao indivíduo aprender, por intermédio da educação, por exemplo.

a.3) Generalidade – os fatos sociais são coletivos, ou seja, eles não existem para um único indivíduo, mas para todo um grupo, ou sociedade.

b) Instituição social e anomia

A instituição social é um mecanismo de organização da sociedade, é o conjunto de regras e procedimentos padronizados socialmente, reconhecidos, aceitos e sancionados pela sociedade, cuja importância estratégica é manter a organização do grupo e satisfazer as necessidades dos indivíduos que dele participam.

As instituições são, portanto, conservadoras por essência, quer seja família, escola, governo, religião, polícia ou qualquer outra, elas agem contra as mudanças, pela manutenção da ordem vigente. Durkheim acredita que essas instituições são valorosas e parte em sua defesa, (o que o deixou com reputação de "conservador", que, no âmbito acadêmico, durante muitos anos causou antipatia à sua obra).

QUESTÕES PARA REVISÃO

(CESPE - Defensor Público - DPU/ 2007) A respeito do peso das Ciências Sociais e da Sociologia em suas relações com as demais áreas do conhecimento humano, julgue os itens que se seguem.

1. Nascida como uma espécie de física social, a sociologia desenvolveria seus cânones e modelos por meio de um processo de adaptação metodológica mecânica ao mundo das ciências exatas.
2. A historicidade dos conceitos nas ciências sociais exige do pesquisador da sociologia a cautela que leva à relativização de ideias, modelos e paradigmas que, mesmo apresentados muitas vezes como universais, refletem o ambiente no qual foram gerados.
3. O conceito de relações de poder confere mobilidade ao conceito tradicional de poder, relacionando-o à ideia de exercício e saber.
4. Os temas da estratificação, da mobilidade e das desigualdades sociais são recorrentes na tradição sociológica, embora também sejam encontrados em quase todas as ciências sociais e humanas.

✪ **Nota do autor**: A Sociologia surge como disciplina autônoma no século XVIII como uma tentativa de resposta para os constantes desafios que surgiam (fruto das mudanças trazidas pela sociedade moderna). Assim, a Sociologia surge para tentar compreender as diferentes/novas realidades sociais (suas estruturas). Ora, como toda "ciência" a Sociologia também busca explicar a realidade, a totalidade do seu universo de pesquisa. Deste modo, o conhecimento sociológico, por meio de seus princípios e métodos próprios, se revelam neste instrumento de compreensão da realidade social e suas múltiplas redes.

Item 1: Errado: Vale lembrar que a Sociologia nasce da própria sociedade e, longe de ser uma "física social", corre o risco, inclusive, de refletir os interesses de terminada categoria social ou ser usada como função ideológica (contrariando, como é óbvio, o ideal a que se propõe). Sublinhe-se que a Sociologia pode ter a si mesma como objeto de estudo/crítica.

Item 2: Correto: Como foi elucidado acima, a Sociologia corre o risco de traduzir o ambiente em que foi gerada. Para maior rigor, o Sociólogo deve ter o cuidado de que a Sociologia não esteja a serviço ou influenciada por interesses de determinada camada social ou até que seja (mal) utilizada como difusão ideológica. Contudo, vale destacar que este é um perigo que correm as Ciências Sociais (a Filosofia, o Direito...).

Item 3: Correto: O poder é um dos temas que tem ocupado muito tempo os sociólogos e filósofos desde da Antiguidade Clássica, na medida em que é um elemento estruturante da realidade social e da mudança social. Segundo Weber, o poder é um fato universal espalhado de forma heterogênea. Neste sentido, para que haja poder, é necessário haver uma determinada relação, isto é: há a necessidade de outro (ou de outros) para que se possa exercer, efetivamente, o poder. Ora, isto é objeto da Sociologia (bem como das demais Ciências Sociais).

Item 4: Correto: Podemos constatar a precisão deste item na medida em que todas as Ciências Sociais (principalmente no final do século XX até os adias atuais) buscam delimitar a questão da desigualdade social. De fato, a preocupação num primeiro momento aparentar ser objeto da Sociologia. Contudo tendo em vista os estudos da Economia, do Direito, da Antropologia e da Filosofia, não há como negar que, hoje em dia, é objeto de reflexão de todos estes campos do conhecimento.

(CESPE – Defensor Público – DPU/ 2010) A partir dos conceitos de estratificação e mobilidade sociais, julgue os itens subsequentes.

1. Max Weber faz distinção entre três dimensões da sociedade: ordem econômica, representada pela classe; ordem social, representada pelo status ou estamento; ordem política, representada pelo partido. Cada uma dessas dimensões possui estratificação própria.
2. A mobilidade social implica movimento significativo na posição econômica, social e política de um indivíduo ou de um estrato.

✪ **Nota do autor**: Para entendermos esta questão devemos nos atentar para o pensamento sociológico marxista. Ora, para Marx, a apropriação dos bens de produção por si só estabelece uma estrutura social desigual (entre aquele que explora e o explorado). Assim, o operário produz num processo social, mas é o capitalista quem se apropria do produto de forma particular. Sendo assim, o operário produz a riqueza e o capitalista se apropria (usufrui) dela. Neste aspecto, a sociedade capitalista está estruturada em classes sociais bastante distintas, entre as quais as principais são a burguesia (exploradora) e o operariado/proletariado (o explorado). Por outro lado, Weber entendia que um indivíduo poderia ser muito bem-sucedido e estar no topo no âmbito econômico, mas poderia, ao mesmo tempo, não ter honra nem prestígio suficientes para estar no topo do âmbito social.

Item 1: Correto: Para Weber, a sociedade sustenta-se em três dimensões distintas: a econômica, a social e a política.

Econômica	Social	Política
baseada na riqueza, na posse e na renda	baseada na honra e no prestígio	baseada no poder

Item 2: Correto: A posição social do indivíduo e o seu lugar dentro da comunidade estão relacionados à casta a que este pertence. Deste modo, numa sociedade de castas permanece a hierarquização rígida, baseada em hereditariedade, profissão, etnia e religião, que definem as relações sociais entre os membros. Sendo assim, a mobilidade social implica numa grande mudança no campo social, econômico e política do indivíduo perante o todo (a sociedade organizada em status, rígida).

(CESPE – Defensor Público – DPU/ 2010) A respeito das relações de poder e legitimação, julgue o próximo item.

1) A forma legítima de dominação carismática, de acordo com Max Weber, está baseada na designação do líder pela virtude da fé na validade do estatuto legal.

✪ **Nota do autor**: Weber destacou a importância de se distinguir as diferentes formas de governo com base nas motivações para obediência, buscando as diferentes formas de poder ao longo do processo histórico. Deste modo, Weber apresenta as *formas de poder legítimos* (ideais). Deste modo, convém analisar, brevemente, as características de cada tipo para a compreensão da questão em comento. Sendo assim, na **Dominação Tradicional,** há aquele que manda: o "senhor" (geralmente o patriarca) e o que obedece: o "súdito". Encontra-se embasada na "crença" e na "santidade das ordenações existentes e do senhor" (que há tempos comanda seus súditos). A obediência revela-se fruto da tradição, devido à fidelidade.

A **Dominação Carismática** baseia-se na "devoção afetiva" dirigida à pessoa do senhor, bem como a seus dotes naturais (tal como o carisma, atos de heroísmo, boa oratória etc.). Aqui, a figura que manda é o "líder" e o que obedece é o "apóstolo" (sendo que o poder é exercido pelo profeta, guerreiro ou demagogo).

A **Dominação Legal** baseia-se, essencialmente, na "validade do estatuto legal", bem como na "competência funcional" estabelecida por regras/normas, criadas de modo racional. A obediência aqui, não é dirigida à pessoa (tendo em vista o seu direito próprio), mas sim à regra que o estabeleceu como tal (que estatui o dever de obediência). O que ordena é "superior" e o que obedece é "funcionário" (trata-se de um poder impessoal - tal como os servidores dos Estados modernos).

Item 1: Errado: Como vimos, a Dominação Carismática para Weber, é suportada graças a uma devoção afetiva por parte dos dominados. Ela se assenta sobre as crenças transmitidas por profetas sobre o reconhecimento que alcanças os demagogos ou heróis (devido aos seus grandes feitos) sobre os dominados.

(CESPE - Defensor Público - DPU/ 2010) De acordo com as concepções teóricas do marxismo, julgue o item seguinte.

1) Segundo Louis Althusser, o aparelho ideológico de Estado dominante para a burguesia era a Igreja.

✪ **Nota do autor:** Louis Althusser é um filósofo francês com fortes influências marxistas, principalmente na questão da dominação. Um dos pontos centrais de seu pensamento reside nos aparelhos ideológicos do Estado. Nos dias atuais é muito difícil discutir e delimitar o tema proposto. Se observarmos a filosofia marxista (que é extensa), o filósofo alemão, ponto de partida para a filosofia de Althusser, coloca a ideologia como parte (e juntamente) com o direito e o governo da superestrutura que se funda e sedimenta sobre as forças produtivas e relações de produção.

Item 1: Errado: Este item está errado na medida em que para Althuser, tanto a Escola bem como outras instituições do Estado (como a Igreja e o Exército) ensina o "know how" mas de tal forma a assegurar a submissão à ideologia dominante. Deste modo, todos os agentes da produção, da exploração e da repressão (sem mencionar que os "profissionais da ideologia" devem estar imbuídos deste objetivo (da ideologia) com a finalidade de praticar a exploração).

(Cespe – Defensor Público – DPU/ 2015) Quanto à Sociologia Jurídica, julgue os itens subsequentes.

1. O positivismo jurídico representa o conjunto das teorias da Escola da Exegese. De acordo com essa escola, o direito só pode ser considerado como fruto do trabalho do legislador (direito estatal) e as leis devem ser interpretadas racional e logicamente. CERTO
2. Apesar de suas singularidades, o direito é uma ciência social aplicada, e sua aplicação depende de outras ciências sociais; entretanto, essa dependência recai, em sua quase totalidade, sobre a sociologia. ERRADO
3. Sob o ponto de vista da teoria marxista, a ideologia pode ser compreendida como uma falsa representação. De acordo com esse entendimento, a ideologia jurídica pode ser um instrumento de dominação exercido pelo Poder Judiciário em relação aos seus jurisdicionados. ERRADO
4. A afirmação de que, no funcionamento da sociedade, o conflito é permanente, pois a interação social é sempre conflituosa, é uma premissa sociológica. Por meio dela, considera-se que o direito não é capaz de resolver conflitos, já que estes não desaparecem do contexto social e podem, ainda, provocar novas situações conflituosas. CERTO
5. No que se refere à ideia de direito como ciência, o formalismo jurídico, que surgiu no século XIX e serviu para constituir a ciência jurídica, teve seus fundamentos a partir da ciência empírica da realidade social, ou seja, da sociologia. CERTO

✪ **Nota do autor:** Nossa opinião é que a questão em análise é mal formulada. Assim, neste conjunto de itens, observamos – infelizmente – que misturaram não só vários temas como também disciplinas (temas de Filosofia e Sociologia)

Item 1: Correto: lembre-se que o positivismo surgiu como resposta à abstração do Direito Natural e trouxe consigo forma rígidas de interpretação. Neste teor, a Escola da Exegese, (junto ao Código de Napoleão), é o ápice dessa forma de enxergar o Direito, de forma literal, racional e gramatical. Assim, ao juiz cabia apenas a aplicação da lei, de forma superficial, sua vontade era a vontade do legislador.

Item 2: Errado: o Direito vem sendo conceituado de forma tradicional considerado somente como "norma posta", (como se Direito e norma fossem um só corpo). Deste modo, afasta o Direito de aspectos diretamente relacionados a ele. Ora, na medida em que este é constantemente formado e modificado pelos fatos e relações sociais – tendo um caráter evolutivo relacionado à sociedade, espaço, tempo e História em que está inserido. Ora, observe-se que a concepção do Direito como uma ciência que tem como objeto o fenômeno jurídico e que este não se encontra em estado puro – uma vez que está relacionado ao aspecto "histórico-tempo-espacial". Assim, o Direito assume um caráter dimensional, pois apresenta várias faces relacionadas diretamente aos fatos sociais e aos valores intrínsecos de determinada sociedade. Aqui constata-se a influência que os aspectos religiosos, econômicos, políticos, culturais e sociais exercem diretamente na construção do Direito como ciência – daí a afirmação de que este jamais se encontrará em estado puro. Deste modo, observe-se que não é apenas na Sociologia que recai o peso (como sugeriu, aqui, a questão).

Item 3: Errado: Lembre-se que Marx, em sua vasta obra, pouco mencionou sobre o Direito. Assim, o filósofo/sociólogo quase sempre, teve seu pensamento deturpado: ora pela falta de conhecimento/leitura de seus críticos mais ferrenhos, ora pelo já criado "folclore" acerca de sua pessoa e pensamento. Deste modo, observe-se que a questão proposta versa sobre o tema "ideologia". Em Marx este conceito é quase igual à ilusão. Assim, Ideologia é uma palavra de múltiplos significados, contudo, nos limitaremos a tratá-la como um conjunto de ideias que procura ocultar a sua própria origem nos interesses sociais de um grupo particular da sociedade. Aliás, esse é o conceito utilizado por Karl Marx. Este pensador possuía uma visão negativa sobre as ideologias. Aliás, esse posicionamento – que foi bastante influenciado pela sua visão crítica aos ideólogos alemães como Bruno Bauer, Arnold Ruge, Feuerbach, etc — o fez dedicar uma obra, especialmente para tratar do assunto: *A Ideologia Alemã*. A ideologia para Marx é parte, do que ele chamou de superestrutura, ou seja: o conjunto de fatores imateriais de uma sociedade, tais como cultura, arte, estética, educação, filosofia, estado, religião, direito, etc. Deste modo, constata-se que ideologia seria uma forma de alienação do pensamento. A Ideologia seria por essência uma forma de dominação, a domesticação do pensamento, das classes subalternas (dominados) pelas classes dominantes. Marx, de forma alguma, faz menção direta ao Poder Judiciário.

Item 4: Correto: Lembre-se que a primeira função social do Direito é prevenir conflitos. Estes existem em qualquer sociedade tais como nas atividades de cooperação – exemplo: comprador e vendedor. Ora a atividade do nosso exemplo pode gerar conflitos de interesses: onde o comprador quer devolver o produto e o vendedor não quer receber, etc. Aí está a primeira função do Direito: elaborar normas que disciplinem as relações sociais para evitar conflitos. Pois bem: surgindo o conflito, há que solucioná-lo. A sociedade reclama que as coisas sejam repostas num ponto de equilíbrio em que possam permanecer. Intermediando o conflito de interesses surge o Direito em sua função social de composição de conflitos. Não se trata de fazer desaparecer o conflito, porque isso, como destaca o enunciado da questão em análise, é impossível. Não se pode evitar o conflito, por mais que se procure preveni-lo. A maneira de solucionar o conflito é, então, colocar os dois interesses em antagonismo na balança, e determinar qual o que deve prevalecer e qual o que deve ser reprimido. Aliás, esse é o sentido de toda composição. É o que atualmente a Sociologia traduz como *a Função Compositiva do Direito. Assim, parte-se da premissa de que na sociedade o conflito é permanente, isto é, que a interação social é inerentemente conflituosa.* Neste diapasão, é preciso admitir que o Direito não resolve os conflitos (no sentido funcionalista, fazendo o conflito desaparecer do contexto social) – a única coisa a que o Direito pode aspirar é dar um tratamento jurídico aos possíveis conflitos de interesses antagônicos.

Item 5: Correto: A assertiva é verdadeira tendo em vista que as duas disciplinas estão intimamente ligadas. Não podemos esquecer que o formalismo jurídico na Alemanha, propagou-se com o trabalho dos juristas da Escola Histórica – que tinham por objetivo criar um Direito científico. Para Bobbio, o conceito de "formalismo jurídico" entende-se uma consideração exclusiva do Direito como forma. Contudo, sob o nome genérico de "formalismo jurídico" hoje se submetem, ao menos, três teorias diversas:

> **Formalismo ético:** Diz respeito ao modo de definir Justiça. É justo o que é conforme a lei. *O que é justiça?*
>
> **Formalismo jurídico:** Diz respeito ao modo de definir o Direito. A característica do direito não é de prescrever o que cada um deve fazer, mas simplesmente o modo como cada um deve agir se quiserem alcançar os próprios objetivos. *O que é o direito?*
>
> **Formalismo científico:** Diz respeito ao modo de conceber a ciência jurídica e o trabalho do jurista. *Como deve comportar-se a ciência jurídica?*

É importante lembrar que a Sociologia Jurídica, por sua vez, examina a influência dos fatores sociais sobre o Direito e as incidências deste último na sociedade, ou seja, os elementos de interdependência entre o social e o jurídico, realizando uma leitura externa do sistema jurídico.

Em outras palavras, a Sociologia Jurídica examina as causas (sociais) e os efeitos (sociais) das normas jurídicas. Objeto de análise é a "realidade jurídica", na tentativa de responder três questões fundamentais:

1. Por que se cria uma norma ou um inteiro sistema jurídico?

2. Quais são as consequências do Direito na vida social?

3. Quais são as causas sociais da "decadência" do Direito, que se manifesta por meio do desuso e da abolição de certas normas ou mesmo mediante a extinção de determinado sistema jurídico?

BIBLIOGRAFIA

ALEXY, Robert. *Conceito e Validade do Direito*, Martins Fontes, São Paulo, 2009;

ALTHUSSER, Louis. *Aparelhos ideológicos de Estado*. Graal, Rio de Janeiro, 1985;

AQUINO, S. Tomás. *Suma Teológica*, vols. 1-9, editora Loyola, São Paulo, 2006;

ARISTÓTELES. Ética a Nicômaco, Editora Atlas, São Paulo, 2009;

_____. *Tratado da Política*, Europa-América, Lisboa, 1977;

BASTIAT, Frédéric. *The Law*, Tribeca Books, Alabama, 2007;

BOBBIO, Norberto. *Teoria do Ordenamento Jurídico*, Editora Universidade de Brasília, Brasília, 1997;

_____. *Teoria da Norma Jurídica*, Edipro, São Paulo, 2001;

CASTRO, Edgardo. *Vocabulário de Foucault: um percurso pelos seus temas, conceitos e autores*, Autêntica, Belo Horizonte, 2004;

DEL VECCHIO, Giorgio. *Lições de Filosofia do Direito*, Armênio Amado, Coimbra, 1979;

DWORKIN, Ronald. M. *O Império do Direito*, Martins Fontes, São Paulo, 1999;

FONSECA, Márcio. A., *Michel Foucault e o Direito*, São Paulo, 2012;

FOUCAULT, Michel. *Vigiar e Punir: o Nascimento da Prisão*. 20ª ed. Petrópolis, RJ: Vozes, 1999;

FRENANDES, André Gonçalves. *Ensinando e Aprendendo o Direito com Método do Caso*, Edipro, São Paulo, 2014;

FREUND, Julien. *Sociologia de Max Weber*, editora Forense, Rio de Janeiro, 1987;

GOYARD-FABRE, Simone. *Os Fundamentos da Ordem Jurídica*, Martins Fontes, São Paulo, 2007;

_____. *Filosofia Crítica e Razão Jurídica*, Martins Fontes, São Paulo, 2006;

_____. *O que é Democracia?*, Martins Fontes, São Paulo, 2003.

GUEST, Stephen. *Ronald Dworkin*, Elsevier, Rio de Janeiro, 2010;

HABERMAS, Jürgen. *Direito e Democracia: entre faticidade e validade*. Tempo Brasileiro, Rio de Janeiro, 1997. t I e II.

KALBERG, Stephen. *Max Weber: uma introdução*, Zahar, Rio de Janeiro, 2010;

KANT, I. *Crítica da Razão Prática*. São Paulo: Martins Fontes, 2002.

_____. *Fundamentação da Metafísica dos Costumes*. Lisboa, Ed. 70, 1995.

_____. *(1783) Immanuel Kant: textos seletos*. Petrópolis: Vozes, 2005.

KELSEN, Hans. *Direito internacional e estado soberano*. São Paulo: Martins Fontes, 2002.

_____. *Jurisdição constitucional*. São Paulo: Martins Fontes, 2007.

_____. *O problema da justiça*. São Paulo: Martins Fontes, 1996.

_____. *O que é justiça*. São Paulo: Martins Fontes, 2001.

_____. *Teoria geral das normas*. Porto Alegre: Fabris, 1986.

_____. *Teoria geral do direito e do estado*. Tradução de Luís Carlos Borges. 4. ed. São Paulo: Martins Fontes, 2005.

_____. *Teoria pura do direito*. São Paulo: Martins Fontes, 2006.

MACEDO Jr., Ronaldo Porto, *Do Xadrez à Cortesia: Dworkin e a Teoria do Direito Contemporânea*, Editora Saraiva, São Paulo, 2014;

MONCADA, L. Cabral de. *Filosofia do Direito e do Estado*, Coimbra Editora, Coimbra, 1995;

PLATÃO. *A República*, editora Perspectiva, São Paulo, 2014;

RAWLS, John. *O Direito dos povos*, São Paulo: Martins Fontes, 2004.

RAWLS, John. *Uma teoria da justiça*, São Paulo: Martins Fontes, 1997.

RAWLS, John. *O Liberalismo Político*, São Paulo: Ática, 2000.

REALE, Giovanni. História da Filosofia Antiga, editora Loyola, São Paulo, 1993, volume 1;

REALE, Miguel. *Teoria Tridimensional do Direito*, 5ª. edição, Editora Saraiva, São Paulo, 2003;

REALE, Miguel. *Lições Preliminares de Direito*, 27ª. edição, Editora Saraiva, São Paulo, 2002;

ROCHA, José Manuel de Sacadura. *Michel Foucault e o Direito*, Forense Universitária, Rio de Janeiro, 2011;

SÓFOCLES. *A Antígone*, na transcrição de Guilherme de Almeida, Edições Alarico, São Paulo, 1952;

TELLES Jr. Goffredo. *Iniciação na Ciência do Direito*, 2ª. edição, Editora Saraiva, São Paulo, 2001;

WEBER, Max. *Ciência e Política: duas vocações*, Cultrix, São Paulo, 2013.

EDITORA *Jus*PODIVM
www.editorajuspodivm.com.br